WHY WE BUY

顾客为什么购买

畅销10年的销售圣经

[美]帕科·昂德希尔(Paco Underhill)◎著
缪青青　刘尚焱◎译

中信出版集团 · CHINACITICPRESS · 北京

图书在版编目（CIP）数据

顾客为什么购买：珍藏版/（美）昂德希尔著；缪青青，刘尚焱译；—3版. —北京：中信出版社，2016.4（2026.1重印）

书名原文：Why We Buy：The Science of Shopping

ISBN 978-7-5086-5995-4

I. ①顾… II. ①昂… ②缪… ③刘… III. ①消费者行为论 IV. ①F713.55

中国版本图书馆CIP数据核字（2016）第048399号

Why We Buy: The Science of Shopping–Updated and Revised for the Internet, the Global Consumer, and Beyond by Paco Underhill

顾客为什么购买：珍藏版

著　　者：[美] 帕科 · 昂德希尔

译　　者：缪青青　刘尚焱

翻译统筹：曹　进

策划推广：中信出版社（China CITIC Press）

出版发行：中信出版集团股份有限公司

（北京市朝阳区东三环北路27号嘉铭中心　邮编　100020）

承 印 者：北京通州皇家印刷厂

开　　本：880mm × 1230mm　1/32　　印　　张：12.75　　字　　数：220千字

版　　次：2016年4月第3版　　印　　次：2026年1月第39次印刷

京权图字：01–2011–0717

书　　号：ISBN 978-7-5086-5995-4/F · 3620

定　　价：58.00元

服务热线：010–84849555　　服务传真：010–84849000

投稿邮箱：author@citicpub.com

对于一些读者而言，你正捧在手中的这本书可能是来自老朋友的相赠，或是购于机场、亚马逊网站，也可能是学校或培训项目的教材，总之，再次衷心感谢你的选择。在书店里，大部分商业书刊通常都销售得很快，但通常只有一年，这些曾被读者追捧的书就被遗忘了。《顾客为什么购买》这本书已经畅销了10年之久，而且被翻译成27种不同的语言。1997年，当开始写这本书时，我从未想到自己的故事会吸引这么多读者。

从俄罗斯到日本，从西班牙到泰国，很多读者专程来拜访我或发邮件给我，只是为了向我问好，这其中很多人正在找工作，还有不少人向我诉说他们的故事。他们有来自中国的大学教授，有信仰马克思主义的孟加拉政府部长，有西班牙的珠宝设计师等。令我印象最深的一封信是来自于一位密苏里州的清洁工人。这是封纸质的信，我不知道他一年会写多少封信，十分荣幸能收到其中的一封。他读了我的书，想让我为他的卡车喷色提供一些建议。

2007年，我重新阅读了《顾客为什么购买》这本书，意识到原版书中的一些故事已经发生了改变，而且其中的一些案例已经过时，因此这本书需要修订，这正是这一版问世的原因。如果你喜欢第一版，你一定会觉得第二版更佳。无论喜欢或厌恶购物，这都是一本有趣的好书，读完这本书后，你永远也不会再像以前那样看待购物和消费世界了。

帕科·昂德希尔

业内知名人士、媒体

倾情推荐

一位宗教领袖说“购物中心是20世纪的博物馆”。帕科·昂德希尔精妙地诠释了这一定义的深层内涵。

费斯·波普康

作家，趋势预言大师

对于零售商而言，可以将这本书视为运营指南，以此来寻找这个世纪促进消费的隐形推手，但是对于消费者来说，通过这本书就会发现我们这个时代的万斯·帕卡德。[①]

哈迪·格林

《商业周刊》

① 万斯·帕卡德（1914~1996），美国记者、作家、社会批评家。他在政治宣传方面造诣颇深。1957年，帕卡德出版了一本具有开创意义的著作，书名叫“隐藏的说服者”（*The Hidden Persuaders*）。在书中，他将大品牌不但要赢得人们的思维，还要操纵人们灵魂的内核公之于众，引起了广泛关注。帕卡德强烈期望那些享有盛誉的品牌，停止虚情假意和粉饰过度的广告宣传，转而将注意力放在商品的细节和实用性上面。同时，帕卡德也是指出广告含有过多潜意识信息的第一人。——编者注

对于零售商而言，这是一本必读书；但是对于我们而言，阅读这本书纯属兴趣。

哈维·沙克特

《环球邮报》

无论是顾客还是商家，无论站在哪个视角，你都会发现帕科·昂德希尔提供的建议通常十分有趣，虽然有时带有挑衅，却很实用。

《圣地亚哥联合论坛报》

在这本妙趣横生的书中，昂德希尔阐述了消费学中最前沿的内容，读者会被这本书有趣的故事所感染，更会被书中敏锐的洞察力所启发。

《华盛顿新闻报》

昂德希尔对消费者购买方式的审视可能会颠覆整个行业。在这个竞争激烈的时代，这本书中的建议为零售商提供了一个发展的方向，这本书为零售商在商场空间的利用和吸引顾客的策略方面提供了一些非常实用的建议，并且找出了顾客空手离开商场的原因。

特里莎·麦库西克

《星电报》

无论对于销售商还是消费者，零售大师专业的意见都能使他们在购物体验方面拥有丰富的洞察力。

克雷格·瑞安

《俄勒冈人报》

这本书是对现代消费心理学的一场奇妙旅行，让我们了解现代零售业——特别是消费者购物的新动态。

G·威廉·格雷

《坦帕论坛报》

本书的目的在于推销产品，但对于那些想了解购买艺术和销售学的消费者而言，它同样具有吸引力。

贾斯廷·亚当斯

微软全国有线广播公司

在零售商眼里，帕科·昂德希尔就是福尔摩斯，他的调查使得购物者用更加挑剔的眼光来看待商店。

特里莎·唐纳利

《旧金山纪事报》

这是一本卓越的商务工具书，它以一种实用、睿智的方式从大量的素材中筛选提炼方法，最终呈现给我们。

基思·H·哈蒙兹

《快速公司》

这本书对消费行为学进行了深入研究，内容浅显易懂，生动有趣。

阿德里安娜·米勒

《时尚先生》

对于那些喜爱和厌恶视觉感官刺激的消费者而言，这本书都极具吸引力。

《书目报》

这本书以轻松有趣的方式审视购物学，适合任何消费者和商家阅读。

罗布·麦克唐纳

亚马逊网站

第三部分
购物人口统计学：不同群体的购物行为研究

“男人来自火星，女人来自金星”，我们非常关注男人和女人在商店里不同的行为。有些不同之处是可以预见的：女人更擅长购物，而男人是桀骜不驯的“独行侠”。但是随着男人和女人之间的关系的改变，他们的购物行为也发生了变化，而这对于商业来说意义深远。

第四部分
购物动力学：观，闻，触，买

我们对这个世界的很多直观感受都来自于购物。我们还在别的什么地方对一件事物也想仔细看个究竟吗？当然是博物馆，但是在那里什么都不能碰，那儿不是礼品店——一种零售环境。商店里有大量可触摸和感受的机会，即使并不需要买什么东西，我们也可以去摸摸并试着感受一下。

第五部分 购物未来学：全球商业的新模式

虽然购物是全世界的活动，但是我们的工作一直都没变，那就是摸清楚从巴黎到东京具有共性的东西，哪些是经久不变的，以及像视力、惯用右手和性别等生理要素在购物中所起的作用。要搞清楚是什么在改变，以及为什么改变。

互联网改变购物世界

帕科·昂德希尔，被称为“零售业的福尔摩斯”，穿梭并潜伏于各个消费领域，诸如百货商场、快餐店、超市、音像店以及网络购物商店等，以其独到的调查手法和敏锐的观察力，记录了人们在购物时的种种行为特征和消费习惯，并在此基础上分析了决定这些消费习惯的购物心理、价值观以及社会影响因素等。我想这也许就是《顾客为什么购买》原版已经在全球各个国家畅销10多年的缘故吧，因为它确实为全球零售业商家提供了崭新的经营观点和颠覆性的创业价值，引发了整个零售行业在未来发展道路上重新做出思考和探问。该书的中文版第一版在2004年由中信出版社引进出版，一经推出即受到了国内读者的好评和追捧，并在其销售过程中不断重印，其在当当网的定制版也已达到两万册之多。闻听出版社马上又要出版其新的一版，并新增加了对网络购物和新兴市场消费领域的研究内容，心中感知本版无疑又为中国的零售商家和创业者奉上了一份思想的饕餮盛宴。

任何事物都随着社会的发展而不断变化，商业领域尤其如此。商家如果不能紧随其变的话，就很可能遭受重大失败，甚至最后可能被迫退出历史舞台。这与达尔文的重要发现的道理一样，生存下来的生物是那些适应环境的种类，在消费竞争领域，每天面对弱肉强食的考验和挑战，存活下来的也是那些适应顾客需求、摸透顾客心理的佼佼者。

如今的零售行业内，存在着实体店与实体店、实体店与网店、网店与网店之间多维度的竞争关系，只有永远从顾客需求出发、为顾客提供最好服务的商家才能在竞争中站稳脚跟，取得长远发展。如何才能在机会与危机并存的当下，实现自己的赢利目标呢？可能有的商家只顾埋头赶路，却没有在战略经营的思考上下功夫，而昂德希尔就给所有商家提出了一个重要的警醒：细节决定成败，有时看似细微的创新，也许就能带来决定性的命运改变。

昂德希尔花费20多年时间，潜心调研、真实记录，毫不吝啬地为实体店商家总结了切实可行的经营技巧，如本书中提到的，强调舒适的店面设计和方便顾客行走的路线、设计字体和颜色醒目的广告牌、在门口过渡区注意摆放合适的商品、在顾客排队时提供轻松服务以减轻他们等待的焦虑等，这些往往是实体店商家在日常经营中忽略的要素。

此书最大的亮点之一，即在新版的内容中，昂德希尔还与时俱进地关注到了网络购物的重要性，并提出了目前网络购物和社交网站存在的优势以及弊端，对网店经营商家来说，也是非常宝贵的参考和借鉴。众所周知，互联网已经改变了整个零售业和购物世界的发展模式和结构，颠覆了传统的购买方式和价值观，改变了零售商和制造商做生意的方式。如昂德希尔在书中所说，网络购物有其明显的优势，它已给我们带来比实体店更多的商品选择，提供了比实体店更多的价格优势，我们可以在任何一家网店找到物美价廉的好商品，并且可以在家或者办公室随时随地根据自己的心情选择购物，避开了实体店肮脏的环境，不必面对沉重的货物、昂贵的价格、低下的效率等。

但是，网上购物在某些方面也存在不足，稍显逊色，比如无法提供华丽的店面，无法让顾客体验亲自触摸、试吃等感官享受，缺乏信息过滤而导致信息太多，缺少严格的质量把关而损害消费者利益，无法为不同地域和不同环境的用户提供个性化的商品和服务等，因此，我认为互联网以及网上购物还有很长的一段路要走，或者说有更多尝试可以做。这正如昂德希尔所想，那些理解这一点并加以运用的公司，很明显就具有了绝对的竞争优势和持续发展的动力。

当当网是中国零售业中万千商家之一，作为当当网的首席执行官，我更加认为任重而道远。当当网誓做中国最好的网上百货商城，为消费者提供最好、最全的商品。在目前所处的商业环境和公司发展阶段，我们面临着来自各方面的压力和挑战，但一心想着顾客是上帝的宗旨始终不渝，在网站技术研发、网页用户浏览体验、送货系统升级服务等方面都一直不遗余力地进行着创新和进步。

我真心希望在互联网改变购物世界的时代浪潮中留下当当网拼搏的印记，也希望顾客在被问到“为什么在当当购物”时，能够赢得一个货真价实的购买理由。

当当网CEO

李国庆

第一部分
购物学的奥秘

购物学就是要告诉人们该怎样使用这些工具：怎样设计出购物者真正能看到的广告牌，如何确保每条信息都被放在恰当的位置宣传，如何摆放陈列品，才能让顾客更舒服、更愿意浏览，怎样确保购物者能到达想去的每一个角落。

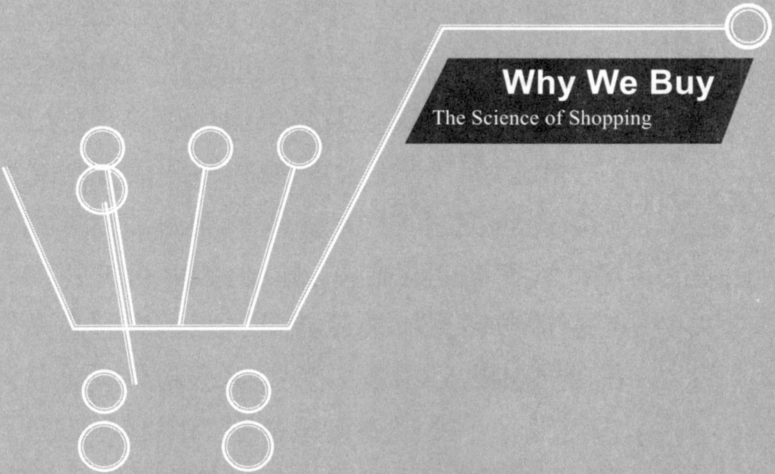

第一章　购物学的诞生

好的，闲逛，闲逛，闲逛……现在停下脚步。

嘘，安静一点。站在那棵盆栽棕榈树后面，拿出写字板和笔。

做个侦探——跟踪购物者

我们的跟踪目标是一位40多岁的中年妇女，她穿着棕褐色风衣、蓝裙子，正在洗浴用品区选购商品。她正在抚摸毛巾，记下这点——她抚摸了一条、两条、三条，总共四条。她正在查看价格标签，把这个也记录下来。如果不想被发现，就要小心，不要靠得太近。她从展示台上拿起两条毛巾，离开了洗浴用品区，记下时间。现在，找准时机，尾随到通道，继续跟踪她去下一站。

我们就此开始了在科学领域，特别是商品学领域的又一天。但是首先要说明一个基本问题：从何时起有了购物学这样一门学科？

假如从人类学中分出一个学科来研究购物者在商店的购物行为，并将其与零售环境（不仅是商店，而且包括银行和饭店）和真实有形的环境相结合，且满足下面的两个假设，那么我们就不需要再发明购物学了，这里的零售环境不仅仅局限于陈列商品的货架、货柜和桌子，还包括每个标志、横幅、小册子、方向指示牌和计算机信息交互设备、商店的出口和入口、窗户和墙壁、自动扶梯和直梯、楼梯和斜坡、在商店排队等待付款的队伍、收银的队伍、等待就餐的队伍和排队上洗手间的队伍，以及每个通道的每个角落。**总而言之，从停车场到商店的每个角落和缝隙都属于零售环境，但对零售环境的研究却不仅仅局限于这些。**

需满足的第一个假设是，人类学已经研究了所有这些，不仅仅是研究商店，还科学地、精确地研究人们在商业场所里面的行为：他们去了哪里，没有到过哪些地方，去时要经过哪里，他们看到了什么，忽略了什么，阅读了哪些信息，没有阅读什么，以及他们如何处理遇到的每一件事物，他们怎样购物。

或许你可能会认为，已有精确的剖析技术和行为心理学对顾客怎样从货架上拿下一件毛衣仔细查看，或者阅读药盒上的说明或快餐店的菜单，或者使用购物筐，或是对自动取款机前排队的情景做出怎样的反应等，提出了分析和解释。但是，假如人类学有所留意，而且不仅观察，还核实、了解、列表分析和交叉参照过每个数据与细节，甚至从最宽泛的数据（在一个普通的星期六上午有多少人走进这家商店，按年龄、性别和购物量分组）到最狭义的数据（比如在超市里，那些年龄在35岁以下、阅读谷类食物包装盒侧面营养说明的男性购物者与那些只看盒子正面的购物者相比，前者更可能购买该产品吗）都加以分析，那么，就满足了第二个假设。

1997年，当这本书刚刚完稿时，学术界对本地市场或购物中心的了解，甚至少于对巴布亚新几内亚的市场的了解，因为20世纪人类学研究的对象并不是发生在身边的那些事。

到1997年，我已经为我所认为正确的购物学理论奋斗了10年之久——然而从那之后，整个环境慢慢发生了转变。全球许多公司现在正在雇用人类学家，把他们分配到每个工作组中，按现在流行的叫法就是“顾客分析小组”。人种学研究（我们知道人种学将人分成不同的种族、文化和各种不同特征的群体）是市场研究的主流。当公司刚开始营业时，之前从事研究的同事以为我们的服务会供不应求，但事实上，当我向客户介绍服务产品时，却被他们像外星人一样盯着。

从我办公室到大厅之间有一间设备室，里面摆放着100多架摄录设备。其中有8毫米的摄录机、硬盘摄像机、其他数码器材，甚至一些老式的超8延时胶片摄像机。为了便于整理，我们为每部器材都起了一个名字，摄像机的名字都来源于摇滚明星，数码照相机则是按十二星座命名的。与数字编号相比，有名有姓的照相机使用的时间更长，因为在照相机出现故障时我们发现，比起数字命名的26号相机，命名为吉米·亨德里克斯[①]的相机可以被更快地送到维修店。这里还堆积着成盒的空白8毫米胶片，一卷的拍摄时间为两个小时，每个盒子里装有500卷胶片。每年，我们在全世界范围内拍摄5万小时的胶片。公司还有数十部掌上电脑，用来录入我们调查所得的成千上万的购物者问卷，另外还有一些笔记本电脑和各种各样的三脚架、托架、镜头和管线等摄像器材附件，这其中还包括一些封管胶带。因为所有东西都需要搬来搬去，所以这些东西都放在结实的箱子里。隔壁的工作室有两套完整的数码编辑器和11个操作平台用来回放所有的拍摄录内容。这间工作室里的器材完全可以制作出电视台水准的纪录片。我们的装备确实很多，即使某所大学在采集原始调查数据方面的技术在世界上属于领先地位，我们的这些器材也足以装备这所大学的社会人类学院或者实验心理学院。

即便使用高科技设备，在过去30年里，最重要的研究工具依然是普通的纸张，我们称之为跟踪单，手握这些单子的人被我们称为跟踪者。跟踪者是购物学实地研究人员，是研究购物的学者，更为精确地说，是专门研究购物者的学者。他们的基

① 吉米·亨德里克斯，摇滚历史上最伟大的电吉他天才。——编者注

本工作就是在商店里秘密地跟踪购物者，记录下他们的每一个行为。通常，跟踪者最初是在商店入口处的角落闲逛，等待购物者进来，这时跟踪就开始了。跟踪者会紧紧跟住某个没有发现他们的顾客（或一群顾客）。只要购物者在商店（不包括去试衣间或休息室），跟踪者就会在跟踪单上记录下顾客所做的每一件事情。

你适合当“超市间谍”吗?

跟踪者与一般的学术研究者不同，因为他们远离象牙塔，而且有能力适应购物学这门在现实世界中成长起来的学科。起初，我们雇用了环境心理学专业的研究生，但是发现他们通常不太适合这项工作，在工作中经常受到教科书上理论知识的束缚，因为这些学生总是想通过实践来证实或推翻这些理论。结果，他们缺乏足够的耐心来长时间观察这些购物者的购物行为。我们发现，像剧作家、艺术家、演员、小说家、木偶剧演员这样有创造力的人，比较适合做这项工作。他们没有任何理论束缚，只会怀着无穷的好奇心观察顾客的行为、方式，及思索顾客这么做的原因，这也是他们自身职业所需的基本技能。这些人沉着冷静，富有观察力，而且时间表比较灵活，只是不想精确地记录人们在零售商场是如何表现的，但他们会设法去观察大卖场这个整体及其中的每一个细节。

当发现某个人身上具备从事这项工作所需的性格和智慧时，我们首先会在办公室为他安排培训课程，因为有许多东西要学。**例如，如何一边观察一边做记录，或者如何分辨出某人是在看标签还是在照标签旁边的镜子。还需向他们传授最重要的跟踪技能：如何靠近一个人观察他而又不被发现。因为对于我们的工作而言，不让购物者意识到他们被人观察是极其重要的，为了确保我们看到的是自然行为，除此之外别无他法。**

事实上，我们可以和商店中的某个人站得非常近却不被发觉，对此我们也感到诧异。我们发现站在购物者的背后不太好，因为，这很容易会被察觉到；而站在顾客的旁边，他会认为你只是一位顾客而已，对他不会造成威胁，换言之，是可以忽略的人。从那个位置你可以和他靠得非常近，看清他具体在做什么，你能确定他摸过了9副高尔夫手套而不是8副或10副。传授跟踪技能之后，我们就可以让跟踪者进入现实的商店环境中来检验他们的观察力。这时大多数跟踪者会感到茫然无助。跟踪技术是可以传授的，但是要将这项工作做好，还需要一定的智慧和强烈的兴趣，而这些却是无法传授的。这其中的许多跟踪者已经与我们一起工作了10年甚至更长的时间。

约翰一边在我们公司（Envirosell）做实地调查跟踪员一边做幼儿教师已经10多年了。如果让他去跟踪一个5岁的消费者，他会有耐心吗？当然，因为他已经完成了200个跟踪调查任务。约翰中等个头，棕色头发，身体瘦弱，眼角布满鱼尾纹，有一双大脚，所以他站一整天都没有任何问题。在我们这个团队里，既有只跟踪过20次的新手、中级水平的跟踪者，也有经验丰富的跟踪行家及团队负责人……有着13年跟踪和团队领导经验的诺厄，现在在纽约本部管理着40多名雇员。诺厄是我们在纳什维尔招聘来的，那时他还是一名音乐系的学生，在最后一刻以候补名额来面试，但在工作3小时后就立刻进入状态。他第一次来我办公室时紧张得直冒汗（在这之前他从来没有来过纽约）。13年之后，他依然称我为帕科先生。

跟踪者除了要测算和统计单独购物行程中的每个重要举动，还要清晰地描述顾客的每个细微动作，然后根据观察得出科学的推论。这些记录累加起来就非常有意思，它们从不同的角度展示了在特定的条件下人们如何利用购物环境。

不仅在北美，Envirosell在全球都雇用跟踪者。截至2008年，Envirosell在墨西哥城、圣保罗、米兰、班加罗尔、莫斯科和东京都设有分公司，每家分公司都拥有自己的跟踪团队。在全世界范围内，Envirosell的跟踪员一个月在购物中心所花的时间超过大多数人几年光顾这些地方的时间。他们需要光顾各种商业场所，从银行、快餐店、高档女装精品店，到大型折扣店。

自1997年起，我们又开拓了新的跟踪场所，如音乐厅、体育馆、火车站、机场、图书馆、博物馆、酒店和网站（后来又增加了许多不同的场所），但是最佳地点依然是人们常去的购物中心。全球五十大零售商中，有将近一半与我们合作。在美国，排在《财富》杂志前100位的企业中有超过1/3是我们的顾客。

跟踪者所使用的表格是数据收集界的奇迹，它们是公司在30年的跟踪研究中逐步形成的，毫无疑问，这些表格对整个企业的发展极为关键，可以说是在信息存储、检索和非数字分化艺术领域取得的成就。我们已尝试了扫描系统等特殊的软件系统，而且不断地回到之前所使用的系统。现在所使用的这套表格非常有用，而且十分灵活。因为有了涂改液和打印机，还可以在表格中迅速修改信息。跟踪者要对不同的事物和走进任何一个调查场所的顾客迅速做出反应，这种反应能力对我们的成功至关重要。

多次调查同一家零售场所之后，至少有1/3的调查会找出一些与客户之前向我们所做的描述不符的信息。比如这家商场有6个通道，而不是客户所说的7个，货架的布局以及我们受雇研究的一个月前置于商场、与顾客互动的机器的使用情况也完全不是他们所描述的那样——那台机器从未使用过。

最初的跟踪表格仅能够记录10多种不同的购物者行为的数据，今天已经达到了近40种。每次从事新的研究项目，我们都要重新设计表格。每一张表格都是从描绘研究对象的信息开始，无论研究对象是商店、银行支行、停车场还是一个单独的购物区 —— 甚至只是商店的一段通道，都是如此。描绘的地图会对每个门口和通道、每个展厅、每个货架和柜台加以标注。表格上还有一块地方专门记录购物者的信息（性别、种族、大致年龄、服装描述）以及他在商店里做什么。跟踪者可以使用简洁表示法，即符号、字母和特殊标志进行记录。例如，一个光头、留着胡须、穿着红毛衣、蓝牛仔裤的男人于周六中午11点7分进入一家百货店，径直走到一层的钱包陈列柜台，总共触摸了12个钱包，看了其中的4个标签，然后选中了一个；于11点16分走到了相邻的领带货架，触摸了7条领带，阅读了所有7条领带的面料成分标签，看了其中两条的价格，一条也没买，然后径直走到收款台付钱，等等，他在模特前停了下来，看了看模特身上的夹克价签，我们也将此记录下来。然后，还记录下这位顾客于11点23分进入了交款队伍，在11点30分走出商店。依据商店的规模和每位购物者的逗留时间，一个跟踪者一天中最多能研究50个购物者。通常我们会在同一地点派出多名跟踪者。一个项目可能会需要在三四个地点进行同步研究。对于家居装饰中心或是大型购物商场，我们可能会派出10到12名跟踪者。

加工整理调查数据

跟踪工作结束后，跟踪单上填满了难以计数的信息。跟踪者返回办公室，这时一名经验丰富的职员用将近一天的时间将所有的跟踪信息，包括上面的每个符号输入电脑数据库。这些年中我们花费了大量的资金和时间，试图建立一个可以处理我们所做的各种工作的数据库系统。最大的问题是尽管我们通常以相同的方式处理同样的数据，但每个项目中的要求却有所不同，要么是需要收集不同种类的数据，要么是需要设计新的事实比较表。我们曾经雇用了优秀的咨询专家花了6个月的时间和我们共同攻关这个难题，试图建立一个计算机系统。专家要求我们列出需要用程序完成的事情，但是每个星期我们都会添加6条新的要求，这样前几个月设计的软件又无法满足我们的需求了。而且，公司每项调查的运作周期都很短，因此没有时间针对每项工作来改变计算机系统。也许今天需要做一个新的比较，而在之后的7个月里却再也不会使用这项功能。

在20世纪90年代早期，微软推出了Excel程序，对于我们来得是恰逢其时。Excel不是一个数据库程序，只是一个电子表格程序，只能帮助会计做一些相对简单的计算。但它的好处在于它的开放结构允许随时进行修改，因而更符合具体需要。而且Excel的宏指令或代码的输入相对简单，修改起来也容易。今天，在Excel的基础上公司还使用其他的程序，如Access和SPSS程序。但是在很长一段时间内，Excel程序使我们的工作变得可行。这就好像微软制造了一辆很好的自行车，我们现在把它改装成一辆山地车。当微软公司成为我们的客户后，我们向他们展示了通过Excel表格完成的工作，他们觉得不可思议。

一个人从现场带回来的录像带通常由另外一个人回放并记录下录像带里的每件事情。根据商店的规模，我们可能在特定的区域，例如门口或某个商品柜台，用10架摄像机每天拍8个小时。每年大约拍摄两万个小时，我们深信这些录像带会产生更多的硬数据。举个例子，在一项有关某个收款台的设计与收银员疲劳程度之间关系的研究中，我们可以使用录像带和秒表来计算收银员在上午10点把款项记入收银机所花费的时间，并将之与下午4点所花的时间做比较。

我们把研究用的细节列表称为“可使用项”，随着陆续开展的新项目它会不断增加。最后算下来，我们共评估了购物者和商店之间接近上千种互动细节。这样，我们就对购物者在商店里的行为举止有了相当多的了解。可以告诉大家，将牛仔裤带到试衣间试穿的男士中65%的人会买下它，而在女士中这个比例仅为25%。IBM（国际商业机器公司）公司的员工在自助餐厅中购买炸玉米片之前，18%的人阅读了包装袋上的营养说明，而那些在赛百味吃午餐的人中，这个比例则为2%。在准备买电脑的顾客中，4%的顾客会在周六上午购买，而到下午5点之后才购买的则为21%。在家居用品超市使用了购物筐的顾客是8%，拿购物筐的人中最后真正买了东西的人为75%，有34%不拿购物筐的顾客购买了商品，这样，我们从观察中得到了一些统计结果，并给商店想办法让更多的购物者使用购物筐。**假如购物学成立的话，它就是一门非常实用的学科，它关注的内容是通过研究、比较和分析，使商店和服务更加适应购物者的需要。**

干扰效应

这门学科是随着实践逐步创建起来的，它是一个生机勃勃的研究领域。最初我们并不知道要找什么，直到后来发现了些新东西。因此，我们有必要停下来总结一下我们究竟看到了些什么。经过30多年，我们已做了大量的工作，知道接下来应该找寻什么。但是购物学非常有意思的地方在于事物总在不断地变化着，而这些变化仍让我们感到惊奇。我喜欢把零售业看作我们发展的标尺，如同一种物种演变一样，这些演变向我们展示了人们是如何购物的，以及购物的目的是什么。然而有些事物是恒久不变的，它们与我们的天性有着必然的联系，而这本书的大部分内容都是在关注这些永久不变的事物。

例如，我们非常偶然地发现了一种新闻记者喜欢报道的现象，即所谓的“干扰效应”。作为研究百货公司的一部分，我们将摄像机安置在一层的一个主入口处，镜头恰好对着入口附近的领带货架。我们把录像带进行回放，以研究购物高峰期时购物者在门口的避让情况。我们注意到领带货架边的情况有点奇怪。购物者会来到货架边，停下来挑选，当被来来去去的人碰到一次或两次的时候，这些顾客仍会接着购物；但如果再被推几次，大多数购物者就会离开这条通道，不再选购领带。我们反复地观看这盒录像带，发现这种现象十分普遍，尤其是女人，男人也是如此，只不过被人挤着或撞着时男人的反应不像女人那样强烈而已——但他们也不喜欢有人在后面挤他们，而为了避免再被撞，他们就离开了想要购买的商品。当我们和客户核实此事时，得知那个领带货架的销量确实要比远离通道的固定夹具上的领带销量少很多，我们把这种现象总结为“干扰效应”影响了销量。

当我把这个发现告知商店经理时，他几乎从会议桌边跳了起来，抓起电话，告诉一楼的工作人员立即将领带货架移到离开主通道的地点。几周后商店规划部的经理打电话给我，说那个货架的销量在迅速增长。从那之后，我们发现了许多类似的情况，购物者常常被过于拥挤的场面吓跑，在每一个这样的案例中，卖场所需要的就是迅速进行调整。所以一种避免顾客之间肢体接触的新想法就在购物中应运而生了，而且还可以将这种想法进一步延伸，但是顾客有时会因为这样的措施而患上幽闭恐惧症或者感到害怕。我们并不讨厌人群，很多人在一起可以令人愉悦，在扬基体育场或是当地商场里的一场售卖会，我们希望看到很多人一起参与。但是当我们被碰撞，而且不希望很多人在场时，“干扰效应”就会影响到我们愉快的时光。

把商品放在目标顾客够得着的地方

由于耐心地观察和分析，在研究狗粮生产商时我们获得了额外的收获。在宠物食品区监视时，我们注意到狗粮通常是由成人来买，而狗的零食，如肝味饼干等，通常是由儿童或者老年人购买。我们意识到，对于老年人来说，宠物就像儿童一样，是需要溺爱的；而对于儿童来说，尽管他们不喜欢给狗喂食这样的家务活，却认为给狗喂饼干是件很有趣的事。小孩提出给狗买零食时，父母通常会迁就他们，这就像孩子在饼干区的行为一样。

但是商家并没有注意到谁才是真正购买（或者说服购买）宠物零食的人，他们通常把这些零食放置在超市货架的最顶层。结果，我们的摄像机就拍摄到小孩爬上架子去拿宠物零食的镜头，还看见有个老妇人用铝箔包去击打想要的宠物饼干。我们建议客户将宠物零食挪到孩子和老人够得着的地方，商家照办之后，销量立即就上去了。

有关商店规划和库存的各项细节，即使是最浅显的道理有时也会被商家忽视。我总对顾客谈起的一句话就是：看上去显而易见的事物通常并不那么明显。

在研究杂货连锁店的化妆品柜台时，一位年约60岁的老妇人走近一列靠墙的货架，仔细地研究了一会儿，然后蹲下去，才找到需要的遮盖霜。因为遮盖霜本身缺乏吸引力，所以被摆在了货架的最底层。类似的，我们在百货店看到一位超胖的男士在通道边的货架上找需要的内衣，他艰难地蹲下去，在接近地板的地方才找到。**在这两种情况下，按道理物品的摆放应该让购买者感到方便，而不是让设计者感到方便。**我们建议把遮盖霜摆在上面一些，把小孩子要买的商品放到接近地板的架子上，因为，无论把孩子们要买的产品放得多低，他们都能找到。

欲知怎样卖，先知顾客怎样走

在有些研究中，我们利用搜集到的所有信息描绘出商店或某个购物区的综合场景图。一家大型牛仔裤制造商想了解他们的产品在百货商店是如何销售的，因此，我们在某个周末随机调查了4家商店，两家在新英格兰，两家在南加利福尼亚。这几家商店的情况很相似，牛仔裤的展示区是方形的，占用了8~12个桌面陈列台和一些墙边的货架。我们画了一张详细的地图，描绘出牛仔裤销售区的布局以及出入该区域的通道，并标出广告牌和其他促销材料的位置。那个周末我们总共跟踪了727个购物者，通过录像镜头观察到的人则更多。我们特别关注顾客出入商店某个区域时所使用的通道。**商家只有知道了顾客会走哪条路，才能明智地判断出该在哪儿放哪种商品，或者在哪儿摆放商品才能够吸引购物者。**

在研究结束后，我们就能找出顾客在每个购物区所走路线的比例情况，一旦了解了情况，结论就会显而易见。比如，按常理广告牌应该摆放在面向主通道的地方，但是我们经过调查发现，大多数购买牛仔裤的顾客根本不会从主通道过来，而是从购物区的不同方向过来，所以大多数广告牌放的位置不合适。我们还发现，如果品牌的广告灯箱和放映摇滚录像带的屏幕的用途是吸引购物者的话，那么它们的朝向也不对。我们跟踪购物者在柜台之间移动，看他们在哪里停下来，看到什么标牌，是否注意到了屏幕，如何对待商品，是否会拿到试衣间试穿。如果试穿牛仔裤给同伴看，跟踪人员也会记录下来。他们还访问了被摄像机拍到的购物者，这样就把他们的个人信息、态度、观念和行为联系起来进行分析。例如，受过高中教育，并声称只看重品牌的年轻购物者是否会看价签。对调查得到的原始数据经过处理和分析后，我们就可以做出一些判断。

比如，如果我们发现大多数男性购物者买走了他们看到的第一个货架上的牛仔裤，而且往往是从男士用品区的通道进入牛仔裤区，而不是从女士用品区或电梯过来的，我们就会建议客户把男式牛仔裤柜台摆在靠近男士用品区的地方。

但是也可能是其他因素起决定作用，比起独自购物的男士，那些由女士陪伴的男士更容易购买牛仔裤，这时他们往往是从女士用品区进入这个牛仔裤区的。在这种情况下，牛仔裤柜台最好接近女士用品区。如果不搜集大量的数据，我们就无法知道这些。

女性购物者的“价值平衡”

也有一些小的零售店邀请我们去研究顾客与商店的互动情况，其中有个项目是一家高级洗发水生产商委托的，他们想了解女性购物者在购买普通或者商店自有品牌的美容产品时的决策过程。客户感兴趣的是女性在每次购物时如何取得“价值平衡”：上午在超市普通商品区买东西的女性，下午在布鲁明戴尔百货公司买东西时是怎样决定该买哪种商品的？她会不会认为自己应该使用高档品牌的护肤品，而洗发水只买普通品牌就行了？以前，只有那些精打细算的顾客才会购买自有品牌的商品，但是现在每个人的购物筐里都能找到这类商品。这其中的奥秘是什么呢？

在一次跟踪中，我们将一位30岁左右的女性称为第24号购物者，她身着白毛衣和黄色裤子，领着一个五六岁的小女孩，在周三上午10点37分进入了商店的美容保健品区。她拎着一个手袋，而不是推着购物车，并已选购了商店自有品牌的维生素C胶囊、一大包强生婴儿爽身粉，还拿着一张购物单和商店广告，径直走到护发用品货架，拿起一瓶潘婷洗发水，看了看前面的价签，接着又拿起商店品牌的洗发水，看了看价签，然后对比了一下两者的价签，最后将商店自有品牌的洗发水放到购物筐里。她在进入该区49秒之后离开。

在这次简短的经历中，跟踪人员需要收集许多数据，如她触摸了什么，阅读了什么，顺序如何，总共有大约25个不同的数据点。假如有一天，我们在那家商店的美容保健品区跟踪了100个购物者，就等于有2 500个不同的数据点。那位女士离开购物区时，我们采访了她，共问了20个问题。这25个数据点就可以和她的20个回答进行交叉列表对比，这真是一个排列组合的挑战。直到现在，大学里还没有像我们这样对零售环境的行为学进行研究的，所以这项研究就抛给了全世界的商家——那些零售商、银行、连锁餐馆、制造商及商品展示盒包装的设计师，因为有商家的资金，所以才有这门学科的产生。而且他们还在继续，商家通过雇用Envirosell去实地调查来继续这项研究。

获益于威廉·怀特的公共空间研究

我研究购物学的本质纯属偶然，或许所有的这些都是因为偶然的机遇开始的。当我还是一名学生时，就非常崇拜广受尊敬的社会科学家威廉 · H · 怀特（William H. Whyte）。怀特写过一些非常有影响的书，包括《组织的人》（*The Organization Man*）、《最后的景观》（*The Last Landscape*）、《城市：对中心的重新发现》（*City: Rediscovering the Center*）和《小型公共空间的社会生活》（*The Social Life of Small Urban Spaces*）。1974年，他创立了公众空间项目（Project for Public Spaces，简称PPS），

PPS机构现仍存在，为城市的环境保护和持续健康发展做出了卓越的贡献。

威廉·H·怀特，又被朋友称为霍利（Holly）。他曾是个狂想家，受人爱戴，一头银发，而且保留着新教上流社会银行家的贵族风范，他爱上了纽约市的大街小巷，并一直在为人们更好地利用这些街道而努力工作。怀特最大的贡献在于对人们如何利用街道、公园、广场等公共空间的研究，并取得了丰硕的成果。通过延时摄影、暗地跟踪以及访问等方式，他和同事们对一些城市广场和微型公园进行了调查，花费大量时间对调查到的资料进行研究。研究结束后，他们甚至能说出每个长凳、台子，以及小径、喷泉和灌木丛的每个细节，尤其是人们与之互动的细节，人们可能会在这些地方吃饭、晒太阳、聊天、观察来往的人、小憩或者只是随意闲逛。怀特和同事们对每个因素都进行考察，比如，用来坐的台子的宽度应该是多少才最理想，阳光、树荫和微风会对公园等公共空间的利用产生什么影响，写字楼、建筑工地、学校或邻近环境等诸多因素和当地人们的生活质量有什么关系。

怀特最早是《财富》杂志的编辑，但从本质上来讲，他是第一个研究街道的科学家，这真有点不可思议，因为在怀特出生之前街道就已经存在很长时间了。怀特的工作就是改善公共空间，使它更有利于市民，同时也使城市变得更加美好。怀特研究和改善物理环境的主要方法犹如一面透镜，他的研究方法使我获益匪浅。

1977年，我在纽约市立大学任兼职讲师，为环境心理系的学生讲授实地调查技巧。同时，我还在一家曼哈顿中心区的厄尔酒吧工作，并持有这家酒吧的部分股份。在那里，我认识了一位朋友，也是我的顾客，他曾负责设计林肯中心的标志系统（林肯中心是综合的表演艺术中心，汇聚了大都会歌剧院、埃弗里·费雪音乐厅和其他一些表演艺术场所）。他告诉我，他们需要找人来考察一个地下中央广场的使用和客流模式，这个地下中央广场将所有建筑物、停车场和地下通道相连。当时地下中央广场里只有一家很小的、临时的礼品店，林肯中心负责人想知道能不能在那里建一个更大的商店。但是，他们首先必须确保商店不会造成道路拥堵，在朋友的帮助下，我得到了这个项目。

我找了一些学生来帮忙，带了几架摄像机，站在选好的观测点上，开始计数和绘图。开设商店会不会造成道路拥堵这个问题很容易回答。我们首先用绳子围出了一个与要建的商店一样大的区域，之后观察和拍摄交通高峰期时人行道上的客流量。我们建议林肯中心可以建这样一个场所，而且还要在中央大厅为参观者准备一些长椅，这里就变成了一个休息点，而不只是一个走廊。起初他们并不准备采纳这个建议，但是今天长椅已经安装在了那里。我还强烈建议他们将女洗手间的规模扩大一倍，但他们拒绝接受这一建议。30年后的今天，高峰时期，女洗手间的队会排到门外，这真是一个不可原谅的错误。

由礼品店的一幕想到的

在为报告收集数据以及查看拍摄的录像时，我注意到有个机位能拍到临时礼品店里收银台四周的情况，有的顾客在浏览商品，有的正在购买。其中，有两个顾客在排队等着交款。其中一位像是个贵妇，可能是来看歌剧的，她放在柜台上的盒子堆成了一座小山。她前面排着一个女孩，女孩买的东西很少，一个纸袋就能装下。我不知道为什么会有这种情况，好奇心驱使我想要找到答案。

第二天我拜访了这家商店，和服务员进行了交谈。他告诉我那位贵妇是一位墨西哥外交官的妻子，准备购买一些漂亮的音乐盒作为礼物带回国，音乐盒很贵，她大约买了12个，总价值近9 000美元。因为是在歌剧中间休息时来买东西的，所以她需要快点结账，而且她还需要专人替她拿盒子。由于她的外交身份，可以享受免税的待遇，总之这宗交易十分复杂。

尽管那个女孩要买的仅仅是一支圆珠笔，收款员也必须处理完那个女孩的交易之后才能为这位贵妇服务，因为是女孩排在前面。

即使像我这样的外行，也知道收款员的程序应该进行一定的重组和简化。在收款员面前，对这两笔交易的重视程度应该是不同的。之后我突然想到，为什么不利用城市人类学家的研究工具来研究人们与零售环境之间的相互作用呢？

走出象牙塔

几年前我亲眼目睹了受人尊敬的社会学家、作家欧文·戈夫曼（Erving Goffman）与纽约和新泽西港务局的总工程师杰克·弗鲁因（Jack Fruin）之间的一场辩论。在辩论中，杰克表达了对学术界的失望，当时他正担负着规划和设计纽瓦克国际机场的重大任务。他曾向专家学者寻求帮助，希望这些专家能协助工程师和建筑师开展工作，但是专家的建议并不像他想象中那么简单易行，而且与实际的设计问题不相符，这差点葬送了杰克的工作。但是，欧文在辩论中将知识分子捧得很高，不过我却清楚地记得，与为欧文工作相比，为杰克工作能找到更多的乐趣。欧文一直藏在象牙塔里，杰克却是从象牙塔中走了出来，在做自己想做的事情。

完成林肯中心的任务之后不久，我和一些朋友坐在格林尼治村的夜间酒吧里小聚。其中一个年轻人是埃佩克唱片公司（Epic，CBS分支机构）的执行官。我跟他讲了我的想法：把商店里发生的事情记录下来，然后用科学的工具来分析购物活动，这样就能得到一些很有价值的结果。当几杯啤酒下肚之后，他肯定觉得我的想法非常有趣，因为他对我说，写一份提案给我。

第二天早上，我雄心勃勃地起了个大早，拽出了打字机，开始起草方案。写好后寄了过去，然后等待回音。大概有一年时间，我左等右等，而且写信、打电话给他们，但是都没有回应。这段日子应该是我在购物学研究中最黑暗的时期。

突然有一天，我收到了CBS唱片公司市场研究部门主管的来信。她说他们在某个文件垃圾堆中发现了我的提案，大家都被它吸引了，问我是否还有兴趣去研究一家唱片店。

我说当然有兴趣了，心里还美滋滋地想，一家美国大公司承诺出资了！我核算了一下，总共需要5 000美元来研究现代购物者的习惯。我立即给我的一些学生打电话，准备了一些笔记本和延时摄像机，就赶赴位于新泽西州北部一家购物中心的唱片店。

此后大约20年间，我们共拍摄了上千小时的录像，并进行了大量的个人调查。现在想来，虽然那次的研究内容非常基础，但当时我们仍为自己的重大发现感到兴奋不已。

拥挤是销量的杀手

举个例子，进行那项研究时正是20世纪70年代末，那时最畅销的是传统的45转/分的单曲唱片。商店就把最畅销单曲排行榜的《公告牌》(*Billboard*)杂志摆在唱片货架旁边，希望以此来刺激销量。但是，我们拍摄下来的情况表明，购买单曲唱片的大多数是青少年，而排行榜挂得太高，孩子们要踮起脚尖，伸长脖子才能看清谁在榜中排在第一位。我们建议商店经理把榜单挂得低一点，一周之后经理打电话告诉我唱片的销量增长了20%。把榜单挂得低一点，仅此而已，居然就奏效了。

在某个周末，我们花费大量的时间观察人们在收款台前的队伍中排队交款的情况。**从各方面来说，收款台都是商店中最重要的部分，这与商店设计师和商品管理者的想法不尽相同。假如交易进行得太慢，或者队排得不够整齐，购物者都会感到不舒服，或者就走开了。**许多时候，假如交款的队伍看起来很长，秩序又不好，购物者看到这种情况甚至就不会再去那家商店了。

我们研究的这家唱片店里有许多大展区用来摆放新唱片，你一进商店就能看到，离收款台只有几步之遥。当商店里没有顾客的时候，这并无大碍，但是假如有顾客在排队交款，那些新唱片就会被挡住。为此，我们建议他们立起两根杆子并拉一条绳子，让排队的人站在另一边。我们的建议再一次奏效，展区里新唱片的销量立即上升了。

这些问题不都是显而易见的吗？对于我们来说确实是这样的，尤其是在我们花了这么多的时间观察、拍摄、计时、访问之后。但是，即使今天来看这些问题，如果仅以平常的视角，也很难发现。

在观察那家唱片店的顾客时，我们发现一个很奇怪的现象：LP（黑胶唱片，CD之前的产品）区一直比磁带区拥挤，但是这两个区的销量却持平。走访之后，我们发现原因很简单。LP的封面很大，上面的曲目和照片很清楚，所以想买磁带的顾客会先来浏览LP，选定之后再到磁带区找对应的磁带。于是我们建议他们把LP区的通道留得更宽一些，这样，购物者就不会因为拥挤而匆忙离开。拥挤是销量的杀手，而且，商店还应该在LP区放置更耐磨的地毯，因为走在上面的顾客比其他区的要多。

关于那次研究，我还能记得的最后一件事是一段剪辑下来的胶片，胶片上记录了一个年轻人偷偷拿走古典音乐磁带的情景。反复看过录像之后，我才发现他装磁带的袋子是另外一家连锁店的袋子。我把这个信息传达给保安主管，告诉他在商店里出现类似的袋子时应该提高警惕，反馈的结果是，采用这种监控方法，他们已经阻止了价值上千元的商品被偷走。

就这样，一门新的学科诞生了。

谁要买阿司匹林

在购物学出现之前，至少已有两种方式可用来考察商店里发生的事情。最普通的一种方式是简单地查看销售记录，这是来自于收款台的信息，它将告诉你顾客在什么时候，买了什么，花了多少钱。这实际上是每家零售企业的做法，大至最复杂的跨国连锁店，小到街角商店，都使用这种方法。它可用来分析商店在某个季度，或者某一年、某一天，或是一天中的某个时间的情况，它是分析一家商店整体运营的好办法，而且能最终衡量出商店的总体水平和销售增长（或下降）状况。作为一种诊断工具，或者是作为一种了解商店情况和原因的办法，它并不是很有用。然而销售记录只显示出成功的业绩，无法让我们看到不足的地方。当把顾客迎进门，将商品展示在他们面前时，最难的就是不知道因为什么原因，他们并没有购买任何商品。当这些商业人员试图从销售数据中得出很多结论时，他们有可能彻底被这些数据误导。有一个很好的例子，研究的是马萨诸塞州的一家地区性购物中心的连锁杂货店。这家杂货店是该公司的旗舰店，因此管理层迫切地想看到结果。他们的销售额一直都很好，阿司匹林的销量尤其令人满意。

但是从我们以前对许多药店和阿司匹林区的研究来看，这里的一个关键指标——成交率，即真正购买东西的顾客比率，却比我们想象中要低。换句话说，在这家杂货店里，大量的顾客只是停留在阿司匹林区，把药拿起来，阅读外包装，而很少有人真正买下阿司匹林。通常，阿司匹林的成交率是很高的，因为人们只有在真正需要它时才会去那列货架，而不像有的产品适于人们在闲逛时随意浏览购买。于是我们花了一些时间来跟踪和录制阿司匹林货架边发生的情况。

在三天的跟踪观察过程中，我们发现了一种现象。阿司匹林货架摆放在通往冷藏软饮料区的主通道上，多数人都会被饮料所吸引，商店经营者期望阿司匹林的销量也会变好，但事与愿违，冷饮区的主要顾客是青少年，我们的记录显示大多数年轻人进来后就直奔冷饮区。事实上，冷饮区也是商店的年轻雇员们喜爱的地方，在休息时间他们可以迅速从那里拿起一杯冷苏打水来喝。

但这些年轻的购物者对阿司匹林绝对不感兴趣，真正需要阿司匹林的通常是那些老年购物者。当年轻人在10分钟的休息时间里在通道里跑来跑去时，为了避开他们，老人们通常会紧张地站在货架旁，寻找他们常用的牌子或者计算哪个更划算。因此真正的阿司匹林的购买者却被这些年轻人干扰。他们宁可匆匆地停止购物，空着手离开，也不愿被人打扰到。这是“干扰效应”的修正版：购物者虽然并没有被推撞，却被打扰了。从录像带上能明显地看出这一点：有的顾客缩在货架边或紧挨着货架，这当然不是理想的购物姿势。计算时间时，我们发现他们在货架上花的时间要比我们预期设定的时间短。

这是我们在工作中经常遇到的问题：一家商店由几个部分组成，都在同一幢建筑物里，却必须实现多种功能。有时这些功能可以相互协调，而有时，这些功能却会相互冲突，特别是在销售不同类产品（像冷饮和非处方药品）的商店。这方面做得较好的是哈雷–戴维森（Harley-Davidson）的特许经销店。在这家商店里，有大约300平方英尺的陈列厅，这个陈列厅既要为那些富裕的、受更年期困扰而想购买摩托车以恢复男性气概的男士们留出空间，又要为购买配件的蓝领装配工人服务，还要考虑对哈雷–戴维森的标志感兴趣的少年梦想家的需要。虽然这三部分人彼此互不相关，但当环境功能冲突时，就必须找到一种能满足多种功能的办法。我们把从这家店学到的知识用在杂货店客户身上，建议他们稍微改变一下布局，将非处方药区重新设在商店中一个偏僻的角落里，这种做法可能有悖常理。尽管光顾此处的顾客总数会变少，却会售出更多的阿司匹林。当他们移动了货架之后，销量上升了20%。

门口摆放打折书的利与弊

我们最近在一家大型书店进行了一项研究。这家书店将打折书摆放在入口处的一张展示桌上，每个人都会在这儿停下来浏览一番，而且多数人都会至少买上一本，收款台的记录显示，摆放这样一张桌子是非常有效的。

但是，我们发现经过这张桌子进入书店其他区域的人数要比预料中的少很多。在这个案例中，每小时跟踪者都要迅速走遍整个书店，记录每个购物区有多少人，包括交款区、咖啡店等。这是我们进行的密度检查，每项商店研究都包括这项内容，它能描绘某个时刻商店里的人群状态，表明哪里吸引人，哪里不吸引人；还能表明什么时候商店的构造或布局会阻碍购物者参观某些区域；也能表明购物者在建筑物内移动（或者不移动）的状况。事实上，从一个区进入另一个区，进而进入商店多个区域的购物者的数量通常都是逐步下降的。

我们的客户跟踪单显示了一个现象——当购物者进到这家书店后，看到减价书的展示桌后，也许会参观一两个陈列区，但是一般不会走进去太远就直接去了收款台。这种情况并非偶然，很多客户都从打折书桌上选购好书后直接来到收款台，付款后就离开。他们甚至没有浏览畅销书或正价图书。通过访谈购物者，**我们发现了一个负面效应：由于打折书桌的出现，商店赢得了折扣店的美誉，却失去了想购买热门新书的读者。这张陈列桌的成功却导致了书店中其他部分的失败。**

上面的这些结果都可以从收款台的记录中看出来。

问卷调查与营销技巧

获取信息的第二种方式是做问卷调查或简单地向顾客询问一些问题，这也是市场研究调查中最知名的那些公司所常采用的方法（无论是就政治的、商业的，还是其他的问题）。访谈的内容一般包括他们刚刚看到了什么，做了什么，打算做什么等。这些询问顾客意见的访问可以是通过面对面采访、网上在线交流、电话沟通，或者是小组讨论等方式来实现。

比如，我们来举行一场电话投票——一种由民主党和共和党产生的投票方式。或是在顾客走出一家商店或是购物中心时做问卷调查。问完一长串问题之后，可以记录下受访者的个人基本信息（年龄、教育程度、收入、性别、种族等）。将访谈内容和受访者个人信息联系在一起，就可以列出一个丰富的条件组合。例如，40岁左右的高加索裔、受过大学教育、有两个孩子、居住在东北部郊区、开着旅行车的已婚母亲，喜欢Jif品牌的低脂花生酱；在便利店买可乐的男士们在访谈中说，除了红色，其他颜色的商标很少能引起他们的注意；1/4的大学毕业生说他们平均每周吃一次意大利面。这样的组合数不胜数，从这些交叉组合中也许能挖掘出不少营销技巧，但是这并不能反映出多数商店里发生的情况。**当购物者在商店购物时，可以调查一下顾客在商店里的行为以及所见所闻，但是这并不能保证每次得到的回答都准确无误，有的人可能想不起来他在商店里看见了什么或干了些什么，他们在购物时并没想过事后还要来回忆当时的情景。**

在我们进行的一项关于香水的调查中，一些受访对象强烈希望购买某品牌，但这个品牌并未在其所购买的商店出售。在某家便利店进行烟草相关研究的过程中，有位购物者说他记得在店里面看到了万宝路的标牌，但是那家商店根本不销售这个牌子。

顾客购买取决于购物环境

假如我们只是在想买东西时才去商店，而且进了商店之后只买必需品，那么整个社会经济就会出现周期性的崩溃和繁荣。

值得庆幸的是，在20世纪下半叶成长起来的经济团体拥有强大的购买能力。在任何地方、任何时候，他们的购买量都比预想中要大得多。现在，除非刻意逃避，否则人们很难抵抗购物的吸引力。即使不进商店、博物馆和主题餐馆，也有每天24小时、每周7天开放的网上商店。还有家庭电视购物，它和网店一样，成本低廉，如果你不想看到任何商品目录单，那么你必须不断清理自己的邮箱。

因此，很多专家认为我们正处于过度零售中，这十分危险，因为太多的经销店造成了零售业和销售业发展过快。尽管现在的经济发展处于势头最强劲的时期，其依然无法赶上零售业的增长速度，而目前新商店诞生的速度比顾客增长的速度还快。

2008年，在大多数发达国家，新建的商店和购物中心不是为了服务于新增长的顾客，而是为了抢走其他购物中心的顾客。这并不是开玩笑，**在美国或欧洲的零售业已经没有未开垦的市场了，莫斯科、迪拜、上海和孟买现在是新的零售热点。**在这些地方，市场经济建立不久，经济迅速发展，有很多新的需求。

现在在美国，我们的焦点仍然集中在同店销售额（same store sales）上，在同样的空间和地点，如何去做更多的业务呢？策略上的关注是促进购物学发展的另一个原因。

今天，购物学能够不断发展壮大还有另外一个原因。

几十年前，顾客能接触到的商业信息渠道是有限的、固定的。那时的媒体不多，电视网络只有三个，收音机只有中波广播，全美发行的杂志销量都很大，当地日报几乎人人必看。那些名牌商品就在这些媒体上做广告，商品信息就确确实实地被清楚地传播出去。但是在今天，我们有将近100个电视频道，而通过遥控器和具有自动跳过功能的数字录像机，人们就可以跳过所有的广告；现在的收音机增加了调频广播；杂志的种类也五花八门，能够满足不同群体的兴趣爱好。另外，还有无限扩张的互联网，在上面不仅能浏览信息，也能娱乐，这就导致传统日报的读者数量日渐萎缩。**这些新的变化都说明，现在要想靠近顾客并说服他们购买东西比以往要困难很多。**

同时，我们发现品牌的影响力也在逐渐减弱。这并不是说品牌不再拥有价值，只不过现在人们不像以前那样盲目信任品牌了。一两代之前的那些人，在很小的时候就选择了自己喜欢的品牌，到老了还一直坚持使用同样的品牌。假如他是别克男人，他就一直买别克车；假如她是万宝路女人，她就会一直抽万宝路烟。一旦选定了自己的阵营，是可口可乐一族还是百事可乐一族，美泰克一族还是惠而浦一族，星空一族还是爱得利一族，之后就会一直坚守某个阵营。但在今天，从某种程度上来说，顾客所做的每一个决策都是全新的，没有想当然的事情。

这意味着很少有人的购买意向是受商店外的事物所影响，很多人是在进店后才决定购买商品。比起品牌、广告和营销的影响，顾客更容易受店内的观感和所获信息的影响，他们的购买冲动会在超市或其他商家达到顶端，甚至有些很大的决定都是在卖场直接做出的。

因此，现在传播信息和提高销量最重要的媒介就是商店和店内的通道。商店和店内的布置本身就是一个巨大的三维广告。广告牌、货架位置、陈列空间和特别装置，这些都可能成为购物者愿不愿意购买某一种商品的决定因素。**购物学就是要告诉人们该怎样使用这些工具：怎样设计出购物者真正能看到的广告牌，如何确保每条信息都被放在恰当的位置宣传，如何摆放陈列品，让顾客更舒服、更愿意浏览，怎样确保购物者能到达想去的每一个角落。**这里面的问题太多，要是都列出来的话，几乎能写成一本书。

最后，我们的研究证明，购物者在商店里待的时间越长，购买的可能性就越大，而购物者在商店里花费的时间取决于购物过程是否舒适惬意。正如霍利·H·怀特的工作改进了城市公园和广场一样，购物学则为购物者创造了良好的购物环境。最终我们提供了一种购物者支持并可从中受益的模式。

1997年，当我开始写这本书的时候，在全世界的商店和商业环境中，Envirosell都是先锋。10年后，任何一个商人和市场营销人员都知道了“购物学”这个术语，现在很多公司都声称在从事我们所做的这些事情。总之，观察是人类开始学习的一种方法，为什么不开始一项观察业务呢？我们欢迎每一个想要复制我们的公司加入建设我们美好生活的大家庭，但是还有一些人只是来浑水摸鱼的。

科技公司已将数据收集流线化，它们的软件包可以控制一个设备的监视摄像头按顺序计算人数。那么它算出通过一个广告牌或展示台的人数有多大意义呢？那是否意味着他们已经看过或购买过什么商品呢？当坐在位于纽约第20街和百老汇交会处的街角办公室里时，一些科技公司派人前来向我展示他们最新研发的产品。我不知已听了多少次这样的话“这个产品将带来零售业的变革”。这其中的大多数产品我且称为寻求试用的新技术，不过必定有人愿意购买它们。

我还会接到某个人的电话，他在电话中苦苦哀求我一个小时直到我同意见面。在开始商谈之前，一份长达17页的保密协议就摆在我面前。我只好解释说：如果有人聘请我，我很乐意签署文件，但是突然打电话见我，然后期待我接受一份长达17页的法律文件，让我很不舒服。多年前，我想出一个好办法，对于那些向我展示产品的人，如果他们愿意捐助750美元到我所支持的慈善机构，那么我愿意与他会面一个小时，并给出我最诚挚的答案。截至现在，我已经为纽约致力于救助无家可归的女性的“中途之家”募捐了好几万。

我还收到一些非常无聊的东西，例如一款通过间谍卫星跟踪坦克移动的软件程序。有些公司将足够数量的广角摄像头安装在天花板上，认为这就是简易购物学，而这样的公司中竟然有不少还受到风险投资公司的资金支持。它们推出吸引人的产品展示、奉上奢华的拉斯韦加斯晚餐并做出许许多多的承诺。不过风险投资公司没有将它们视为研究或咨询公司，而是把它们当作具有一定风险的软件公司。一旦使用这些软件程序，调查结果会自动生成。当签署为期两年的合同时，这些软件公司承诺每周都会递上报告。问题是两个月后，你看着一份份周报，不知道究竟要用它做什么。有许多客户从Envirosell离开后，购买了昂贵的软件程序，直到两年合同期满后又回到我们这里，我很乐意再次与他们合作。

另外一些公司，在办公室被我们戏称为“压缩版Envirosell”，这些公司派出毫无经验、没有受过专业培训的新手到卖场从事和我们一样的工作，观察顾客看到的、触摸过的及阅读过的商品。听起来很简单，但有些术语需要仔细阐释其潜在含义，不然你得到的数据和信息就是毫无意义的。现在有许多家竞争公司以低价售卖我们所从事的这项服务，但是你支付了什么样的价格，就会得到什么样的结果。

第二章　零售商和营销商所不知道的

现在我们要打断一下思路，不从科学家的角度，而是从实践者（即零售商和营销者）的角度来看待购物学。除了顾客之外，零售商和营销商当然也是我们这项研究的调查对象，因为他们为顾客提供了商品服务、创造了购物经历。零售商希望能借鉴我们的经验，并将我们的研究理论运用到实践当中去。营销商需要知道自己的产品是如何被顾客购买的。因为我们研究的是这些零售商的店，所以我们理所当然可以问他们：有多少事情零售商自己并不知道？

零售商不知道的事情比人们预期中的要多。直到现在，难以控制的零售环境依然处于未知状态，并不是一切都在掌握之中。下面这个事实就说明了这一点：一个精明能干的管理着几十亿美元连锁店的高级经理，在回答下面这个简单问题时也错得非常离谱：

你的顾客中有多少人买了东西？

也许你认为，如果你是他，就肯定知道答案。但是，相信我，这位经理在这个行业绝不是等闲之辈，他每天都要了解上千家连锁店里发生的事情，包括交易量、交易额和平均销量，每家店与上一年中同日的销售额对比，各地的销量，每个品种、每个类别和每个商店的利润率，还有月销售走势等。

他知道上面提到的所有事情。

但当我问他商店里有多少顾客买了东西，他的回答是：几乎所有人。我说那是他的答案，也就是说，那是在他管理下的，应用巨型电脑网络、从事数据挖掘、数字处理、解码的部门给出的答案。这儿的每个人都认为，这家商场的转换率或成交率（即购物者变为购买者的比率）接近100%。他们认为自己经营的是目标型商店，人们只有在想好要买什么东西时才会到这家商店来。因此，他们相信只有商店缺货时，顾客才会空手而归。

实际上，转换率的真正含义并不是这位经理和这家公司理解的那样（尽管许多成功的公司和经理也和他们有同样的认识），而是意味着购物者确实需要某个转换过程才能变成真正的购买者。

我是在对这家连锁店进行一项大型研究的时候问到上面这个问题的。通过上百个小时的计算和其他工作，我对转换率的含义有了较深的理解，**转换率也就是真正购买了商品的购物**

者数量与进入商店的购物者总数之比。在同类商店中，这家店的转换率算不错的了，不过大约也只有那位经理估计数值的一半，更确切地说，只有48%的购物者购买了商品。

那位经理对这个数字感到非常吃惊，不过他相信这个数据应该很有价值，希望能听到更多的建议。而商店里的其他人似乎受到了刺激和羞辱，都觉得这个数字难以置信，并一致认为我们的计算有严重错误。所以他们自己也开展了类似的研究工作，站在一两家商店的门口，计算购买了商品的人数。

他们的计算结果和我们的一样，这个结果对他们来说非常有好处。这意味着一家好公司能够通过改变一些非常具体的认识，而变得更好。假如你去询问这家公司的经理，他会告诉你我们的研究改变了他们长期坚持的某些信念和认识。至少，他们已经在商店布局、商品陈列、商品和员工位置的安排方面进行了调整，毫无疑问，这样他们的转换率肯定会提高，赚的钱也会更多。

我们的研究发现对于那家公司的战略规划也是非常重要的。我们认为，商店不必扩张业务领域就完全可以实现显著的成长。这是华尔街要求的，也是每个人都热衷的。这可以提高商店的层次，而无须扩展业务领域，高成本的发展战略到最后都会丧失继续执行的动力。2007年，同店销售额是连锁公司发展的关键指标。

在20世纪末购物学未产生之前，所有的零售商都一样蒙昧无知。直到最近20年，出现了销售数据或是对收银纸带记录的分析数据。今天，几乎所有主要的消费产品公司都有消费观察团队。对于在商店里会发生什么（顾客），及顾客购买了商品后会发生什么（消费者）这两点，这些观察团队经常产生激烈的争辩。总之，观察团队的出现就是一个积极的转变。

但是，对于那些坐在远离卖场办公室的营销商而言，这其中总是出现脱节。在2008年，收集数据比找出这些数据所包含的意义要容易得多，而对于自己对此能做什么、该做什么更是一头雾水。自从购物学产生后，很多公司开始谈论他们销售数据库的重要性，我们用摄像头跟踪了100万个顾客，但是，最后这些数据代表什么？对我而言，10年后出版了第一本书，对于一家公司而言，无论他们使用何种方法，购物学的发展都使他们可以看到自己对这些方法所记录信息的使用，他们会自问，通过使用这些数据，公司是在赚钱还是在省钱？

让我们回到最初，转换率随着商店的种类或产品的品种不同会有很大的变化。在超市的一些购物区，转换率可能接近100%（比如乳制品和卫生纸）；而在画廊或高档的珠宝店里，商品都很昂贵，100个顾客里有一个买东西就很不错了，因此它的转换率就不高。但无可争议的是，无论卖什么，转换率都是一个非常重要的绩效评价指标。营销、广告、促销活动以及合理的地理位置能把购物者吸引到商店里来，但是只有商品、雇员和商店本身的工作才能将他们变为真正的购买者。**转换率**

衡量的是你在自己可控制的环境中做了些什么，它表明整个企业最重要的部分——商店，运行得是好是坏。转换率对于零售业就像击打率对于棒球选手一样重要，如果不知道转换率，就好比说只知道某人上个赛季击中了100个球，却不知道他总共是击打了300次球，还是1 000次。没有转换率，你就不知道你是米奇·曼特尔（Mickey Mantk）①还是米老鼠（Mickey Mouse）。

然而，形式最简单的转换有其局限性，在过去的10年里，许多公司在门廊处安装了电子计数器，和记录器相连接，这就是所谓的转换率的即时换算。事实向来隐藏在细节的背后。男女在购物上有何不同？如果将一个孩子或一个美国人，又或者一个拉丁美洲人纳入观察又会有什么样的结果？

门口的计数器智能地计算人数，但事实上，它却无法记录这样的事实：一个四口之家走出商店绝不会每人买一台大屏彩电。的确，有些功能更强大的计数机能够通过计算体重来辨识顾客性别，但是，其精确性我可不敢保证。安装了计数系统的公司多次给我们打电话，并且给出了三个月内的数据流，他们仍然想知道怎样才能将信息转化成一种持续、主动、切实可行的工具？对于商店的管理人员来说，转换率低是最让他们沮丧的事情，关于这一点，他们说：

“我们的转换率确实较低，因为我们店门口多了一些无所

① 米奇·曼特尔，美国职业棒球明星。——编者注

事事的、消磨时间的顾客，可能你会注意到，我们旁边是一家厨具商店，它聚集了一大批陪老婆逛店的男性顾客。”

现在，仍有很多商人不知道何为转换率。转换率不是商学院里强调的一种商业评估方法，也不是利润率或者投资回报率，更不是货币供应或是其他什么东西；转换率完全是在描述商店里面发生的事情。还有一些其他方法也可用来评估商店里发生的事情。

一次我问一位化妆品部的经理，女人在商店里真正用于购买化妆品的时间有多少。

“噢，大约10分钟。”他说。

“嗯。”我答道。但是，我们的研究表明，平均每个购物者在化妆品部用时为两分钟，而买了东西的购物者平均用时只有30多秒。再往大的范围看，包括排队付钱，平均每位顾客花在超市的时间为25分钟。在特大超级市场或综合购物中心，如美国的沃尔玛购物中心、欧洲的家乐福，或是南非开普敦的Pick n Pay连锁超市，平均每位顾客的购物时间为30分钟。这些都是我们用秒表测出来的。但是如果你单独去问一个顾客他在一家商店的停留时间，他的回答可能是一小时。在商业场所，时间通常被分为三类：真实的时间、感官时间，以及以上两种时间的合并。

现在，对于一名顾客到底会买多少商品，在商店的选购时间（不包括排队等候的时间）是一个重要的决定因素，我们的研究结果已经多次验证了这两者之间的关系。如果一名顾客逛完了整个商店（至少是商店的大部分），边走边考虑买很多商品（即他看过、触摸过和想过这些商品），这就需要很长的时间。在我们调查的一家商店，平均每位购买者花费了9分29秒，而非购买者花费的时间为5分6秒。在一家玩具商店，购买者花的时间大于17分钟，非购买者则只用了10分钟。在某些商店，购买者花的时间是非购买者的三四倍。

顾客在商店停留的时间是由很多不同的因素决定的，而我们的大部分工作就是分析这些因素。我们为零售商提供的大多数建议都包括延长购物者购物时间的方法。然而，在考虑怎样增加顾客的购物时间之前，你首先应该知道顾客在商店购物或购买你的产品时花费的时间是多少。

这些措施造成的反面作用就是所谓的“混淆指数”（confusion index），或是很多顾客在商店里迷茫地行走。时间是相对的，如果你在大型购物店塔吉特（Target）或是沃尔玛转10分钟，你可能感觉自己好像已经在那里半个小时了。最后你有可能会找到一些很不错的商品，但是如果你找不到你来这里要买的东西，那这些还有什么意义呢？在过去10年中，我们最好的业绩就是赢得了经营办公用品超市的一些客户。在2007年，无论是史泰博（Staples）、顶级奥菲斯（OfficMax），还是欧迪办公（Office Depot），在新店开张时，都使用了仓库布局，架起3.6米到4.5米的货架，这对顾客非常具有挑战性。因为顾客并不是每周都去那里购物。在很多通道，有1/3的顾客并没有购买任何一列货架上的商品，只是浏览商品、消磨时间，或是做其他的事情。而且，顾客完全不知道在哪里可以找到打印纸，而且很多顾客找不到所要购买的产品。

史泰博是第一家根据我们的建议做出改变的超级购物中心。这家公司应用了所谓的“竞技场概念”，就是将最低的货架摆放在商店的中间，周围的货架逐步增高。不得不说，这个改变效果非常明显。一走进这家商店或是更大的商店，你就可以看见所有的商品。顾客都满载而归，几乎每一位顾客都知道自己所需的商品放在哪一列货架上。顶级奥菲斯和欧迪办公也有了各自版本的“竞技场”摆放货架。在一些案例中，同店销售额提高了20%甚至更高。新的商店能否让顾客停留得更久？当然，你一定期望顾客在那里非常愉快地购物。

你的雇员如何“拦截”顾客

另外一个评价商店的好方法就是计算它的拦截率，即与商店里任何雇员有过某种接触的顾客的比率。现代的商界为了削减管理费用，纷纷减少全职雇员并降低雇员薪金，在这种背景下研究拦截率的意义尤为重大。**我们的研究表明，购物者和商店雇员联系得越多，平均销量就越大。也就是说，雇员与购物者交谈能吸引顾客购物。**

我们研究了一个大型服装连锁店，它的拦截率是25%，即在所有的购物者中有3/4的人没和销售人员说过话。这个比率非常低，很危险。它表明顾客在商店里转悠时可能会感到失望、迷失、困惑，他们可能需要工作人员给他提供有关信息或解答某些问题。低拦截率还说明雇员用在积极推销商品上的时间并不多，他们忙于把货物上架以及结账，而没空儿干别的事情。低拦截率可能也是商店业绩欠佳的一个原因。

顾客厌恶等待

生存在这个世界上的我们，喜欢被别人注意，但同时又很重视个人隐私。有一个客户有这样一条员工准则，在距离顾客两米左右的时候必须要打招呼。我不喜欢这条准则，因为它夺走了这些服务员的决定权，但是我却喜欢这条准则后面的想法。

最后还有一种简单的评价方法，这就是等待时间。正如前面所提到过的，等待时间是最重要的衡量顾客满意度的因素。**但是不少零售商都没意识到，如果购物者排队（或在其他任何地方）等候的时间太久，顾客就会认为商店的服务质量低下。**经理们都很繁忙，不愿意把时间浪费在等待上面，但是有的经理却没有认识到普通人也不喜欢等待。我们向一位家居用品连锁店的副总裁展示了录像带中的一段内容，有位购物者花了22

分钟在这家商店购物，然后她推着购物车去排队交款，由于等待的时间太长，她放弃了满满一车东西，离开了这家商店。这位副总裁感到非常震惊，但我们对此已经习以为常了。

我们曾为一家银行进行过研究，这家银行原打算推出这样一项政策：如果某位顾客的等待时间超过5分钟，该顾客就能得到5美元的补偿。我们对这家银行的窗口展开了研究，两天之后，我们告诉客户，这项政策的实行将付出3倍的代价，得不偿失。于是他们放弃了那个计划，重新寻找缩短等待时间的办法。

弄清谁是你的潜在顾客

最后这项内容跟商店的评估方法无关，但是它却说明了商人的无知——他们通常不知道谁是购买者。前面已经提到过宠物零食制造商，他们的产品放在货架的顶端，而不知道它的主要购买者是老人和儿童。我们研究过一家家庭风格的餐饮连锁店，店里的两人桌过多，四人桌不足，这在高峰时间真是个大问题。这些问题都是因为没有人观察过就餐人群造成的。在另一家家庭风格的餐饮连锁店，每个店里都有吧台座位，占了餐馆10%的面积。平时，没有人用这些座位，因为独自来的就餐者都喜欢有桌子的座位，在桌子旁边他们可以一边吃饭一边看报纸或杂志。繁忙的时候，这些吧台座位还是没人坐，因为多个人一起来的话，也都喜欢坐在桌子旁就餐，这样可以相互交流。因此，即使等桌子的顾客已经排起了长队，吧台的座位也仍然空着。

很多零售商一直都不知道到底是谁在自己的商店里购物。纽约市新落成的格里利广场打算把杂志区扩大，以增加销量。这个广场周边是韩国人或西班牙人聚居区，因此我们认为顾客中韩国人肯定很多，所以就建议他们放些韩文杂志（韩文报纸也会卖得很好），并出售在拉丁美洲市场流行的软饮料，结果商店的销售额立刻就上升了。

在纽约、洛杉矶和其他大城市也有不少类似的问题：很多外国购物者想在商店或饭店里休息一会儿。虽然很多外国顾客都愿意花钱购买奢侈品，但那里几乎没有为亚洲购物者准备的设施——没有尺码转换表，没有汇率表，甚至没有告诉购物者商店接受哪种信用卡的日文或韩文标志。精明的零售商应该奖励那些会一点日语、德语、法语或西班牙语的雇员，其实只要几句短语就会使情况大为不同，有过在国外购物经历的人对此都深有体会。饭店里则应该准备一些日语和德语的菜谱。

有时候，从很小的地方也能看出零售商根本就不知道谁是顾客。我参观过一家全美杂货连锁店的华盛顿分店，那里有大量各色各样的专为金发人士准备的染发剂和护发产品，但这家杂货店95%以上的购物者却是非裔美国人。佛罗里达州的一家连锁杂货店的明尼阿波利斯分店也挺可笑的，那里的各种防晒霜都摆放在很显眼的位置，而当时已经是10月了。

第二部分
购物机理学：
商家应在哪些方面下功夫

聪明的商店总是依照人们怎样行走以及看什么地方来进行设计。这些商店在设计时肯定会分析并利用人们的移动习惯，而绝不会忽略这些习惯，或者更糟糕地，企图去改变它们。

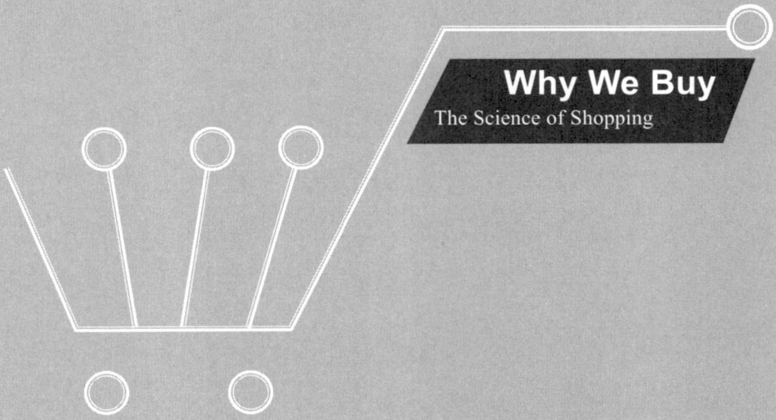

导 读

购物学背后首要的也是最简单的原理是：人类在生理学和物理学上具有一些共同的能力、倾向、局限和需要，零售环境必须适应人们的这些特点，术语称之为“生物学常数”。

换言之，商店、银行、饭店和其他类似场合都应很好地满足人们的这些需求。虽然购物者因性别、年龄、收入和兴趣等不同而存在不少差异，且在北美之外的其他地区，我们还面临着其他问题——相对密集的人口、气候、安全隐患、国家的金融福利等问题，但是，他们之间的相似之处更多。随之而来的想法是任何建筑环境（无论是酒店、体育馆、飞机场、医院，还是家庭或公寓大楼，更不用说商店或银行）都应该反映使用者的特性，这个事实好像因为太明显反而不被提及，是这样的吗？总之，这些场所是由人类设计、计划和建造的。多数人都是购物者或是这些场所的使用者，因此，你可能会想当然地认为让一切步入正轨是一件十分轻松的事。

然而，人的构造如何呢？人类的生理特征对购物行为会有什么影响？零售商往往很难认识到并去满足人们的这些特点，而我们的大部分工作就是把这些特点揭示出来。以下所讲的都是最基本的特点，比如，我们只有两只手，放下来时双手距地面大约一米；我们的眼睛一般都直视前方，但同时又能观察到周围的事物，视线范围受环境因素的影响，而且更容易注意到人而不是物品；我们能够预测甚至判断人们行走的方式和路线，人们会沿着预计的路线行走，并随着环境的变化一会儿快，一会儿慢，一会儿又停下来。

无论是在东京、巴黎、开普敦、奥兰治县还是加利福尼亚，无论是两米高还是一米六，人类的身高是有限的，无论是中国人、印度人，还是墨西哥人，这都没有关系。在世界上的任何一个地方，我们的眼睛都用同样的方式看周围的事物，我们的年龄都以同样的方式增长。

上述情况表明，**购物者到什么地方，看见什么，产生什么反应，这些都是他们购物过程中的特点。**购物者也许能看清楚商品和广告牌，也许看不清楚。他们也许很容易就能找到想买的东西，也许要费些力气。他们也许会在某个区域逛来逛去，也许只是匆匆路过，或者根本就不会去某个地方。所有这些生理和解剖学的因素加在一起，就构成了一个复杂的行为矩阵，零售环境若想很好地适应购物者的特点，就必须对这个矩阵有所了解。

购物学中一个很重要的内容就是：适应性和利润密切相关，不可分割。关注适应性，就能满足顾客的需要，同时利润也就有了保障。只要营造的零售环境能够满足购物者的需求，你经营的商场就能获得成功。在后面的五章中，我们将看到最基本的几个问题是怎样影响购物过程的，这包括手的容纳能力，人在开车时受到的阅读限制，甚至非购物者的生理需求。

第三章　缓冲地带的妙用

停！

在这里停留一分钟，什么也别问，注意观察。

此刻，我们的所在地是停车场的中央，这是关键。

观察刚刚走进商店的顾客

你注意到了吗？每个人都步履匆匆地走向商店，难道他们都很着急吗？也许是吧，但通过大量的观察，我发现所有人穿过停车场时的共同点便是“快”。停车场并非第五大道，也不是缅因街，因而，不适合闲庭信步。这里只有汽车，以及汽车尾气夹杂着沥青的味道，这里也难以遮风挡雨，驱寒避暑。

好吧！现在让我们也加入这支直奔商店的匆忙的队伍中去吧。那么，在前方你看到了什么？是橱窗！橱窗里有什么呢？商品还是广告牌？抑或是两样都有？然而，事实上却难以说得清，因为玻璃反光，或天黑之后店内光线太弱导致外面的人难以看清里面。大多数零售商在白天和晚上都使用同一套照明系统，这就是说商店里面的能见度要么在白天和晚上都不合适，要么至少有一段时间不妥。

为便于讨论，现在假设我们能看见橱窗里的东西——展出的模特或静物画。然而，无论看到的是什么东西，其尺寸都不太好，因为，橱窗中摆放的物品太多太小，从远处根本难以看清。人们走得越快，视线范围就越窄。当接近橱窗时，我们便径直走进了商店，不会在橱窗前停留。因此，如果橱窗正对着停车场，那么无论在里面放什么，只要展示的东西不够大、不够醒目、不够精练的话，就肯定毫无用处。

我们撞开门，走进商店里。你见过有人刚进门就急刹车停下来的吗？我也从不这样，这样很容易造成拥堵。现在，站到我这边来，注意观察大门口。**顾客进门之后会有什么情况发生呢？虽然你看不见，但顾客确实在快速调整——他们放慢脚步，调整眼睛以适应光线和距离的变化，伸长脖子开始关注视线所及的东西。**同时，他们的眼睛、耳朵和神经末梢也正对其他环境因素做出响应——分析声音和气味，感受商店里的温度是冷是热。换句话说，这时发生了很多事情。但我敢肯定，这时购物者还没有真正进入商店里来。虽然他们已经迈进了商店的门，但实际上要再过一会儿他们才算真正进入了商店。经过长期观察，你就能准确地判断出购物者是从什么地方开始慢下来，这时才是真正来到了商店里面。对所有的人来说，转折点几乎都在同一个地方，它取决于商店前端的布局。

上述情况说明转折点之前的过渡区往往被顾客所忽视。如果在过渡区里卖商品，很难引起人们的注意；如果放广告牌，很难让人看清上面的内容；如果售货员热情地迎上去问“您需要什么”，回答肯定是“不，谢谢”。如果将购物车或购物筐堆放在一进门的地方，几乎没人能看见，也不会有人去拿；但如果把它们往里面挪3米，情况可能会完全不同。这就是购物的自然法则——购物者需要缓冲地带。

购物的自然法则——购物需要缓冲地带

同样的事情还发生在酒店大堂。如果酒店的方位指南摆放位置太靠近大门，那么大堂经理就不得不花之前3倍多的时间来回答一些基本问题。通过我们对商务酒店大堂的观察，酒店没有“信息体系结构计划”，而这对于顾客服务来说是致命的影响。如果酒店的门童或旅馆的服务员整天都要告诉客人洗手间的位置，无论他们接受了多少培训，倘若每周回答500次相同的问题，他们也会吃不消。窗户、门口、机场的起落地带都是顾客接触服务的开始，而这对于酒店的顾客也适用。

在与客户交谈时，他们一致认为过渡区的发现是我们最有意义、最有价值的工作之一，可能也是我们公布的最令人惊诧的消息之一。这可能是因为我们的建议违背了人们的一个根深蒂固的观念：大家都希望处在前面，挤在人群前面，排在队伍前面，位于最前面的等级，好像好处往往都属于前面的人。

然而在零售环境里，有时候前面反而是人们最不愿意去的地方。比如，零售商总是把某些厂商的名称贴在前门，并向厂商收费，这似乎是在充分利用市场，以为每个人都能看见前门。但事实上你会发现购物者来到商店门前，要找的仅仅是门把手和推拉门提示。有的购物者会站在店门前仔细看门口贴的广告，但这样的情况只有一种——商店关门时，顾客停下来看门口的营业时间。广告此时可能也有一点宣传作用，但意义不大。

现在，很多商店都有自动门，这给顾客带来许多方便，尤其方便了那些拎着大包小包或推着婴儿车的顾客。虽然自动门可以让顾客毫不费力地走进商店，但这样却扩大了过渡区——没有任何东西使顾客放慢脚步；旋转门的效果也不好，因为它将顾客直接推入商店内。有些商店，尤其是小一点的商店，顾客进门要多费点工夫，这样反而对商店有好处。即使是微弱的调整——发出“吱嘎”响声的门或合页——也是缩小过渡区的一个小窍门。在门口设置特殊的照明效果也可以很清晰地将店内外区分开来。

在过渡区能做什么

大型商店有实力浪费一些前端的空间，小商店却不行。但无论大小，有两件与过渡区相关的事情商家都可以做：**不要在过渡区放置重要的商品或安排活动，二是采取措施尽量缩小过渡区。**

某个富有经验的大公司就有一个关于在入口处和过渡区不要做什么事情的教训。20世纪80年代早期，汉堡王公司（Burger King）做了一个新沙拉柜台的实验，为了让顾客能看见这个柜台，他们决定在试验店中将出口和入口对调。原先距停车场最近的地方是入口，现在他们把这个入口改为出口，同时把新的沙拉柜台设在挨着出口的橱窗后面。这样，当你像往常一样下车后走到原来的入口处时，你就会看见新设的沙拉柜台，并被它强烈吸引，进门之后，从新的入口你就会直奔这个柜台的沙拉去了。

但真实的情况却是这样的：顾客来到原先的入口处找推门的把手，但改装后把手已经被取走了。于是他们不得不退回来，挠挠头皮开始找进去的路。他们并没有看见沙拉柜台，因为当时正急于找进门的入口。找到入口后他们马上就冲进去，这时他们感到饿了，还有点沮丧，只想找到柜台买他们通常要的汉堡和油炸食品，在这种情况下，沙拉柜台根本就没有任何效果。

某个体育用品连锁店也有一个关于过渡区的教训，该商店规定售货员必须在购物者进门后的5秒钟之内去接待顾客。下面是真实的情况：顾客一进门，就有热心的售货员迎上来，他们就如同猎鹰看到了自己的食物，随时准备出击似的。下面是个有意思的规律：太早打招呼会将顾客吓跑，太迟会让很多人对商店感到失望。在对雅诗兰黛的化妆品柜台做研究时，我们得出了这个规律。顾客来到柜台时先等一分钟让他们自己看，然后才是售货员和化妆品专员的服务时间。

几年前还看到另外一个误用过渡区的例子。那时我们在测试IBM公司某个部门给凯马特百货公司设计的一台与顾客交流的计算机设备。该设备配有触摸屏和键盘，可以回答问题。比如，你问男士内衣在哪儿，它就会给你一张商店的地图，也许还附送一张T恤或袜子的优惠券。如果运行良好的话，这不失为一个绝妙的想法，既能给顾客提供方便，还不用花钱雇人站在咨询台后告诉人们男士的运动衫在哪儿，而类似的提问一天就有72次之多。

然而，没过多久，商店经理就发现很少有人用这台设备，问题是没有人刚进商店就迷路。这时，人们还没来得及四下张望，当然也不会意识到自己迷路了。计算机离门太近，就变成了昂贵的摆设。商店决定放弃这些设备，但他们肯定这些设备其实还有用，只是要放在顾客真正需要它帮助的地方，那样它可能还会成为进入商店的第三条通道。

在过渡区商家能做些什么呢？你可以跟顾客打招呼，但没必要随时跟着他们，说声“你好”就行了，提醒他们已经来到商店了，吸引他们的关注。**安全专家认为防止盗窃的最简单的办法就是让工作人员用简单的问候语迎接每一位购物者的到来。**山姆·沃尔顿（Sam Walton）发现一个朴实的现象，如果聘请一位和蔼的老太太在门口对进来的顾客打招呼，那就没有人敢行窃了。

在过渡区还可以提供购物筐、地图或优惠券。在曼哈顿高岛屋的一个小商店里，身着制服的门卫领你进去时，会递给你一份印刷精美的口袋大小的商店说明。在入口的右边，也就是在过渡区内，有一个卖花的摊位。你进门时就能瞟到它，但通常你不会停下来，相反，你会想：“嗯，这儿有花，不错，出来时可以买一些。”这一点非常重要，因为你不会捧着一束鲜花去逛商店的其他地方。

在服装品牌H&M、盖普、老海军以及沃尔玛店内，都有一个所谓的“强势展示区”，就是在门口摆放一大堆运动衫、牛仔裤或是罐装可乐，使购物者放慢脚步。这堆东西就像减速路障一样，同时还起着巨幅广告牌的作用。放这些东西在这儿并不是要说“买我吧”，而是在对顾客说“停下来看看你已经到哪儿了”。这些东西就如同购物建议，简单明了，让你在接下来的购物中心情舒畅，你还会到其他楼层去逛并选购一些商品。注意，我们所购买的60%的商品并不在购物单上，但这与冲动购物又不同。下面的问题会促使你购买一些不在单子上的商品：“你不需要这些东西吗？即使现在不需要，那么将来呢？”强势展示区的饮料可能提醒你下周二孩子要从大学回来，展示区的毛衫提醒你即将到来的秋天或是你计划度假的目的地——缅因州的寒冷天气，走走瞧瞧，你离开商店时就会带上两箱六罐装的姜汁汽水和一件新羊毛衫。

在法林地下商城，我看到另一种处理过渡区的办法，这就是彻底打破过渡区的规则。不仅仅是打破，而是将规则彻底粉碎。他们在商店的入口处放了许多打折商品，这是一种很好的吸引购物者的方法。从中我们学到了该如何对待规则，要么遵循规则，要么打破规则。忽视规则或仅仅违反那么一点点都是非常糟糕的做法。

我很高兴看到有人在尝试打破这个常规的框框：他们没有把销售区从入口处往里面退，而是把商店延伸到了外面，从停车场开始就设置商品销售区。大家别忘了，即使遇到最糟糕的天气，足球迷们也会充分利用停车场，在那里烧烤、聚餐、喝酒、联谊。美国各地的汽车电影院在白天都变成了跳蚤市场，这也说明了人们愿意在户外购物。有些超市在夏天会把应季商品挂在外面的停车场里，我曾去过一家海滨度假胜地的商店，那儿所有的野餐用品、海滩玩具、防晒露和橡胶凉鞋等都摆在帐篷下，旁边有售货员和收款机，这样，海滩上路过的人都可以停下来，买些需要的东西就走，而完全没必要带着满身沙子穿过食品通道去选购东西，再排长队去交款。

在美国把商店推向室外也引发了另外一个有趣的现象，就是很多地方都变成了停车场。而大楼里面的停车场用途很多，可以开服装店，也可以卖电子产品或食品、杂货，甚至还可以改成办公室，广阔的停车场还能用来干什么呢？这仍需要人们继续发挥想象力来思考。几年前，我参观了南非约翰内斯堡的一家购物中心，人们把一家汽车影院设在城市停车场的顶层。在约翰内斯堡我还看到一场奥迪车的展览，有奥迪车每种款式的每种颜色，总共展出了47辆车，紧紧地成排停放在一起，可想而知，这吸引了很多顾客围观。

第一不一定最好

我们关于“第一不一定最好”的发现除了适用于过渡区外还可扩展到整个商店。**在商店的任何销售区，顾客看到的第一个产品并不一定就有优势，有时甚至恰恰相反。在入口和商品之间保持一些距离可以让购物者在走近这个商品之前多看它几眼，这样就会产生一些视觉预期。**比如说，来电脑打印机销售区的顾客不太可能看到第一款就买，而不再做进一步比较。等他来到打印机卖场的中间地带时，他可能就觉得已经有足够的自信和信息来做决定了。在展销会上，门口的摊位好像是不错，但实际上却是很差的位置。大多数观众都是匆匆路过就进了大厅，很少留意到门口的摊位。更为糟糕的是有的观众与朋友在门口会面，给人造成门口的摊位特别拥挤的错觉，这样，真正的顾客反而被吓跑了。另外，门口往往有穿堂风，让人感觉好像是在门廊而不是在商场里面。

经营化妆品的商家并非总想占据百货公司门口的第一个柜台。他们知道，女人在镜子前打扮自己时总希望独处，但这并不是人们喜欢安静购物环境的唯一原因。如果你是家用染发品市场上的两大竞争者之一，你肯定希望将你的产品摆在商场最好的位置。现在的年轻女性将染发当作一种时尚，她们参加正式舞会时需要来点特别的装点，比如把头发染红，或是梦想拥有金发女郎的魅力，于是她们就需要试试新的颜色。然而，年纪较大的女人买染发品就像买厨房常备食品一样，15年来会一直使用同一种颜色的产品，而且现在每天都有白头发长出来，因此，她们买染发品就像买肥皂一样平常。正因为有这样的区别，中老年购物者一般是找到她们要的颜色之后就拿起来买走，而年轻人在买之前则要仔细挑选产品和包装。我们有关护发品市场的调查表明，适用于中老年女性使用的护发品仅是年轻人的2/3，因此在年轻人喜欢光顾的商店里，染发品最好不要摆在人头攒动的地方，这就是说不要摆在商店靠近入口的地方；但如果多数是年纪较大的购物者，那么距门口较近的地方才是摆放染发品的好位置，因为老年购物者不会在店里逛得太久。

最后，我来讲一个很有名的（传遍了我们的办公室）故事。有人为薯片和椒盐饼干精心设计了一个昂贵的超市宣传方案。他们使用了一个漂亮的“切斯特猎豹”卡通仪器，在运动检测装置的辅助下，每当有人经过它时，它就会喊：“如果你在找吃的东西，你就来对地方了。”这个仪器的主人花了很多钱才把仪器放在某些超市进行宣传。果然奏效，但它一直不停地在那儿喊，旁边的收银员都快被它逼疯了，因为收银员不得不听它在那儿聒噪整整8个小时。不久，商场的某个员工巧妙地解决了这个问题，他断掉了“切斯特猎豹”的电源线，让它立刻并永远保持沉默。

第四章　顾客需要腾出一只手

天气寒冷，对于女性购物者来说这意味着什么？

首先，女性购物者至少带着一个手包，还穿着一件外套，走进商店后很可能要脱下外套，也就是说她必须用手拿着这件外套。上帝赋予她两只手，但这时她只能用一只手来购物。

买完一件商品后，她就用一只手拿着。现在，她的双手都被占上了。如果买的东西又小又轻，她可以将它夹在胳膊下，也许还会把手包挎在肩膀或前臂上，这时如果再买一件东西，她就没法拿了，在这种情况下，只有购物狂才会继续购物。至此，人类的生物学特性就宣告本次购物结束了。

上面的这个场景是购物学中经典的一幕。这个生理事实（即多数购物者有两只手）是众所周知的，但背后隐含的内容却一直被忽视了，没有人去细想、探究、适应和承认它。

从报摊发现的购物细节

关于双手分配问题的研究于购物学开创的早期就已开始了，在20世纪70年代末，我有机会在东部报摊（Eastern Newsstand）推广这个议题。东部报摊是北美地区最大的报摊经营者。这是一笔艰难的生意，研究这家公司的早晨送报和回收未售出杂志和报刊的复杂系统需要花很长时间。那时，我女朋友认识这家公司的老板娘，我像一个鸡尾酒爱好者那样混进他们的聚会。如果记得没错，当时他们待我还可以，但是他们非常怀疑我所说的，不过这也不能怪他们。

我免费接下了这笔生意，尽管没有报酬，但是我却从中积累了很多经验，这笔生意还让我在美国报业协会（NAA）树立起了自己的品牌，后来我们建立了10多年良好的合作关系。

他们给我指定的研究对象是一个位于纽约中央车站十字路口的报摊，那里熙熙攘攘，热闹非凡。我们举着照相机随时准备拍照，并观察早晨和傍晚高峰期的情况。

我们发现报摊生意的成功与否取决于一项关键因素——在每个顾客都很匆忙的情况下，报摊处理大量业务的能力。路过报摊的人要么是在早高峰期赶车去上班，要么是在晚高峰期下班回家。他们行色匆匆，看一眼报摊挤不挤，如果还行，就停下来顺手买一份报纸、杂志、一包香烟或口香糖，然后继续赶路。如果报摊前有好多人等着付钱，并在焦急地看表的话，他们就会想，真烦人，要误车了，到别的地方去买也许会快点。

我们注意到另一个与报摊生意相关的因素，就是每个顾客都只有一只手空着，而另外一只手拿着公文包、手提袋、钱包或午餐。仔细想一想你就会发现，在当代，很难找到两手空空的美国人。尽管我们多数人经常用背包或挎包，这也没能将我们的双手解放出来，而是随身携带的东西比以前更多了。人类就像两条腿的驮运动物，手里还拿着部手机、端着杯咖啡，或是偶尔握个冰激凌甜筒。在大多数商务场合下，至少有一半的人只有一只手空着。甚至可以说，如果发现自己两手空空你会觉得不安，觉得自己是不是落下了什么。

还有一个相关因素非常简单：90%的人习惯用右手，一般使用左手拿东西，把包背在左肩，这样我们的右手就可以拿东西。先打断一分钟，假设现在正坐在机场，一边阅读这本书一边等待登机，现在环视一下周围的人群，看一看他们分别用右手和左手提着行李箱或拎着手提包的人，这个比例应该是6：1。行李箱的重量、大小或是其他环境因素都可能是我们用右手提包的原因。但是忽略这些因素，这个比例有可能更高。所以，无论是卖报纸、分发小册子、设计机场的登记台还是租车处时都应该考虑人们方便使用右手（在此向所有的左撇子致歉）。

我们在研究中注意的最后一个因素是报摊本身。报摊的设计很有特点：最下面的架子是放报纸的，上面一点是放杂志的，再上面是放糖果、口香糖和薄荷糖的，收银员站在圆形架子里面，比所有东西都高。

多亏有录像带，我们才可以将每个交易过程拆成一个个细小的步骤。我们看到的情况是这样的：你带着公文包，走近报摊，弯腰挑选东西，例如报纸，然后，你直起腰，朝售货员挥一下报纸，这样他才能看见你拿了什么。这时顾客要么把公文包放在地上，要么把报纸夹在拿公文包的那只胳膊下，然后用空出来的那只手去付钱（如果是那种不到最后一刻就不着急的人，还现从口袋找钱再递过去）。接着，你站在那儿，轻轻向收银员侧身，伸出空着的手等着找零。最后，他把零钱装进口袋，拿起公文包，或者用空着的手把报纸从拿公文包的胳膊下取出来，转身，从其他要买东西的人群中挤出去。

显然，设计报摊的人认为报摊能容纳的东西越多越好，也许摊主也持相同意见。但是从顾客的角度来看，这种设计一点都不合理。应该有一个大约到胳膊那么高的架子，这样顾客在掏钱和等着找零钱时就可以将公文包或钱包放在上面，换言之，就是需要一个柜台。

但是现在的报摊唯一的搁板只有小腿那么高，把报纸放在这儿也可以，但这样就使每次买报纸的过程都变得很尴尬，顾客们手里、腑下被东西占着，还要俯身放、拿报纸，结果买报的过程多了好几个步骤，也就要花更多的时间（每个瞬间都要算上），从而限制了高峰时期可能的交易量。这样就造成了拥堵，吓跑了顾客，最后使报摊的销售受损。考虑到我们身体的构造，更好的设计方案是：摆的商品要少一点，但是要能接纳更多的顾客。

大概30年前，当我向报摊经理介绍这项研究时，他们感到十分无聊并用茫然的眼神望着我。现在我有时候也会疑惑当时是否要再做进一步的研究，并计算一下收益上的损失，或是做一个简单的概述，或建议一次测试，而我本可以做进一步的引导。回顾过去，最重要的一件事就是：要学会如何将你的观点和信息介绍得像他们所认为的一样重要，今天我们使用地图、图表和修改后的图片、视频，辅助框架研究，这些也可以帮助我们思考客户会如何处理这些信息，无论是在商务听众、教室的学生，还是在教堂的信徒面前，我都坚信激情在教育中的重要性。微笑和渊博的知识可以调制成一杯烈酒，如果再搭配上一些图片和照片，效果会更好。

我们已经研究了快餐店的汽车售卖通道，现在正解决相同的问题。在快餐店的汽车售卖通道，速度非常重要，因为相对于那些潜在的顾客，排队等候的汽车比在店内排队等候的顾客要更显而易见。在北美地区，方向盘在左边，我们一般用左手接过汉堡和薯条，然后在窗口付钱。在午餐高峰时期，每次购买减少10秒钟，排队的车立即就会减少。

我在本章开头描述的女性在冷天购物的情况在像沃尔格林公司那样的化妆品商店中也存在。我们在对某个连锁店进行研究时，想出了一个简单有效的办法来解决购物者没有手空着的问题。

顾客需要一个购物筐

在8月一个闷热的晚上，我在办公室突然找到了解决问题的办法。那天，我一边听着收音机，一边看人们在杂货店购物的录像带。我看到收款处排队的镜头，发现一个购物者正努力地像玩杂耍一样对付几个小瓶子和盒子，以免它们掉下来，这时一个念头突然闪现在我脑海中：这个可怜的家伙需要一个购物筐。

为什么他自己不先拿一个呢？杂货店准备了许多购物筐，就放在进门的地方。也许人们没有把购物筐和杂货店联系起来，也许他们进店时只想买一两件东西，后来才发现应该多买一些。当然最大的问题还是出现在过渡区：购物筐距门口太近，购物者进门后匆匆经过，根本就没看到它们在那儿。我马上回去看3天内所有收款处排队的录像，发现使用购物筐的顾客不到10%，这就是说在这个杂货店还有很多购物者像录像带中的那个顾客一样是“业余的杂耍演员”。我想，如果有人把购物筐递给他们，他们也许就会买更多的东西。不管如何，他们买的东西不会变少，这一点是肯定的。把购物筐递给他们，就是让他们腾出手来，并决定他们最终会花多少钱。

我们建议，只要有顾客拿着3件或3件以上的东西，店员就递给他一个购物筐。管理者马上就实践了这个办法，因为人们总是很礼貌地接受别人的帮助，所以购物者总是立即接过购物筐，随着购物筐使用数量的不断增加，销售额也在直线上升。

在过去几年里，顾客使用购物筐（车）的比率和平均购买的比率有了直接的联系，想让顾客花更多的钱，就要确保大多数顾客在购物时使用购物筐（车）。有一段时间，商家们得到这个信息，但是他们并没有明白潜在的意思。那么当购物车变得更大后会发生什么呢？在沃尔玛、塔吉特、家乐福、欧尚集团，购物车在逐渐变大。在2006年，在全世界的超市、特大超级市场及大型商场中，使用购物车或购物筐的人数都在下降。人们想：我来这里只是买几样东西。因此对顾客而言，不使用购物筐（车）决定了他们购物的目的。如果顾客只是想买几件商品，他们就不会想推着大购物车在过道里跑来跑去，问题是当顾客选好几样商品后，却发现自己正在酒架对面，而他们最喜爱的灰品诺白葡萄酒正在打五折，那么现在商家应该怎么做呢？

我们的答案是只要顾客走进商店，就在门口为他们提供购物帮助——是使用购物车还是购物筐？并将购物筐摆放在商店里的其他重要位置，若无人理会，就换一个地方。同时建议商家不要再使用小红帽那样的塑料购物筐，一个好的购物筐让顾客既想买东西又想将其占为己有，而小红帽那样的购物筐就不会让人有此欲望。塑料筐不但笨重而且难看，对于男性顾客来说，他们不想提着这样一个像要去外婆家时提的红筐，这样有损他们的形象。显而易见，顾客只是想要一个更好的购物筐。

很多购物中心或商店都提供下面带小孩可坐的玩具车的购物车，顾客可以把购物筐放在购物车的上面，而你家的小车神就坐在下面的“小赛车”里。

我曾与Spar超市意大利区的总裁参观一家位于意大利米兰火车站的新开的Spar超市。Spar超市是欧洲的连锁便利店，就和美国的7–11便利店一样，在整个欧洲新开的购物中心里都有Spar超市。在欧洲，市郊火车站的食品超市都在逐步发展。而在纽约的中央火车站，那里的高档食品店令人印象深刻。在美国旧金山湾区快速交通系统的各站点建立小型的农产品市场是明智之举，巴黎北站、芬兰的赫尔辛基中央火车站以及日本的每个火车站的食品店的发展将北美地区的火车站远远甩在了后面。这些店的布置都很不错，而且实惠、便捷。火车站不同于机场，顾客的时间有限，因为他们搭乘的那班火车随时都会来，需要及时上下车，因此购物的速度显得极为重要。而站在商人的角度，最重要的是达成交易，因此就要考虑到没有拿购物袋的顾客所买的东西会有限。

我与这家店的总裁在米兰的Spar超市逛了大约一个小时。正如我说的，我很喜欢这家商店。商店有新鲜的蔬菜、鲜榨果汁和小型面包房。但问题是，所有的购物筐都放置在门口。总裁问我如何将商店变得更好，我说“看着我”，然后拿起三个购物筐走向店内，看到双手拿着商品的顾客时，就微笑地递上购物筐，没有一个顾客会拒绝。

在商业中，当读懂别人脑中闪过的念头时，你可以随机抛出几个你想实现的想法，却会看到别人完全接受你的观点。和总裁一起的一个小时中，虽然他一直在微笑，但是当顾客接受我递上的购物筐时，我看到总裁第一次大笑。

随着购物学的演变，我最担心的是，当越来越依赖科学技术时，如购物卡上的传感器、与商店闭路电视摄像机连接的软件包，商店经营者会认为，坐在办公桌后面盯着监视屏幕是一种替代去卖场巡视的可行办法，而他们往往会被表面现象所欺骗。

购物筐该放在哪儿

在我办公室附近的一家经营得比较成功的书店里，一堆购物筐就放在进门处的一个角落里，也就是通常容易犯错的位置。从购物筐摆放的位置来看，可能零售商认为顾客从一进书店就会在心里盘算：“嗯，今天打算买四本书、一盒艺术贺卡和一本杂志，这样的话第一件事就是要拿个筐装这些东西。”但是常识告诉我们，人们的做法不是这样的。更可能的一种情况是，顾客在走进商店时本打算买一本书，但在找到这本书后，他可能会碰到其他值得买的书。这时，零售商之前的预期就是错误的，对于很多商店来说，额外的和随机的购买决定了商店在财务上的盈亏。

总之，书店的购物者碰到第二本要购买的书时，会突然意识到购物筐可以帮他减轻负担。如果这时购物筐突然出现（就在眼前，而且不用弯腰就可以够着），他很可能会拿一个，接着继续购买第三本、第四本，没准儿还会买些书签呢。

这儿的启示很明显：购物筐应散放在购物者可能需要它的任何地方。事实上，即使简单地将美国所有的购物筐从商店的前端挪到后端，购物筐的作用也会立刻凸显，因为许多购物者都是在浏览几种商品之后才会真正开始考虑购买。购物筐堆的高度不能低于1.5米，以保证所有的顾客能看见，同时不需要弯腰就能拿到，因为人们在购物时都讨厌弯腰，尤其是在拿着东西腾不出手的时候。关于摆放布局的一个简单有效的测试方法是：如果员工需要一整天不停地码放购物筐，那么购物筐大概就被放在了合适的地方。

用什么样的购物筐能让顾客买得更多

这里需要重新考虑购物筐本身的问题。这家书店使用的是带把手的浅口硬塑料筐，与超市和便利店使用的购物筐一样。用这种购物筐盛放瓶装、罐装或易压碎的东西是再好不过的了，但在买书、办公用品或服装时就不太好了。当购物筐里的东西越来越重时，拎着把手会觉得不舒服，人们一般都希望能把购物筐挎在胳膊或肩膀上，但此时却没法这样做。结果就是你不会把购物筐装得太满。通常，我们是怎样拿书的呢？放在袋子里，特别是手提袋里。因此，在书店里，帆布或尼龙手提袋比前面提到的购物筐要好得多，同时，这些手提袋还有附加价值，它们本身也是可以销售的商品。店员可以把手提袋里的东西倒出来，算出总价格，并询问顾客是否想买手提袋，然后再把东西装好，这样还能节省塑料袋。

我见过的利用购物筐的最明智的方式是在曼哈顿第十七街的老海军店。尽管老海军店也经历了兴衰沉浮，但无论是谁经营这家特殊的店都做得很好。我带零售商去参观那家店，这是我们在曼哈顿最愉快、最积极的购物体验之一。你一走进去，就会有一个举止得体、面带微笑的员工接待你，并递给你一个黑色的网格手提袋用来装要买的东西。这个袋子不仅比塑料筐便宜，而且更加轻便美观，容纳的东西更多。事实上，在结账时，当收银员问你需不需要这个袋子时，大多数人都会购买，这样商店在最后一刻还能卖出一件商品。

我见过的使用购物筐的最不明智的做法是一家南方百货公司在圣诞节期间所采取的。那家商店门口整齐地放着一大堆网格手提袋，但是商店的某些销售“人才”居然决定在它前面摆放更大的圣诞老人模型，这使得进来的购物者根本就看不到那些袋子（从里面出来的购物者倒能看见）。我不知道他们卖了多少个圣诞老人，但圣诞老人的销售额肯定不足以抵消这个不明智的行为所带来的负面影响。

我们对餐具的生产和销售商普法尔茨格拉夫进行研究时，这个商店正给顾客提供购物筐和购物车。在收款台，我们注意到许多购物车里盘子、碗等东西装得满满的。普法尔茨格拉夫公司惊讶于以前从未意识到购物车能带来的零售业绩，他们马上把购物车换成比之前大40%左右的新车，很快，每个顾客的平均消费额也跟着增加了。

位于西班牙巴塞罗那的Vinço是我在全球最喜欢的一家商店。这家商店在每个季度都重新设计购物袋，这些购物袋的设计有趣、视角犀利，很多都是对热点的评论。我坚信很多顾客去那里购物只是为了新一季的购物袋。不知道路过芝加哥或是纽约多少次，你是否看到过美国娃娃屋（American Girl Place）的购物袋？这种给他人带来欢乐的购物袋就是免费的广告牌。

买得舒服

上面这些事实都提醒大家要注意零售领域里这个至关重要的现象：在使购物经历变得尽可能舒适、轻松和方便之前，你无法知道购物者到底要买多少东西。

我很高兴看到有些零售商正在尝试一种巧妙的方法让顾客

可以空着手购物。该方法使得购物者可以毫无负担地购物，直到他们来到出口之后才发现天色已晚。

这个方法就是创建一个衣物存放和包装订购相结合的系统，顾客一进门就可以把所有的负担都卸下来，而且在商店里选购时也不用把要买的东西带在身边，只要告诉店员将商品放到出口附近的订购部就可以了。这样，顾客在精力旺盛、双手毫无负担的情况下逛完商店后，就直接走到门口，拿起自己的外套、帽子和所购买的商品，然后出门坐上汽车、出租车或豪华轿车离开。

有一年，我们开始与大型的啤酒酿造公司安海斯–布希（Anheuser-Busch）的公园部门合作，这家公司在美国经营着布希庄园（Busch-Garden）和各种海洋世界。在公园里，这家公司在每家礼品店都安装了一种系统，可以将你在任何一家商店买的商品直接送到公园出口的总店。顾客在游泳池的高空水道上飞驰，拍下照片，然后照片会被印在杯子上，随后被传送到公园出口的总店，而顾客丝毫不必费心于此，他可以跳上滑板，双手张开，再尽兴地玩一次。那感觉很棒！理论上，你可以在公园里购买商品，离开时在公园出口领取。问题是，顾客通常是在购买后才发现这项服务，而且工作人员也没有将这项服务讲解得十分清楚。我不知道有多少公园的游客或是礼品店的顾客知道这项服务，不知道的都不会购买太多东西，因为谁也不愿意在玩旋转椅时腿上还放有印着自己名字或头像的啤酒杯，我认为安海斯-布希公司应该在公园的入口处就向游客介绍这项周到的服务。

有时仅仅做到上面这些还不够，迪士尼的一个大型纪念品商店就一直在这个问题上不断努力。在那儿，商店里几乎整天都没什么人，因为游客都不愿意在商店购物后再带着这些东西去逛公园。但是下午4点30分左右，这个商店十分热闹，挤满了买纪念品的人，针对这种情况，商店就设立了一个订购部，这样购物者可以在早上买好东西后再出去，而不必把东西随身带着，等逛完一天后再到订购部来取自己买的东西。这样带来的唯一问题就是许多购物者忘了取回自己所购买的东西。

我向布鲁明戴尔公司完整地提出了关于这项服务的建议。在曼哈顿的旗舰店里，第8层并不太适合做零售，因为人们很少来到这么高的位置。于是我建议把这一层改建为针对高档购物者的半开放的、优雅宁静的场所，设有休息室、取款机、咖啡馆，有专门的接待员和其他便利措施，当然还包括衣物存放处和订购部。如果顾客是在纽约观光，那么公司甚至可以把东西送到他们下榻的宾馆。事实上，我设想可以把这个半开放俱乐部的会员资格卖给宾馆，这样宾馆的客人也可以从中受益，这类服务在规模较大时可以获得很好的利润，相信不久后某个商场或购物中心的开发商就会建立这样的系统为所有承租商提供服务，在提高承租商的销售额方面做出自己的努力，当然，这也是为了促进开发商自己的事业。

再说一遍，让顾客的手空着很重要

在购物领域里无论怎么强调将双手解放出来的重要性都不过分。一个商店可能布置得极佳，卖的商品也是最好、最便宜、最吸引人的，但是如果购物者不把商品买走，这一切都等于零。在第十二章中，我将解释购物中至关重要的触摸、试用和其他感官因素。如果购物者无法伸出手来摸一摸某些东西，他们是不会买的。因此，手的问题并不仅仅是确保购物者能拿走他们想买的东西。如果空不出手来，购物者根本就不会去考虑是否要买东西，这也是为什么在很多情况下服装放在水平展示台上比用衣架挂着要好：如果只有一只手空着就很难去仔细看衣架上挂着的东西；但如果有一个桌面，你就可以将带着的东西放在桌面上，然后打开运动衫好好地看一看、摸一摸。

关于手这个话题最有趣的现象是发生在我访问过的一家超市中。像当前美国的多数零售商一样，这家超市里也引进了一家咖啡店，只要顾客愿意，都可以到咖啡店里坐下来喝点东西。这并不是我在超市里见过的第一家咖啡店，但它确实是第一家真正懂得经营的咖啡店：他们在购物车里安了放咖啡杯的托盘，也就是告诉顾客可以边喝咖啡边购物。我敢打赌，这个小细节一定促进了咖啡的销售。

第五章　广告牌的效应

“你觉得怎么样？”设计师问我。

他边说边把广告牌揭开，这种广告牌将被投放到大约500个商店中去。

会议室里温度和光线都很宜人，我坐在舒适的椅子上，广告牌就放在我面前，距离非常理想。广告打印得很漂亮，用了很贵的纸，并请专业人员精致地装裱过。整个屋子里静悄悄的。

“嗯，”我答道，“我不知道。”

屋里立即充满了忧虑的氛围。他们并不是为我担忧，而是因我的话而开始担忧。

“你说不知道是什么意思？”设计师问道，“我们都认为你是知道的。”

这时我开始试图解释。

这个广告牌究竟怎么样

一开始我就说，除非每个顾客碰到广告牌或是在电视屏幕上看到的环境和我第一次见到广告牌的环境一模一样，否则，我就不可能知道它到底是世上最成功的广告牌还是纯粹在浪费时间、空间和金钱。我想提醒大家，在商场、饭店或银行里的人极少有静止不动的，他们总是从一个地方走向另一个地方。而且，不会刻意地去看广告牌或是电视屏幕。事实上，他们总是在做别的事情，比如找袜子，或看收款台前哪列队伍最短，或决定是买汉堡包还是鸡肉。就是在这种情形下，远处的某个地方有一块崭新的广告牌，光线和角度都不是太好，还时不时被前面高个子挡住视线，而且还有人在和顾客说话转移了他们的注意力。

换句话说，尽管设计师认为这种方式不错，但我觉得在会议室展示广告牌以验证效果是最不明智的。

要看广告牌或其他店内媒体是否有效，只有一个评估的办法——身临其境，把它放在商场内。

在卖场内的评估工作也并不轻松。首先，你要计算有多少人看了广告牌；然后，要说出他们是否看了足够长的时间来看懂广告，因为，如果他们看不懂，即使最好的广告也没有用。无意中瞟一眼广告牌和仔细阅读之间的区别也许只是两三秒钟，你可以看出这对于我们调研者来说是怎样的挑战。调研者悄悄地躲在广告牌的后面，在观察购物者最微小的眼部运动的同时，还要留意秒表，以便能科学地确定某人关注广告牌用了4秒，然后目光转移到海报上并看了4秒。在判断一个广告牌的好坏之前，我们要连续观察数小时，观察几百个人，记录成千上万秒，并集中分析所有的观察结果。

去试试看，这并不轻松！

在这个领域工作30年后，我们对所做的事情非常有信心，而且大多数时候所做的都是正确的。我们对于字体、颜色和版面编排有一些基本的原则。我们也知道了一些所谓的“定位沟通”，就是在不同的环境与来往的顾客进行互动，但是对于一个广告是否成功，我们需要一些数字来证明，17%的顾客看到了这个广告，12%的顾客不想去阅读它，平均每2.9秒这个广告被顾客看到一次，所以真正的方法就是将广告摆放在现场进行观察。

有一些公司可以测试出广告牌的可读性。他们让测试人员戴上高科技头盔，然后在他们面前举起广告牌，头盔能计算出最微小的眼部运动，但即使这样也无法让人知道你是否把很好的广告牌放到了不合适的地方。这样的事情经常发生，这比把不怎么样的广告牌放到最合适的地方还要糟糕。同时，商店里充满了分散注意力的东西，这种方法肯定不能预测购物者是否看了商店里的广告牌并做出了反应。

让广告牌跟着购物者的节奏

过去，当我们设计和放置某个广告牌及其他信息媒介时，最常见的错误就是认为它们必须与商店挂钩。但现在，我们讨论的广告牌已经不再仅仅为了传递商店的信息，因为它既是一个三维的、出现在屏幕上的广告，也是一个默默向客户展示话语、思想、信息和理念的途径。

人们看到这个广告牌，就会从中了解很多信息。如果广告牌设计得正确，那么这些信息就会吸引人们的注意力，并诱导人们去看并且购买商品，也许改天还会回来再买一些。顾客被告知可以买什么，东西放在哪儿，为什么要买它。另外，顾客还能得到关于商品能干什么用、什么时候用，以及如何用等信息。

一个三维的、能够让客户耳濡目染地获得有用信息的电视广告就是好广告。

就像写电视广告的剧本和导演电视广告一样，设计广告牌的工作也是对表达什么、何时表达以及如何表达等方面进行策划。

首先，广告必须吸引观众的注意力。做到了这点之后，你就应条理清晰并富于逻辑性地展示你的信息——首先是开头部分，然后是中间部分，最后是结尾部分。你必须以人们惯常接受信息的方式来传递信息，按照合适的顺序，一次传达一点信息、一层意思。**如果你最初没能抓住人们的注意力，那后面的情况都不会发生；如果你表达的内容太多太快，超过观众的最大承载能力，他们就不会理睬这些东西；如果你把观众弄糊涂了，他们就会忽略掉所有的相关内容。**

事情一直都是这样的，但为什么现在显得非常重要了呢？就如前面提到的，主要是因为当前越来越多的购物决定取决于商店本身。现在，购物者拥有更多的可支配收入，思想开明，同时他们允许自己即兴购物。品牌营销和传统广告的影响也在不断扩散，因为人们都吸收了太多这样的东西。推销的作用显得空前重要，产品的存亡取决于销售的情况，你不能浪费任何一个向购物者宣传的机会。

现在，购物者比以前要忙，不再像原来那样在商店里闲逛，他们已经习惯商店里什么东西都开架销售，并且希望想要的信息也是开放式的。没有人想等店员来给他指路，或者介绍新产品，也不可能在哪儿都能找到店员。以前你走进咖啡店，看到的东西就是菜单和《纽约邮报》(*New York Post*)。现在，即使走进最小的星巴克咖啡店，也有11种清楚的位置标志，告诉你从脱脂蛋奶酒到货到保罗·麦卡特尼（Paul McCartney）最新的专辑搭售活动等各种信息。

因此你不能只是在你的商店里转转，在墙上找到一块空地就把广告牌挂上去，你也不能简单地在柜台上整理出一块地方就把准备好的所有宣传资料都放在那儿。**每个商店都由许多**

分区组成，在放广告牌之前应该对这些分区进行规划。你应该四处走走，每走一步都问自己几个问题：购物者在这儿会干什么？广告牌放在这儿怎么样？他们站在这儿时眼睛会关注什么？在那边会怎么想？

在某个区域人们会走得很快，因此，广告词就应该简短有力，吸引人。而在另外一个区域，顾客会仔细浏览，这时就可以在广告中多说一些细节。在这样的区域，他们一站在那里就会浮想联翩，假如顾客正站在摆放发动机润滑油的货架旁边，他们就会想起自己的汽车，这里可能就是宣传替换风挡刮雨器的好地方。在收款台旁边，人们往往要站上一两分钟，所以在这里就特别适合更长一些的广告。最后，购物者就要走在离开商店的路上了，你可以让他们在出去的这段路上考虑一下与公路有关的问题。

每个区域都有一种适合它的广告，而对其他类的广告则不合适。如果把一块需要12秒才能看完的广告放在顾客只会待4秒的地方，这时的效果也就仅仅比把广告牌藏在你的车库里稍微好一点点。

尽量打断购物者的视线

我一直不停地在四处观察，记下购物者可能站在那儿没什么事儿可干但可以用来看广告的地方。有一天，我突然想到了这样一个地方：在鞋店里，你告诉店员要什么鞋，他就会到另一边去找你的号码。这时你已经把所有的鞋都看遍了，那你还干什么呢？也许这就是一个商家推销其他商品的好地方。就在等店员拿鞋的那个时候，你很可能希望有点什么东西可看，比如说像手提包广告这样的东西。

我最近发现了一个贴小广告比较明智的位置，那就是洗手间小隔间的内壁。这几乎保证了百分百的吸引力，而且在这里，你能获得极具创造力的信息。

还有一个当前被忽略了的做广告的好地方，就是自动扶梯。在伦敦从地下沿着扶梯往上走时我突然想到了这点。在等待自动扶梯徐徐上升的时候，我们会经过过去是广告牌如今是广告屏幕的地方。如果有人问我比较经典的数码广告的应用，我会问他到底有没有坐过地铁。

要解释清楚通常应把广告牌放在什么地方并不是很简单的事。我们曾做过这样的调查：把一条横幅挂在商店收银及包装台的正上方，然后对看到这条横幅的顾客进行统计。这不是一个放广告的好地方，只有很少一部分购物者看到了这条横幅。原因是在商店里的人极少会抬头看空中。我们建议把横幅往后挪一米多，结果看到它的人数就翻了一番。在挂广告牌时，理想的视觉位置与糟糕的位置之间往往只差一米多。为了最大限度地展示广告牌，在任何区域都应把它放在打断人们自然视线的地方。于是你就要站在一个地方做出判断：你在看哪儿？看的地方就是放广告牌的位置。在商店人们首先看到的是其他的人，这点并不奇怪，这也是为什么快餐店最有效的广告就是放在收银机上面的广告，它们基本上与收银员的脸在一个位置上。**聪明的放广告牌的方法就是要尽量打断购物者的视线，挡住他们的目光。**

有时你还必须在广告的位置方面有所创新。托罗公司（Toro）制作了一段录像来宣传它的自动覆盖割草机，很显然，这段录像应该放在经营家用园艺设备的商店里，但具体放哪儿呢？放在卖割草机的区域吗？在那儿，购物者能看见屏幕上在播放东西，但是要看完这个宣传片，购物者必须一动不动地在那儿站上10分钟，问题不仅仅如此，他们站在通道的中间，还很容易被那些去买烧烤架配件的顾客挡住。

因此，托罗公司把宣传片放在了维修部的等候区，在那儿等待的顾客对任何能消磨时间的东西都感兴趣。因此，他们对这个宣传片看得津津有味，而且，光顾家用园艺设备维修部的人总有一天需要买新的割草机。不知道什么原因，我们发现有的零售商就算把广告牌堆在一旁，也不利用等候区来同顾客进行交流，而在等候区的人通常却无聊得要命。我们曾调查过一个汽车代理商的服务等候室，在那儿没有一点阅读材料，即使是单张的促销宣传单也没有。没有一本《人车志》（*Car and Driver*）或《路与辙》（*Road and Track*）杂志，甚至连过期的《读者文摘》也没有。

众所周知，纽约人不喜欢等待，人们希望点餐之后，他的鸡蛋奶酪卷就能立即做好，如果需要等的时间稍微长点，那下次就直接去街对面的熟食店。我很喜欢位于办公室街角的一家有名的高档三明治店，对于那些等待现烤的猪肉和胡椒味腌制小吃超过5分钟的顾客，商店提供当日的《纽约时报》和各种不同的杂志以供阅读，安抚他们烦躁的情绪。

广告牌上写几个字好

没有人像快餐业人员那样对广告牌进行仔细深入的研究，即使你不打算经营Burger God，看看他们怎样做广告对你也是很有意义的。

他们意识到可以把令人印象深刻的广告牌放在橱窗里，也可以放在进门的地方，但无论放在哪儿，都必须保证顾客一眼就能看到。广告内容两三个字就可以了。经过长时间的观察，我们发现这些广告牌在每个购物者面前的平均展示时间不会超过两秒。

我曾经被邀请去评估一个门户广告，这个广告有10个字。

“你一秒半的时间能读多少个字？”我问设计师。

“三四个字吧，我猜。”设计师说。

“嗯。”我答道。

摆放广告牌的逻辑

以前，快餐店常在门口布置各种各样的广告牌、海报和悬挂饰物来吸引顾客的注意力，后来的研究表明，根本就没有人看这些东西。当你走进快餐店时，你要找的东西无外乎两个，柜台或洗手间。

把广告牌放在通向去洗手间的过道意义也不大，因为这时人们脑海中想着更重要的事情。但是，如果广告牌正对着从洗手间出来的人，那效果还是不错的。

人们来到柜台边，就在考虑要吃什么了。在快餐店里，他们只会看前面挂着的大菜单牌，但并不会去看菜单上的每个字，只是浏览一下，然后找到自己想要的东西。如果是店里的常客（多数购物者都是），心里已经想好要什么了，就根本不会去看菜单牌。

如果排的队很长，购物者就有时间好好看一下菜单及其他视线内的东西。点完食品之后，菜单牌和柜台区的广告牌仍然能受到人们的关注。麦当劳发现75%的人点完餐之后在等待的过程中，也就是说等餐期间——平均为1分40秒，还会看菜单牌。这段时间很长，而且在这段时间之内，因为已经付完账，找过零钱，没什么别的事了，有什么东西人们都会去看。这时就是进行广告宣传的好机会，可以宣传那些能吸引顾客下次再来光顾的东西。数据显示，从快餐店到超市的熟食柜台，有

61%的顾客在点完餐后会继续看菜单。

拿到自己要的食品后，他们要么离开柜台，要么去拿调味品，你可以在放调味品的地方放些促销资料，不过如果在那儿放汉堡的广告就没什么用了，太晚了。但这时却是向就餐者宣传餐后甜点的好机会。这就是广告牌和宣传设备在摆放逻辑上的一个经验。**某些信息告诉顾客太晚的话，他们就来不及采取行动，这样的宣传也就毫无意义。**比如，在排队交钱的队伍前面放上广告牌是个不错的主意，但如果广告牌上宣传的商品放在了离收银台较远的地方就没什么用了。

取过调味品，顾客就落座开吃了。几年前，在快餐业掀起过一场清除所有就餐区杂乱物品的行动，包括广告牌、悬挂饰物、海报和“桌面帐篷”（就是用三面纸板围起来的把盐和胡椒粉罩在一起的东西）。结果表明，那场运动是个错误，因为餐馆的设计者根本没注意到他们自己店里正在发生的变化，尤其是没有注意到典型的快餐消费者带有的社会属性。

我们考察过两类餐馆里面的“桌面帐篷”——家庭式餐馆（如美国连锁餐厅苹果蜂或意大利连锁餐厅橄榄园）以及快餐连锁店。在家庭式餐馆的就餐区，只有2%的就餐者看了“桌面帐篷”上的内容。但在快餐连锁店，却有25%的就餐者看了“桌面帐篷”上的内容。

造成两者之间如此大的差异的原因却很简单：在家庭式餐馆，通常是2至4人或整个家庭成员共同就餐，他们一直忙于交谈，根本就没注意到桌面上的牌子。但是快餐店的消费者往往是独自就餐，他渴望有一些消遣的东西，如果给他印着字的盘子垫，他肯定会去看上面的字。如果给他即将出版的斯蒂芬·金的小说的第一章，他也会看。我们建议快餐店赛百味（Subway）在餐巾上印广告，大力宣传他们的三明治比汉堡要健康得多。我们还建议他们在餐巾上印上脂肪含量的对照表。事实上，在快餐店就餐的顾客肯定会去浏览在别的地方可能被忽视的信息。这方面有一个很明显的例子，就是他们会阅读谷类食品盒子背面的广告。

现在，你该明白广告牌在快餐店该如何分布以及如何展示了吧：越往里走，广告内容就可以越长。在门口只用两三个字，而餐巾上则可用小字体写满信息。有一次我路过一家快餐店，它的橱窗广告牌非常不错，上面写着“大汉堡”。走进店里以后，你会看见另一块广告牌对外面那个简短且令人好奇的广告做了解释（他们正在出售……大汉堡包）。这就是很精明的广告设计：将整个广告信息拆成两三个部分，在顾客进店的过程中，每往里面走一点就能多看到一部分信息。也许有人认为每个广告牌都应该是独立的，而且信息完整，这种看法不仅缺乏想象力，而且也没明白人类大脑的工作规律。它甚至让广告没有了趣味——这让我想起了去我爷爷农场的路上看到的柏马剃须刀的广告牌。正是广告牌的先后顺序使其成了美式幽默的象征。

给你跳伞般的超速感受

无可替代

柏马剃须刀

形同虚设的广告

关于广告语言的另一个经验来自美国邮政管理局（United States Postal Service）。我们进行了一项大型的研究来帮助他们设计今后的邮局：这里的服务完全是自助式的，里面提供操作简单的称量台和打包台。

在我们调查的邮局里面，挂在收款机后面墙上的是宣传各种服务的大型横幅。经过调查发现，14%的顾客看了这些横幅，平均每个人看5.4秒；在收款机两边的墙上也挂着宣传集邮的海报，也有14%的顾客看了这些海报，平均每个人看了4.4秒。

上述成绩在广告界还是不错的，但离期望值还有很大距离。因为当你在邮局排队时，除了看广告外还能干什么呢？收款机后面或旁边应该是最抢眼的广告位置。

邮局还挂了一些广告牌，并安置了电子指示屏幕，希望那些利用写字台的顾客能看得见。实际上，只有4%的顾客看了那些广告牌，平均看了1.5秒；过秤台上的悬挂品只有1%的顾客看了，平均看了3.3秒。这个结果一点也不奇怪，当你在写字或称东西时，你不会去注意别的东西。那些广告简直形同虚设。

银行也花了很多钱想弄明白哪些广告有效果，哪些广告无用。银行、快餐店和邮局都有一个共同点：许多顾客一动不动地面朝同一个方向站在那儿，这是同顾客进行交流的理想时机。我可以带你去世界上最大最完善的金融机构的分支机构看看，在那儿，商品和宣传资料的摆放都很不恰当，甚至很可笑。我能点出几家银行来，它们的广告意识甚至不如某些街边卖烤肉的摊位。距我办公室5分钟路程的地方有一家大通曼哈顿银行的分行，在那儿你可以看到他们在广告推销方面的创意：一张圆桌，铺了一张你能见到的最便宜的蓝色塑料桌布，桌子上扔着一些关于汽车贷款和抵押的小册子，还有一个电视屏，本想用来播放宣传片的，现在已经废弃不用了，落满了厚厚的灰尘。这张桌子被挤到银行前厅的一个角落里，距服务柜台只有几步。这种情况实在很糟糕，以至于显得有些可笑。

我们在加利福尼亚的一个银行客户决定，为了宣传新的免费审计政策，在门外挂上横幅，以便让那些在马路上开车的人也能看得见，这是正确的。但他们决定在横幅上写上，“敬请光临垂询，银行职员将乐于为您解释全新的免费审计政策”，这就不对了，司机只有把车停靠在路边后才能看明白广告，广告词太长了，在高速路上，几个引人注目的字就够了，比如“免费审计”。

我们为一家加拿大银行做过调研，这家银行刚刚在顾客写字的台面上安装了一些复杂的带背光的展箱，用来宣传该银行提供的各种服务和投资的细节。

这个广告确实很漂亮，但就是没有人看。

我们来设身处地地想一想，当你在填存款单或签支票时，你只会全神贯注，根本不可能想到别的事情。并且，填好这些票据后会直接去排队，根本不会在写字台那儿逗留。

调研的结果令人遗憾，当结果递交到这家银行的行长面前时，他说："天啊！你为我们节约了100万美元，我们本打算把这些钱花在那些没用的东西上。"后来他仍然在为分行的宣传方面支出了100万美元，不过花在了其他地方。

也是在一家银行，我们发现了一个最简单有效的办法。我们被聘请去研究其分行的各个方面，包括那个放宣传材料的大架子，里面放着基金、证券、汽车贷款和银行所提供的其他服务及投资的宣传材料，这个架子就挂在门口左边的墙上，你进门时一定会路过它。

虽然架子近在咫尺，却没人去翻动宣传材料。

其中的原因很明显，人们去银行是因为有重要的业务要办，没有人是想随便闲逛的。在办理自己的重要业务之前，你对看到或听到的其他事情都不会感兴趣。另外，架子放在进门的左边，而绝大多数人都会从右边走，这也使宣传效果更加糟糕。

我们将宣传架挪到了里面，这样，顾客在出门而不是进门的时候就会经过它，其他方面没做任何改变，然后我们站在旁边跟踪观察，发现看见架子的人数提高了4倍，取宣传册的人数也急剧上升。

除了银行，还有一些地方也需要考虑人们这种任务导向的行动特点。我们去药店买药时，一心想的是找到药剂师把药方给他，在这个任务完成之前我们不会注意路过的任何广告或展品。来到药店把药方交出去以后，我们才有了一点空余时间，但是这时我们发现药店里所有的广告和展品都是面向从外往里走的顾客的。我们到邮局去买邮票，在排进队列之前我们是不会放慢脚步的。我们去便利店买一些烧烤用油时，在确信店里有这个东西之前，我们也不会为任何东西分心。所有这些情况都说明，在购物者完成他们自己的任务之前向他们宣传任何东西都是徒劳。因此，前面那个药店就应该制定两个独立的广告宣传策略：一个专门针对从外往里走的顾客，另一个专门针对从里往外走，也就是离开药剂师往外走的顾客。

在一个银行客户的分行里，我们发现出纳台的旁边有一个放宣传册的架子。但是它放得远了点，站在绳子后面的顾客几乎看不见宣传册的标题，更别说把册子拿下来看了。

“摆放绳子、立杆和宣传架是谁的工作？”我问分行的经理。

“哦，”他说，“保洁人员每天晚上进行最后的清理，清理完之后他们再把所有的东西放回原处。”很显然，那些保洁人员对宣传是一无所知的。

生死攸关的标志牌

在我们日常生活的某个场合，标志牌的设置不仅相当重要，甚至关系到人的生死存亡。这说的就是道路标志牌，尤其是我们的州际高速公路系统。在这个系统中，为确保安全和良好的交通秩序，标志牌几乎像路面和灯光一样重要。因此，工程师必须保证标志的正确性。其中的原则看上去很简单：用字精练；在正确的位置放正确的标志牌；标志牌的数量足够多，保证司机不会迷路；标志牌也不能太多，要防止产生混乱或混淆。一个标志牌系统确实有效的例证就是：在一个你从未到过的地方，你还能确切地知道自己在沿着正确的方向前进，而不用停下车来问路，甚至也不用减速去看标志牌上的信息。在全世界很多地方驾驶过之后，我认为美国的高速公路标志系统是比较好的，瑞士的公路标志系统可能更好一点，他们修改了高速公路标志牌上的字体，这样司机能看清楚标示内容。

我们来看一下美国最常见的路标："停"和"单向行驶"，白色加粗的大写字母，写在巨大的红色八边形上，那还能有别的意思吗？"单向行驶"将字和符号完美地结合在了一起，你用眼角瞟一下就知道它的含义了。箭头指引你继续沿着正确的方向前进，而不是强迫你减速或停下来看路标。在道路交通中，我们使用了一套符号作为通用语言，这些符号不需文字就可以传达大家所需的信息。如果你看见的标志牌上有气泵，或者是叉子和勺子，或者是轮椅，你一眼就能明白它的含义。这是向行进当中的人们传递信息的最佳方式。路标的处理技术通常也很高明，颜色对比鲜明，字母很大，照明不错，位置也很好。

现在回到我在城里当地理工作者的那段日子，当时我参与了对纽约洛克菲勒大厦地下广场方向牌的研究工作。在地下广场里，没有方向牌你就会迷路，因此方向牌非常重要。从拍摄的片子里我们看见，人们一直向前移动，当担心迷路了，或者前面有岔道必须选方向时，他们就会放慢脚步并开始东张西望，在这样的位置就该放一个方向牌了，以免人们迷路。

我们还发现人们走路时主要担心的是撞上别人，但是如果他们不得不到处找路标，或者路标字体太小他们必须凑近了才看得见，或者路标本身太小，或者路标放的位置不对，行人就会被一边看路标一边走路弄得晕头转向。因此，我们得出这样的结论，只要行人不得不减速或停下来，那么路标就没有起到很好的作用。这也让我真正认识到行人走路与汽车驾驶之间的相似性：**好的路标必须通俗易懂，并且要放在人们行进时也能看清的地方，要做到这点，多数情况下都要把信息拆成几部分，并按照逻辑顺序分别进行展示。**

当然，我们唯一的工作方法就是长时间观察行人穿过这个地方的情况。如果不必这样的话，规划地下广场的人就不用请我们也可以进行路标设计了，他们恰恰是唯一不需要路标的帮助就能在地下广场找对方向的人。

当心广告的“黑洞”

我依然留在会议室里。

如果得不出答案，我就会在最苛刻的情况下来看这个广告牌，把广告牌放在地上，斜靠在墙边，然后后退10步，再来看广告牌的效果。我会站在它旁边，看它能否吸引我的目光，还要像平常一样迈步从它旁边路过，看它是否显眼。另外，还会关掉灯再看，如果广告牌在光照不足的环境下效果不好，那它就肯定没效果。事实上，广告牌所处的现实环境会比我上面说的还要差。

现代社会信息泛滥，这一问题大部分是由商业广告造成的。粘在苹果或梨上面的小广告是明智之举还是一大败笔呢？这就在于你怎么看了。现代社会中文字太多，企图向我们传递的信息太多，几乎要将人们逼疯，因此都不想再看到这种东西了。尽管有些很好的广告机会被错过了，但多数广告环境中都充斥着大量杂乱的信息，哪个也不突出。**如果广告过多，那就形成了一个黑洞，没有任何信息可以穿透。**

举一个我自己的亲身经历。我经常在机场候机，就像大多数行人一样，我常常在等待的时候工作。但是，最近我的注意力却时常被机场电视（Airport TV）所打断，这是美国有线电视新闻网（CNN）专为航空旅行者准备的节目。我想把它关了，但是不知道该怎么关。就算休息室只有我一个人，它也在那儿播放，非常令人头疼，于是我发誓再也不看它的节目了。但是，在机场里有一个地方，即使最忙的人在那儿也会停止工作静静地等着，那就是行李传送带旁边，人们都在那儿等自己的行李。在那儿，即使在行李来到之前有沃尔夫·布利策（Wolf Blitzer）[①]的节目，人们也会心存感激。

通常，广告所处的环境有很大的偶然性。有研究表明，一半的广告牌被送到商店、银行和饭馆之后就从来没有挂出来过。美国各地的零售店经理在结束漫长而疲倦的一天之前，都要坐在储藏室里，卸下促销经理发来的一箱箱的广告和其他促销资料，而这个促销经理可能从来就没有到过这个零售店。我相信，那些过度劳累的零售店经理也不会费尽心思去考虑应该把哪个广告放在哪儿。

相反，有的广告一旦挂出去了，就忘了收回去。每年2月我都会做一个调查，看看有多少酒店的橱窗里还有假日主题的宣传和广告。这样的情况总有不少，我们在纽约一家重要的银行进行研究时发现，在那儿还能很明显地看到以前27种不同促销广告的部分内容。在一家汽车经销商的橱窗上，我们还看见

① 沃尔夫·布利策，美国有线电视新闻网的资深政论家。——译者注

过一个新车到货的广告，而那是去年的新车。

有的广告牌做得确实不错，但是它们却被放在了那些设计时未曾想到的地方。你路过一家药店的宣传橱窗，会看见一堆止咳糖浆的盒子，还有一个很小的价签，很显然，这个价签应该放在货架上而不是放在橱窗里。把它放货架边时，顾客距它只有一步左右；而把它放在橱窗里，它面对的却是热闹的街道。通常，零售商希望通过广告牌表达很多内容，这超过了任何广告牌的承载能力。一家快餐连锁店测试了其“膳食业务”的广告，想把它改得更清楚，然后再试验再改，直到后来他们意识到并不是广告不好，而是这项业务实在太复杂了，难以解释清楚。尽管业务范围变了，但广告仍旧适用。我们研究了南方的一家百货公司，他们在店里贴满了打折广告，但唯一的问题就是你得自己计算打折后到底节省了多少钱，就连售货员也很难算清楚。其实这个商店并不需要折扣广告，它需要的是教科书。

户外广告的优势

当今广告界正处于复兴时期，让我们来看一看户外广告的情况，30年前，伯德·约翰逊女士（Bird Johnson）打算在“美国美化计划”中宣布户外广告不合法，而现在，即使在电子传媒发达的美国，某些户外广告也是我们所见到的最令人激动的、最有创造力的和最明智的广告表现形式。户外广告比印刷广告更漂亮，比电视广告更流行，比网络广告更生动、更形象。连苹果公司和宝马公司都利用户外广告的优势来做宣传。户外广告相对于印刷广告就像视频对于网络，具有包围优势，是测试新想法的实验室。现代技术给我们带来了3种动态的户外广告：电视大屏幕、旋转的体育赛场广告牌和数字菜单式广告。在我们调研过的一家快餐店，有48%的顾客看到了动态的数字广告牌，而看到相同菜单以前的静态版本的顾客只有17%。在我们做过的比较动态和静态广告的多次试验中都可以得到类似的数据。但是这个数据有一个前提，那就是仅当这个广告极具吸引力时，才能比静态广告多吸引一倍多人的关注，大部分时间人们看这些东西所用的时间是一样的。

但是广告并不是全靠技术给人留下印象。不久前，我走进纽约金融街某个酒店的电梯，看见电梯里面的墙上有面镜子，镜子下方写着："你看上去饿了！"这句话的下面是这个酒店餐厅的名字和简介。我保证电梯里几乎100%的人都看见了这个广告，而且看见的人都会会心一笑，并感受一下自己是否真的饿了。这则广告真是独具创意！

第六章　设计购买线路

从生理学的角度来说，购物活动最重要也是最简单的一个方面是，人是怎样移动的。简单地讲就是，我们是怎样行走的。

依照顾客的行走路线和视线来设计店面

现在，只要身体状况许可，人们的移动就非常频繁，这是很自然和舒服的事情。但当你意识到一个好商店是如何被定义之后，事情就不那么简单了。好商店就是能够将最多的商品在最多的购物者面前展示最长时间的商店。**换句话说，也就是将商品放在人们的行进路线上和视线范围内，并能让他们考虑购买这些商品的商店。**很容易就能判断一家商店是否做到了这点：我们只要画出购物者的路线图，然后算出他们到过的地方就可以了。我们每小时定期画出某个商店的“分区图”。在这个小时内，跟踪人员快速穿过商店的每个部分，计算出每个部分有多少购物者。如果商店里的顾客流动状况良好，也没有什么障碍或盲区，那么人们就可以走到商店的每个角落。如果顾客流动、商店设计或布局方面有问题的话，那么商店里就会有一些人迹罕至的角落。因此，**聪明的商店总是依照人们怎样行走以及看什么地方来进行设计。这些商店在设计时肯定会分析并利用人们的移动习惯，而绝不会忽略这些习惯，或者更糟糕地，企图去改变它们。**

举一个简单的例子：人们看见反光表面时会减速，而看见银行时会加速。

其中的原因很好理解：银行的橱窗没有什么东西可看，没人喜欢没事做的时候去银行闲逛，因此人们路过银行时总是匆匆离去；但是，人们路过镜子的时候喜欢停留一下。有了这些信息，你该做什么呢？那就是绝不要在金融机构的隔壁开商店，因为当行人来到商店这边时脚步仍然很快，不适于橱窗购物。如果你不得不在银行边开店的话，你一定要在橱窗里安一两面镜子，以使购物者放慢脚步。

人们总是朝右走

关于人们如何移动还有一个现象（不仅在零售环境中，在别处也都是如此）：人们总是朝右边走。如果不是特意去观察，你很难注意到这一点，但情况确实如此，人们进入商店后总是向右走。值得注意的是，人们不是向右急转弯，而是下意识地就转过去了。

旅行时我总在思索：习惯用右手的人有多少是受右侧驾驶而影响的？在日本、英国、澳大利亚和印度的一些地方，是否有相同的右侧驾驶的趋势？这些都是本地效应，在伦敦泰特现代艺术馆的参观者中，沿顺时针方向参观的是本地人，而逆时针方向参观的则是外国游客。你对英国人喜好的顺序是如何看待的呢？在我看来，比起纽约的其他购物中心，英国百货商店，如塞尔福里奇（Selfridges）或是哈罗德（Harrods）的内部设置让人抓狂，因此在那里，行走的方式就很重要了。所有恶俗的种族笑话都指出英国人有着违反人类天性的历史，但是，一位教环境心理学的英国同事告诉我，如果在黑暗的电影院里有人喊“着火了”，英国人会从右边的门逃离出来。总之，英国零售业的路线模式是遵循他们的驾驶方式建立的。

日本人的行走方式是什么样的呢？大阪人的走路方式和东京人就截然不同，在大阪，人们倾向于走右边，而在东京，则为左边。一位来自大阪郊区奈良的朋友解释道：“在东京，人们过于讲究礼仪，而我家乡大阪的人，则更加自然、自由。”

这是关于人类如何行走的意义深刻的真理，它在生活中的应用随处可见。我们花了很长一段时间才发现这个特点，而且，我们后来搜集到的数据也证实了这个特点。但是，在零售环境中该如何应用它呢？

我们研究过一家百货商店，商店入口的右边是男装区。根据我们的统计，这家商店绝大多数的顾客都是女性。把男装放在入口右边，意味着女性购物者会快速穿过男装区，不会看那儿的商品，一心只想去她们的主要目的地——女装区。事实上，由于前门在商店的中间，而不是偏向某一边，我们的跟踪者画出的许多女士的路线图是这样的：进门，右转，浏览，发现自己在男装区后马上调转方向直奔商店左边的女装区，再也不会回到右方了，甚至也不会到右后方卖童装的地方去了。我们绘制的路线图表明这绝不是偶然，童装区是整个商店里光顾人数最少的地方，正是这个原因导致商场的这一层有一半的地方很少有人光顾——因为女性顾客压根儿就没机会看到！对于这种情况，一个效果显著的方法就是将童装区移到女装区的后边，效果会比设置在领带和男士睡衣区旁边要好。

我们研究的一家电子产品商店也有类似的情况。在那儿，收银和包装台设在商店前面的左墙边。顾客进门后，向右转，但是这时看见的是收款机和收银员，于是他们马上转身到左边去，在那儿挑选商品或者询问要买的东西在哪儿。某些时候，顾客会直接到商店后面去看东西，但是没有人会再回到商店的右半部分。顾客的移动轨迹有点像巨大的问号。为了改变这种情况，我们建议他们把收款台挪到右墙边去，并且往后推到了靠商店中间的位置。这样，收款机附近就成了商场的中心。电话展区是第二个购物者感兴趣的区域，将它安排在右墙边靠近店门的地方，目的就是希望顾客进店后，沿着右边走，过了收款台之后，就会光顾电话展区。这样的布局安排很自然地顺应了人们行走的规律，客流情况很快就有了改善，更多的顾客逛了商店里更多的地方。因为美国的购物者总是自动地靠右走，所以任何商店里前门右边的地区都是黄金地段，这里应该展示主要商品，也就是需要100%的顾客都能看见的至关重要的商品。这就是利用人们移动规律的一种方式。

顾客不只习惯从右边走，大多数还都习惯使用右手。假设人们面对书架站着，最方便的就是去拿所在位置右侧的东西，而不是伸出胳膊跨过身体去取左边的东西。实际上，在你取东西的时候，你的手可能会在不经意间拿到你想要的东西右侧的产品。**因此，如果商店希望向顾客推销什么产品，就应该把这些东西放在靠近顾客所站位置的右边。在决定商品摆放方案，即产品在货架上的摆放位置时，应考虑到这一点。**比如，在放饼干时，就应把最受欢迎的品牌放在正中央，即靶心，而把你想推销的品牌挨着它右边。在英国和澳大利亚，靠左驾驶和向右伸手的规律会引发设计的冲突，在北美就没有这样的问题。

在人们如何移动方面还有一个更简单的规律，但它却给商店带来了最多的逻辑问题。实际上，人们步行时的这个特性几乎使每个零售空间的布局都与其目的严重不符。

这个特性就是：人们总是向前看、向前走

这个特征背后暗含着许多深层意义，其中之一便是普通零售环境都是为那些并不存在的横向行走的人设计的，这些人会像古埃及象形文字一样侧身而行，而不是一只脚在前一只脚在后那样走。我们可以这样来描述：如果你沿着一个商店的通道向前走，自然状态下，你就是在看前面，要将你的脑袋转到左边或右边去看路过的书架或货架上的商品，就需要花额外的力气。这点努力可能会使你隐隐觉得不舒服，因为它需要你把目光投向别处而非你前进的方向。如果是在熟悉的环境里，比如你最常去的超市，同时里面的布置让人感觉很安全——宽敞的通道，地板上没有可能绊人的箱子或其他障碍物，也许你才会在行进过程中转过头去注意商品。在不太熟悉的环境中，你看到的商品要少一些，你会下意识地用眼角余光当心前面，以免被箱子或小孩绊倒撞了鼻子。在前进过程中，如果有件东西吸引了你的注意力，你就会停下来仔细看它，只有在这时你才会仔细去看它。

这个问题并不局限于商店的货架。在大街上，你是怎样走近橱窗的？几乎都是斜着过去的，因为你总是从左边或右边走向商店的，但是多数橱窗好像都是为站在正前方的目不转睛的观看者而设计的，这样的情况几乎不存在。再来说一下户外广告牌。在我的办公室附近有一家新开张的饭馆，花了很多钱做

了一个漂亮的悬挂广告，但是他们没把它垂直于墙面挂着，让两边过来的行人都能看见，而是让它与墙面平行，这样只有从街对面穿过来的人才能看见。然而，只有5%—10%的潜在顾客会从建筑物正面走过来。

很显然，应把广告重新挂一下，用不了一个小时，问题就可以解决。调整橱窗以适应人们走近它的方式也很容易：把展品向某个方向倾斜，以便从那边来的顾客更容易看到，由于我们通常靠右驾驶和通行，所以，橱窗里的展品通常应该向左边倾斜，这个小小的挪动会立刻使真正看见它的人数大大增加。

但是，怎样才能使普通商店也适应人们向前走、向前看的特征呢？有一种方法已在很多店里采用了，这就是端口展示，即在商店里每条通道的尽头展示商品，它是一种非常有效的将商品展示在顾客眼前的方法。现在几乎各类商店都利用了通道尽头这个位置来展示商品。在音像店，你能看见某位艺术家的CD集，或者一些打折的新发行的CD；在超市，会有一堆特价软饮料或谷类早餐食品。端口展示能促进商品的销售，因为当我们逛某个通道时，我们会从正面朝端口走去，很容易就能把那儿的东西全看清楚。另外一个好处是，端口展示让你在正常行进的路上就买了东西，比如看到在通道端口堆成小山似的奥利奥饼干，你能在逛完沿通道陈列的3米长的饼干货架之前就将它放进购物筐里。

当然，端口展示有它特定的局限：每个通道只有两个端口，一边一个。另外，还有一种方法也能有效地展示商品，**这就是所谓的“V形法”——把货架摆成像军人V形臂章的样子，这样货架上进入购物者视野之内的商品就增多了。**把货架与通道之间的角度由原来的90度直角改成45度角，这个变化很大，也是一个很不错的办法。但是，它也有一个问题：V形货架所占空间比通常的摆法要多1/5。这样，商店里能展示的商品就只能是以前的80%，关键就要看V形布局所带来的销售额的增长能否弥补这个损失，而且做得更好。如果商店里东西变少了，但布局更加合理，商店的销售额会不会增加呢？这个问题很难回答。我们给许多客户提出了V形布局的建议，但是没有一家真正照着去做。但可以肯定的是，对于那些顾客浏览时间越长卖得越好的产品来说，V形布局肯定是有效的。

利用好最佳视线

我们能看见什么东西很大程度上取决于我们的行走方式，另外，视线的方向也影响到我们能看见什么。如果你站在一张桌子面前，满眼都是桌子上的毛衣，这时视线的影响作用就不明显。但如果你在远处，比如相距三四米的地方，这时如果你视线里没有某个商品，你根本就不会走上前去看那个东西，除非很偶然地遇到。正是由于这个原因，设计师们在设计商店时心里总要想着视线问题，他们必须确保购物者不仅能看见前面，还能看见四周有什么东西。出于同样的原因，也应该在每个宣传品表面上都印上信息，例如写上："5件水洗T恤只售20.99美元"，以保证各个方向的顾客都能看见宣传信息。

一旦考虑到视线问题，零售商就必须注意不要让商品阻挡了顾客的视线。经常出现这样的情况：货架前放的展品正好挡住了顾客的视线，或者广告牌把它要宣传的东西挡住了。**在视线方面，最理想的情况应该是，购物者在某个地方选购完商品后抬起头，发现四五米远的地方还有别的东西也很吸引他。**这样就会产生弹子球似的效果，这种巧妙的商品分布能把购物者"弹"到商店的每个角落，此时，商品本身就是促使购物者在商店里不断活动的工具，好的商店能让你身不由己地被前面的东西吸引到店里的各个地方。

我们研究过超市中展示的东西有多少能被购物者看见，也就是所谓的**吸引率**。大约只有1/5的顾客看见了货架上摆的每一样东西。**购物者最容易看见从比眼睛高一点一直往下大约到膝盖这个范围内的东西。**比它高太多或者低太多的地方人们都不容易看见，除非是特意去找，这也是人们步行机制中的一种自卫防御性功能，如果你在走路时朝上看，就注意不到脚下了。

包装设计的重要性

这就意味着商场里有很大一部分的销售空间如若不想闲

置，那么都面临着严峻的考验。如果在人们容易看见的区域之外不放商品的话，那当然不错，但多数商店都不肯这么浪费空间。商店可以只把大件商品摆在这个区域之外的地方。在脚边的地方，人们容易看见大包装的商品而不是小药片，另外，把底层的架子稍微倾斜一下也有助于人们看见里面的东西。这个问题可以通过包装设计来解决，每个标签、盒子和容器在设计时都应考虑到人们可能从很不方便的角度看它们，它们可能在人们的头顶上方，也可能在人们的膝盖下面。**当人们不是从正面而是斜着去看时，包装也要能起作用才行。在这样的情况下，人们往往容易看见那些大而清楚、色彩鲜明的东西。**我们还必须注意到，商店是商品的卖场而不是仓库，在此我想到了电脑、电话、音响和其他电子消费产品，它们有时堆在地板上有一人多高，它们的包装箱在设计时并不是做展示用的，但实际上却起着这样的作用。因此，应该把原来的包装箱扔掉，因为它们是没有任何修饰的棕色纸板，没有图案，也几乎没有内容介绍。而包装箱也应被看作产品的广告或海报，就像谷类食品的包装一样。通常，包装设计者总是把制造商的名称放在上方，以满足公司的自我中心欲，而把产品标号放在底部，但是当这个箱子放在距地面较近的地方时，这样就很不对劲了，因为这时购物者很容易看见商标名称，却看不见对箱子里面的东西的介绍。既然包装设计者无法控制箱子的摆放位置和方式，**那么就应该保证任何情况下产品标号都在上方，而且应该使商**

标看上去像户外广告那样清晰、色彩对比强烈、有明显的图案，而且字体还要足够大。

很不幸，大多数公司的管理者还不懂得产品包装的重要性。我与沃顿商学院年轻的管理顾问争执了很久，原因是他无法快速推广商学院的工商管理课程。他们有电子制表软件，这些软件对所有的数据进行处理，但是他们却从来不看一眼做好的数据表。商业教育所缺失的是包装及其如何影响品牌，在商学院，你可以学习全球品牌战略、网络营销、品类管理及其他学科，但是，在我印象中，全球没有一家商学院提供21世纪的印刷课程，在洛桑国际管理发展学院没有，在巴塞罗那IESE商学院没有，在伦敦商学院也没有，当然在沃顿商学院也没有设置这门课程。2008年，我们所使用的印刷技术和套色方法在10年前是无法想象的，但今天的科技使很多事情变得可行，可以为一个国家不同地区的独特商店定制个性的包装。但是再尖端的数码印刷机也是由人控制的，平面设计师与印刷工了解这些印刷事务，但是年轻而雄心勃勃的工商管理学硕士却不知道。

把购物者留在通道里

我们关注的另外一个问题是**回转率**，用来度量购物者未能完整地从通道的一端走到另一端的次数。**回转率指的是购物**

者从一个通道选了一些商品后不再往前走，而是调转折回的次数。如果购物者在折回之前已经沿通道走了一半，我们就称之为半回转。通常情况下，购物者沿着货架通道找所需的商品，找到之后哪儿也不看就马上往回走，或者四处看了看，也没看见什么值得留步的东西。针对这种情况你应该怎么办呢？答案很明显，对于零售商来说，就是把最吸引人的物品放在通道的中部；而对于厂商来说却恰恰相反，要尽量让自己的产品距通道的两端近一些。

但是也有一些方法可以让购物者保持兴趣。其中最新颖最有效的方法就是利用小孩，这就是零食通道充分利用这一点的原因所在，在这种区域，父母通常都是拿到想买的东西就立即离开，但是我们发现地板上的方格可以让顽皮的小孩做跳房子游戏而多停留一会儿。在我们研究的其中一家商店里，孩子们玩跳房子游戏的时间平均是14秒——父母们很难在这么长时间内站在零食货架前而什么也不买。

设法使顾客走到后面

关于购物者的行走方式，有一个现象多数人都很熟悉：商店总是设法使我们一直走到商店的后面。大家都知道为什么超市总把奶制品冷柜放在后墙边：因为几乎每个顾客都需要牛奶，于是为了取牛奶，他们不得不来回两趟穿过整个商店。这个办法很有效，至少以前是这样的，但是它也会给竞争对手带来机会。事实上，便利店存在的原因就是它能方便快捷地将人们所需的牛奶和其他必需品送到顾客手中，顾客跑进来，抓起东西就可以走。现在有些新的超市开设了“浅环区”——靠近商店前面的奶制品冷柜，这样顾客可以进来拿起东西就走。

大型连锁百货店以同样的方式来利用药房——这块区域几乎总是在后墙边，这样顾客也不得不光顾杂货店的其他地方。但是对到药房的顾客应给予特殊考虑，以免适得其反。直奔药房去的顾客通常手头都有重要任务，于是他们在去药房的路上没有兴趣浏览货架上的商品。因此，**百货店在宣传策划时不仅要考虑顾客从前面进来时的情况，还要考虑从后面出去时的情况。**至少应设置一些广告牌、展品和货架，以便从后面出来的顾客能看得清。这有点像在同一位置规划两个不同的商店，但是必须要这样做，因为药房在吸引购物者穿过整个杂货店方面特别有效。

在本书的开头部分，我提到了一家为商场年轻职员服务的百货店，职员们在休息时需要碳酸饮料。为了利用这一点，百货店把冷柜放在后面，使得这些年轻人不得不跑进来，冲向饮料然后又跑出去以便能好好享受15分钟的休息时间。这些十几岁的孩子在跑来跑去买碳酸饮料的过程中，从来没买过洗发水、闹钟或滑石粉等东西。我在前面也提到，百货店很有人情味地决定将冷柜搬到前面，以便照顾那些忠诚的碳酸饮料顾客，他们在休息时本来可以到另外一家更方便的地方去买饮料的。

其实，吸引顾客去商店后面不是一件容易的事。服装连锁店盖普（Gap）、空中邮政（Aeropostale）和发现之旅（Anthoropologie）都将它们的打折商品摆在商店后面的左边角落，大部分的老顾客会去逛商店最角落的区域。当顾客从后面挑选完商品后，商店经营者面临的最大挑战就是对确保回到前面的主道进行精心的布置，至少一些招牌应面朝这条必经之路。

多数零售商很明智，并没有把主打商品放在商店的后边销售。商店里每寸地盘的使用、温控和光照成本都是一样的。如果商店里各部分的布局错落有致，就自然会吸引顾客走到里面去（像佛教寺庙最里面的雕塑，引诱着你往里走）。购物者从外面进来，如果他们觉得自己感兴趣的东西在后面的话，他们就会去后面看一下。**还有一个简单的吸引人们的办法就是在后墙上挂一张图，或者更好的方法，挂上其他吸引人们视觉或听觉的东西，让人们觉得那儿很有趣。**这样，他们第二次进来的时候，也许不会直接走到那儿去，但他们仍然会逛到那儿，就好像被磁铁吸住了似的。但是，很多商场给人的感觉再差不过了，它们的后墙是什么也没有的“死角”。

随客流而变

商店前面的门面对吸引顾客至关重要。当美国信誉最佳的消费电子产品专业零售商RadioShack希望在电话业务中增加女性购物者的比例时，它就开展电话业务来吸引女顾客。这时，一定要保证在商店前面的区域就能看见电话展台，这样才能最有效地吸引女性。事实上，我们建议一些客户在一天之内多次改变商店门面的布置，以吸引路过的不同购物者。比如，在一家小型书店我们注意到，早上的顾客多半是推着婴儿车的家庭主妇，我们就建议客户把育儿、健康和家庭方面的书摆在前面，还建议书店留出足够的空间以便婴儿车通过；在下午，放学的孩子会冲进商店，因此，就应该把关于体育、流行音乐、电视和其他青春话题的书放在前面；过了下午5点之后，是下班高峰，这时就该把商业和计算机方面的书放在前面；另外，由于在早上很早的时候就有晨练的老人经过这家店，我们就建议客户在晚上关门之前在橱窗里放上退休生活、理财和旅游方面的书。事实上，这个书店买了一个很大的立柱状的可以转动的展示设备，只要在每天不同的时间里转动它就可以根据需要展示不同的书籍了。很多超市从星期五到星期天都很拥挤，为了应付这种状况就应该在前面区域多留出点空间。然而，从星期一到星期二，超市里面并不拥挤，我们就建议客户把收款机前面的地方改成一个新的销售区，不是增加一两个普通货架，而是改成一个小型的即兴卖场。

购物者经过商店的频率也应该考虑在内。如果购物者平均每两周来一次，那么你的橱窗和展示品也应该按这样的频率更新。这样，它们才能总是具有新鲜感和趣味性。这儿有另外一个橱窗设计和商品宣传必须相互配合的例子：如果橱窗设计较好，店员很容易进去更换，与那些让店员工作时脖子发酸的橱窗相比，它里面展品的更换就会频繁得多。如果橱窗设计得不好，往里面放商品简直就是负担，或者展示架挡住了橱窗的入口，我敢保证，橱窗里的展品肯定就很少受到关注。

购物者行动方式的某些方面还不能总结成通用的规则，但是它们仍然会对我们研究的具体环境产生影响。我们研究过一个大型家庭连锁饭店位于洛杉矶日落大道的分店。这家饭店的卫生间挨着前门，在白天，这种布局看上去还是很不错的。但是到了晚上，外面的街上热闹起来，饭店旁边就有一些街头拉客的交易。这时饭店里女卫生间的位置就容易给人留下这样的印象：它似乎成了妓女的休息室，在那儿她们可以洗漱，把脚翘得老高，并在接客的间隙互相闲聊。这种情形对于就餐者来说就很不好。

有些贺曼卡片店（Hallmark）设有专为顾客定制文具的服务区，要做新娘的人可以去那儿写请柬等类似的东西。一般那里会放置一张写字台，还有一个摆放大型样品的架子，这种设计考虑得非常周到。但是在新泽西一个拥挤的商店里，这个服务区设在了收款机旁边，那儿几乎是屋里最嘈杂、最拥挤的地方，唯一用过写字台的是一个填工作申请表的人。

第七章　急顾客之所需

请站在这边，在内衣后面。

你看见什么了？一对夫妇。多大年纪？60多岁。有什么特别的吗？老太太有点发福，她和老头儿一起来到镇上的凯马特百货公司，打算给老头儿买内裤。我说得对吧？

继续观察。他在说什么？

“嗨，适合我的号在哪儿？”

她在说什么？

“这儿。”

接着他说什么？

“我想就买3号吧。”

很有意思，她说什么？

“别，拿6号的吧……我也能穿。”

哇！这事真是不可思议！我都不知该说什么好，这老两口竟然还可以共用……

购物者才是最终决定者

就此打住。你刚刚错过了在购物和采购的动态性方面一个非常有价值的特点。即便你不是购物学专家也能看出刚才发生了什么情况，如果你是女人就会更容易理解一些，尤其是那些身体超重的女人。她们原来只能在带弹力花边的小码内衣中进行挑选，那些花边把腰和腿根勒得发疼，这肯定很不舒服，这种情况我能想象（虽然极不情愿）。

2004年，我在北美、欧洲和日本从事全球内衣销售的研究。那年夏天，在北加利福尼亚温斯顿–塞勒姆的女士内衣高管会议上我做了主题演讲，开场时我便提到：因为与一位新英格兰女性朝夕相处，所以在专业方面我更加了解女士内衣。在这个行业，全球关注的问题是不同的设计目的之间的区别，是为性感还是为舒适而设计。大多数的女性认为自己的身材并不好，不觉得将自己的内衣照片放在新一期维多利亚的秘密（Victory's Secret）的产品目录封面是一件自豪的事情。对于一些女性而言，穿某类内衣是件大工程，因为需要别人的帮助才能脱下。在大部分时间，大多数女性穿内衣是为了舒服，在意的是是否和外面或里面的衣服搭配。对于18岁的女孩而言，内衣是件装饰品，和染发的效果差不多。但是对于大多数40多岁的女性而言，穿内衣是为了舒适，特别是那些身材较为丰满的女性。

由于几年前就存在这种情况，因此，现在有的女式内衣款式也趋同于男式内衣，成了宽大、弹力较小（不紧勒着）而又柔软的棉织品，这就解决了某些女士的特殊问题，她们用不着再穿男人的内衣了。

从2008年起，维多利亚的秘密依然在销售粉色的花边内衣，但是相对比较新的品牌——盖普则推出更加运动和舒适的内衣产品，有些在业内被戏称为男人婆系列，尽管如此这个行业仍然缺乏愿意关注成熟女性需求的内衣品牌管理者。

在这个行业另一个有趣的发展方向是女士内衣男性化，以前内衣部门一般只销售四角裤或三角裤，但是现在任何有商业意识的内衣部门都销售至少三种以上的不同款式，四角紧身裤、男版比基尼及中腰内裤，但是在我的传统观念中，我仍然喜欢三角裤，现在让我们再回到之前的故事。

只有购物者才最终决定了零售环境及所售商品的用法。产品设计者、厂商、包装者、设计师、商家和零售商也在判断人们购买什么、在哪儿买以及如何购买等，但是当购物者考虑这些问题时，他们可能会彻底推翻那些漂亮的理论和策略。

在上面的例子中，这些衣服的设计师和厂商知道有些女式内衣不舒服吗？也许他们不知道，也许他们早就知道但就是不知该怎么办，也许他们认为女士是绝不会穿男式内裤的，但是很显然，女式服装已经有男性化的倾向了。如果某些内衣厂商的执行官也站在我们的观察员旁边，那么他就会注意到这位女士教了他很重要的产品知识，女式内衣的改革可能也会开始得早一些。

当然，也有可能不会。

购物者需要椅子

这里还有一个购物者的意志迫使零售环境屈服的例子。它涉及公共场所设计和装修中的一个主要问题——座位。

我喜欢坐着，关于这个问题可以讲很多。如果你想做些迎合人们需要的事情，那你就必须解决座位这个问题，排列顺序是这样的：空气、食物、水、住房、座位，可以看出座位排在金钱和感情之前。

在全球大多数商店，如果在卖场加一把椅子，销量就会立即增加。我宁愿挪开一个展品来给椅子腾地方；我愿意把某个货架拿开，或者撤走一个模特。商店里有椅子就表明了我们在为顾客着想。

只要有可能，人们总是到为他们着想的人那儿去买东西。

有一家知名的大型女士内衣专卖店，它就没有给那些陪女士购物的男士们准备足够的座位。我们怎么知道座位不够呢？因为那些丈夫或男朋友正在寻找可以将就坐下的地方。通常情况下，人们在需求得不到满足的时候，就会凑合一下。**因此，无论什么时候，只要你在零售环境里遇到有顾客在找可以将就坐下的地方，这就表明他的需要还没有得到满足。**

为了更好地进行说明，我现在插一个例子：在新泽西州大西洋城的很多赌场，它们对顾客的关心可以说有点太想当然了。在那儿，很多人即使输了钱，也要在赌场里逛来逛去直到他们的旅游车出发为止。很显然，赌场希望这些人在等车时也能玩游戏，于是他们在候车区也安装了老虎机。为了让人们去玩游戏，他们就没有在大厅里放椅子。这种情况下游客们有什么反应呢？他们就坐在地上，个个阴沉着脸，排成了长长的队伍。对于刚走进来的人来说，这种场面不太可能激发他们蒙特卡洛式的赌博激情。赌场应该给这些坐在地上的人配备椅子。

在服装店里，人们对椅子的需求也很明显。当女人购物时，男人就在那儿等；男人（或女人）在等的时候，就希望能坐下来。还有比这更清楚的事实吗？商业场所的设计师应该认真考虑座位的问题。在公共空间项目中，我们对公园和广场做了调研，花了不少时间来考虑如何改善室外长椅的问题。该放在哪儿？该有多宽？放在阴凉处还是阳光下？距大道多远？木椅还是石椅（石椅在冬天会特别凉）？我们注意到，椅子可以让老年人行走的距离加倍。有些老人走一小会儿就会觉得累，然后就想回去了。但这时若在阴凉处设一张椅子供人休息的话，歇一会儿后，老人就会继续往前走。在零售环境中，椅子的主要目的有所不同：人们和自己的爱人、孩子或朋友三三两两地来购物时，椅子会让他们中间不购物的人更舒服自在，再也不必总是跟在购物者后面。

在上面所提及的这个服装店里，女人在购物，而男人不购物，在一旁等待女人。他们希望有坐的地方，但这个服装店却没有提供这样的地方。为什么没有呢？或许是没有放椅子的地方，或许以前有椅子但现在坏了，或许有人认为男人坐在店里会破坏商场的购物环境。

没有椅子他们就会站着吗？当然不是。他们会发明新的坐法。在这个商店里，他们看中了窗台。窗台很宽，高度也和长椅差不多，于是窗台就成了他们的长椅。

这个特殊的长椅在什么位置呢？没人特意安排，但它却恰好位于卖魔术文胸的大型展区旁边，穿魔术文胸可以使女人看上去年轻好几岁。那天发生的情况是这样的：女人走到展区边开始挑东西，突然发现窗台边有男人在打量她们。在我们观察的那天，有两个年龄较大的男人在那边坐着，肆无忌惮地讨论着女人对魔术文胸的需求，这种情况下，女人要买魔术文胸的确需要极大的勇气。

我在之前提到过吗？当那两位在讨论时，几乎没有女性顾客走过来购买魔术文胸。

现在，大家都知道周边环境对产品的重要性了，尤其是像魔术文胸这样新奇的东西，人们在买之前总是要研究考虑一番并且还要试一试。人们绞尽脑汁想揭开相邻的产品如何互相促销的秘密。在前面的例子里，他们稍不留神就给魔术文胸人为地创造了一个很差的周边环境（对购物者来说很差，对商场来说也很差，但对那些男人来说也许并不怎么差），而这些人并非故意，只是在被逼无奈的情况下才做出此举。

我们将座位的用途分为短暂歇息、休息和长时间休息三种。用于短暂歇息的椅子就摆放在试衣间的外边，这是便于那些逛累了的顾客休息两三分钟。休息椅摆放在一进门的地方或是门口外，顾客会在这里休息10分钟左右。休息椅可以让顾客停下来浏览店内的商品，不必离得太近，但他们对商品的评价不会被其他人听到。我们发现购物中心的长时间休息场所很安静，有时还伴有瀑布和喷泉的水声。在这里，顾客可以惬意地休息20分钟或更久，看报纸、玩手机或是喂小孩。

化妆品柜台的斗争

这儿还有一个零售商的做法购物者非常反感，这种做法动机较狭隘。

化妆品厂家和消费者之间一直在进行着一场斗争。一方面，女人在买化妆品之前总要试一试，尤其是口红，这是可以理解的，因为化妆品总是很贵，而且依据人的肤色使用不同化妆品时的效果也不同。但另一方面，化妆品厂家希望女人不要随便试用他们的产品，因为产品用过一小点就很难卖出去。现在已经有很多计划和方法可以给购物者提供试用产品，但是还没有可以成为产业标准万无一失的方法，因此化妆品厂家和消费者之间的争斗仍在继续。

几年前，一个化妆品厂家认为自己设计出的某款口红包装很安全，如果不撕开封带这个口红就拧不出来。厂家想，这样女人就只能看着口红管挑颜色，而不会接触到里面的口红了，负责包装设计的小伙子也想当然地认为这会为公司节省上百万美元。我们被请去观察女人对此有何反应。我们发现购物者拔下口红盖，向里看了看，发现口红拧不出来，就把手指甲伸进去抠出一点来看。那些专家又失败了，他们的错误在于企图阻止女人试用口红。更进步的一些化妆品制造商意识到试用会促进购买，因此，他们并不阻止女人的任何试用行为，反而鼓励她们这样做。我认为，最好的解决办法应该是以利益为动机——即简单地做一些各个季节新上市的不同颜色的小样品，包括口红、胭脂和粉饼等，每个样品可用两三次并且只卖一两美元。

2002年在日本东京的涩谷车站外，我发现了这样的商店，店名叫“三分钟的快乐”。广告牌上写着：品种丰富的化妆品使我们的生活更加美好、惬意。还有比这更简单的吗？一次迅速又安静的购物，只需3分钟。正如广告中宣传的，在这里购物使你感到快乐。这家商店销售口红、指甲油及其他美容产品的样品和一些按照价格陈列的家居用品：价值100日元、200日元、300日元——差不多相当于1美元、2美元、3美元。这家商店的侧门是咖啡冰激凌吧，你只要把钱放进印有商品图片的自动售卖机里，然后将自动售卖机打印出的小票给服务员，他们就会为你奉上咖啡或是冰激凌，这样就不会出现现金结账的麻烦，我把这一过程称为3分钟购物旅行。

并非顾客的每种随意做法都需要修正。在美国奈飞DVD租赁公司诞生之前（还记得那黑色岁月吗）正是录像带销售的全盛时期，多数美国家庭都很熟悉周末到百视达和好莱坞视频去找最新影片的情景。为了鼓励顾客租借像《谍影疑云》《胜利大逃亡》这样的老片子，录像带租赁公司提高了新片的租金，又为租借老片的顾客增加了会员积分，但他们一直都面临的困境是如何消化所谓的老影片的“基本库存”。

我们注意到很多真正的老顾客并不去新片区，而是到归还车里去找新片，因为归还车里放着的是刚拿回来还未整理归档的片子。没有必要去改变这些顾客的行为习惯，这对于录像带租赁公司而言是一件好事，可以减少店员的工作量。为了达到此目的，我们强烈建议录像带租赁公司在归还车上挂一些老片子，特别是和新片有联系的一些老片子，这个办法很有效。

自带椅子的顾客

最后再举一个例子来说明顾客有时并非按商家所预想的方式来使用商场，但这个例子对商家有利。在美国，一半以上的快餐都是在免下车窗口购买的，一般人们都认为那些就餐者要么下车来吃饭，要么把食品带回办公室或其他什么地方去吃。但是，通过一系列的观察我们发现一个奇怪的现象：大约10%在车上购买食品的顾客会把车停在停车场，然后就在车里吃饭。令人奇怪的是，这些人的车比普通顾客的车都新。因为他们是一些喜欢吃汉堡的精英人士，不好意思让别人看见他们吃垃圾食品的样子？还是他们喜欢在车里吃饭时的奢侈享受：一边吃饭，一边毫不拘束地打电话；或者一边吃饭，一边收听自己喜欢的音乐？无论哪种情况都值得关注，因为这些顾客都是自带椅子的。调查结束后，**我们建议快餐店要保证能让街上的人看见它的停车场，这样的话才能让开车的顾客知道这儿有停车位。**我们还强调，商店要给车主营造一个舒适的环境，让车能够停在阴凉处，而且有很好的视野，这既是为车也是为顾客着想。在我们研究过的一家商店，那儿最好的停车位都被自己的店员占用了，多数都要占用8小时以上，这种做法就很不妥当。最后，我们的调查表明，目前快餐店的总趋势就是减少店面面积，扩大免下车窗口的销售比例和停车场面积，以方便顾客。方便顾客这一点几乎在任何情况下都应该考虑到。

最后一点：**我不明白为什么快餐店不发明或提供一种车内用餐的专用围兜呢？这样顾客在吃汉堡时里面的沙拉和番茄酱就不会掉在新系的领带上了，也不会将薯条掉在座位中间。**这个问题值得这些快餐店的管理者深思。

第三部分
购物人口统计学：不同群体的购物行为研究

“男人来自火星，女人来自金星”，我们非常关注男人和女人在商店里不同的行为。有些不同之处是可以预见的：女人更擅长购物，而男人是桀骜不驯的“独行侠”。但是随着男人和女人之间的关系的改变，他们的购物行为也发生了变化，而这对于商业来说意义深远。

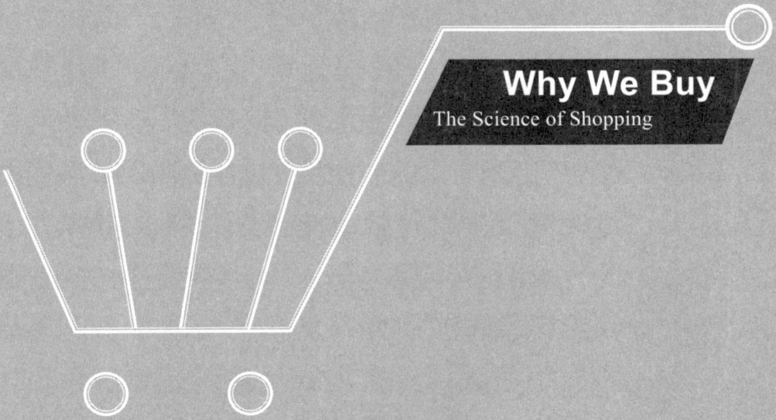

导 读

正如我们所看见的，在人们如何购物这个话题上，从生理能力和局限性这些最简单的人体特点来看，也有很多值得探讨的地方。购物是如此的简单，但是却没有什么事情和购物一样有趣。我们都在同一个环境下活动，但是对于相同的环境没有任何两个人会做出完全相似的回应。虽然某个广告牌做得很有品位，安装精致，而且画面十分清晰，但有可能你注意到了它，而我却没有。某家商店的布局流畅，所有的商品都摆放在我很容易够到的位置，除了令人头疼的服饰选购，因为我是那种宁愿钓鱼也不愿意买衣服的人，购物筐摆放的位置非常便于拿取，除非你现在缺钱，或者你是那种生来一次买书不会超过两本的人，否则在这样的环境下你会购买很多东西。

当然，我们都知道在不同的时间，对于不同的人，购物的意义是不同的。我们将购物当作治疗、奖赏、贿赂、消遣、娱乐，当作消磨时间的途径或是出门的借口、一种学习的方法，或是与意中人闲逛的方式。有一些患有强迫症的顾客不惜破财、损害自己银行账户的信用度，而将购物当作缓解压力的方法（最后他们不得不求助于12步疗法[①]）。有多少名人因为偷窃不值钱的小物件被捕而变得声名狼藉，这种事情每年在佛罗里达都会发生两三起。

在20世纪80年代，当东欧的移民到达美国，看见郊区一家普通超市里琳琅满目的商品后十分震撼。这些商店象征着自由市场的民主体制如何体现为简单的选择自由。在某个超市，我也曾有过宣泄购物的经历，大概是在20年前，有一段时间，作为一个不断发展的企业，Envirosell可能会成功，但在那时，这依然存在很大的不确定性——而我常常不名一文，像老黄牛一样辛勤地工作，然后将挣到的每一分钱转化为公司运营的资本。那时的情形很窘迫，例如，如果第二天在佛罗里达有个会议，我会订当天最晚最便宜的一班飞机，然后在半夜到达那里，再开着廉价租来的汽车去目的地。到达后，我将一米九的身躯尽可能地蜷缩在车里，然后小睡一会儿。醒来后去附近加油站的洗手间刮胡子、刷牙，尽力把自己装扮成一家成功

① 12步疗法：用来治疗强迫症和上瘾症的方法。——译者注

的调查公司的创业者去参加会议。虽然时间非常赶，但是在那一天，因为那次会议，公司的发展方向终于变得明确了。就在那天，我不经意间来到纽约南街港的帕斯马克超市，站在入口产品货架前，我突然意识到自己有能力购买这里的任何一种产品。我想买一点从儿时起就印象深刻的英国蜜饯生姜，尽管一罐就要四五美元，但是我完全可以忽略价格购买一罐，不用再吃便宜的韦尔奇葡萄酱了。在35岁的时候，我终于不用再为食物预算紧张而汗颜了。那时，身高一米九，体重99公斤，光头，留着小胡子的我，站在这些进口的果酱前面开始放声大哭。我因感激超市而涌出解脱、幸福和激动的泪水。从那天开始，一年中里几乎有一半的时间我都选择以英国蜜饯生姜、有机花生酱、英国松饼和一杯浓咖啡作为我的早餐。

并不是每个人都会在超市哭泣吧？在Envirosell，大部分的工作是找出顾客之间的差异，然后将这些顾客分类及归纳，这些资料对那些掌控购物环境的零售商和其他人可能有用。不出所料，在这个“男人来自火星，女人来自金星”的世界，我们非常关注男人和女人在商店里不同的行为。有些不同之处是可以预见的：**女人更擅长购物，而男人是桀骜不驯的“独行侠”。**但是随着男人和女人之间的关系的改变，他们的购物行为也发生了变化，而这对于商业来说意义深远。

我们研究的另外一个显著差异与购物者的年龄有关。以前，商店里虽有小孩，但他们的意见很少有人听取，但是今天这种现象早已改变，现在，在零售环境中，即使是小孩子的需求也会得到考虑。另一方面，老年顾客也非常重要，并不仅仅因为他们的人数，而是他们有资金和时间花费在购物上。老年顾客会改变21世纪商品的销售方式。还有很多文化和人口统计学方面的改变也是我们需要研究的地方。在后面的四章中，我们会发现顾客之间有何不同，这些不同是如何反映在购物中的。

第八章　像男人那样购物

购物：男人vs.女人

男人和女人在很多方面都不同，购物也不例外。传统观点是男人不喜欢购物，所以很少去购物，让他们耐心陪伴女人购物是一件非常困难的事。因此，从包装设计到广告、促销、店面设计和布置，整个购物环境通常是为了迎合女性消费者的喜好而设计的，或者说，传统的零售业就是这样运作的，这其实是无稽之谈。虽然现在有越来越多的女性在公司里身居高位，但我们仍然生活在一个由男性主导、男性设计，男性管理的世界里，当然，男人们似乎也期待女性参与进来。令人惋惜的是零售商们不理解女性爱购物的天性，开发男性市场方面也不太成功。有这样两个基本的理念：**基因决定了男人是天生的猎手——他们走进丛林，迅速捕杀，拖回战利品，存入地窖，这样才算成功；而女人则是天生的采集者——她们在甄别鉴赏中**

获得极大的愉悦感。因此，即便什么都不买，两个女人也能够在商场里度过愉快的一天。

很明显，女人与购物的关系更为密切。女人们以轻快的步伐在商场里穿梭，挑选商品，比较商品和价格，同售货员交流，问问题，试用，最后购买。一般而言，很多东西都是由女人购买的，通常她们也愿意去买东西。即使购买的只是普通的生活必需品，即便购物过程没有什么快乐可言，女人也很乐意认真地去做。有史以来，女人就负责日常用品的采买，并且常以自己谨慎而优秀的购物能力而自豪。在一次针对婴儿用品的调查中，受访女性都坚持认为她们不用去看也知道产品的价格（事实上，经过进一步的调查，我们发现多数人都说错了）。随着女性社会角色的转换，女性的购物行为也在发生变化，在购物方面女人变得越来越像男人，但是她们仍然是市场上的主要购物人群。

相比较而言，男人购物就更为速战速决，缺乏诗情画意。通过长期观察，我们发现男人穿过商场通道的速度比女人快，男人也很少左顾右盼。**多数情况下，很难让男人去浏览那些他们没打算购买的商品，他们不喜欢询问商品在哪儿，也不喜欢问别的问题（男人的购物方式和开车差不多）。**如果男人找不到他要买的东西，就会自己在商场里转来转去，转了一两圈之后还没找到，就直接离开，他们甚至不会去寻求帮助。你会看见很多人就此作罢。

你常常会看见有的男人急急忙忙地来到商场里，径直走到货柜前，找到要买的东西，不假思索拿起来就去付款，在整个购物过程中没有任何愉悦感。举一个典型的例子：如果是年长的男性购买李维斯经典款式的卡其裤，他往往会冲向柜台，找到一条自己尺码的裤子就马上跑向收银台，仿佛在商店里多待一秒钟就会有损其阳刚形象。有趣的是，像户外品牌卡贝拉、REI甚至是里昂 · 比恩的实体店，设计时都考虑到方便年长的男性购买皮带、裤子和内衣裤的情况，将这些商品放在了钓鱼、打猎用具和户外运动器械的中间。还有哈雷－戴维森的零售店，中年男性不仅可以在那里买到服装，也可以为他们的孩子买点儿东西。

当一个男性顾客在购物的时候，可千万不要挡他的道，否则就不会有好结果。当男人把衣服拿到试衣间后，如果他没买这件衣服，唯一的原因就是衣服不合身。但是女人就不一样了，女人认为试穿仅仅是整个考虑过程中的一个环节，即使衣服合身，也很可能因为其他原因而不想购买。通过调查，我们发现，**65%的男性购物者在试穿衣服后会购买，而只有25%的女性会购买试穿的衣服**。这也说明，如果试衣间是男女共用的话，应该把试衣间设在靠近男装而不是靠近女装的地方。如果男女试衣间是分开的话，就应该保证男试衣间十分醒目地设在入口处，否则男人会因为麻烦而放弃试衣服。

还有一组统计比较数字：**86%的女人在购物时会看标价**

牌，而只有72%的男性会这样做，对于男性而言，好像忽略价格标签是一种显示男子汉气概的方法。因此，男人也更容易被人说动，他们总是急于要离开的样子，别人说什么他们都会同意。

现在，你可能会认为这类购物者制造的麻烦大于创造的价值，但他们也可能是利润的来源，特别是男人对于购物没有什么原则这一点。不管怎么说，现在男人的购物量确实比以前多了，而且这个趋势还会持续。现在男人单身的时间比以前长，因此他们不得不学会购买一些父辈们根本不必考虑的东西。加之现在已婚女人的工作时间和强度也和男性一样，因此男人也不得不多承担一些购物的责任。那些关注男人购物方式并迎合他们需求的制造商、零售商和产品设计者在未来的几十年里一定会获得竞争优势。

接近男人，卖给女人

男人最常去的购物场所就是超市。超市里产品丰富，购买方便，在这儿你可以观察到男性顾客们随心所欲地放弃他们的购物原则。在一次对超市的研究中，我们计算了手里拿着购物清单的顾客人数。几乎所有的女顾客都有清单，而拿着清单的男性则不到1/4。掌管家庭预算的女人不会让毫无购物经验的丈夫一个人去超市购物。一起去购物时，让丈夫负责运输工具

（哪怕仅仅是购物车）也只是想强调男人的参与。如果要把孩子们扔给爸爸，女人就必须有思想准备——孩子想买零食时，爸爸绝不会说“不”。别忘了，当爸爸的部分职责就是提供生活用品，而且这也符合男人心中的自我定位。

我花了几百个小时来观察男人在超市的情形。有一段录像我特别喜欢看：在摆放点心的通道，一位爸爸把小女儿扛在肩上，这个小女孩要动物饼干，爸爸就从架子上取了一盒打开后给她，爸爸根本就没想到饼干屑会落在自己的脑袋和肩膀上。很难想象妈妈会做出这样的事来。我们在观察一个男人和他两个小儿子的购物时发现了男人购物的另一个特点：他们在零食通道上走，当小男孩向爸爸要他们喜欢的牌子的食品时，这位爸爸就从货架上拿下来一盒，虽然盒子用的是可再封包装，但他并没有沿着封口去开盒子，而是直接把盒子从上面撕开。因为他很清楚一旦孩子开始吃了，就根本没有必要再把盒子封上。

不管对男人还是女人来说，超市都是能诱发购物欲望的地方。对副食销售行业的研究表明，超市里60%—70%的消费都是额外购买。但是，男人特别容易被孩子的恳求说动，也更容易受展品的影响。

在超市收款机旁边拍的录像片中，我们发现男人还有一个喜欢“挥霍”的行为特点——几乎总是男人在付款。尤其当男人和女人一起去购物时，男人总是坚持要掏钱付账，动作迅速地把一叠钱递上，以免让收款员误以为是女主人把烤肉买回家的。因此，**零售商把男人称作“钱包”或是有一种“接近男人，卖给女人”的说法就都毫不奇怪了。因为男人也许不喜欢购物，但是他们能享受到付款的乐趣。**付款使他们觉得一切都在自己的掌控之下，尽管有时事实并非如此。那些卖舞会礼服的商店尤其要充分利用这个特点。通常情况下，如果不是妈妈而是爸爸单独陪着来礼服店，小女孩就可以得到一件昂贵的衣服。

我最喜欢的专卖店之一是娃娃屋。这家商店是全美最能将钱从父亲们的口袋中掏出来的商店之一。如果你还不知道那是什么地方，那么让我来告诉你，这是个玩具店。每个玩具都有一个主题，纪念美国历史上各个不同的历史时刻。玩具娃娃的肤色和发色与主题相符，并且还取了与时代相称的名字，比如阿迪或者费利西蒂，这些娃娃还附带简历。你可以给你9岁的女儿和她的玩具娃娃购买同一款服装。专卖店里有一个美容室可以给玩具娃娃做头发，还有一家玩具娃娃医院、一个咖啡店，里面有专门设计的座位可以让你的玩具娃娃跟你坐在一起喝咖啡，甚至还有一家剧院，上演每个玩具娃娃背后的精彩故事。算上图书和杂志的话，光顾这家店的人平均每人要消费几百美元。咖啡店每天只有5个座位，而周末的座位通常在6个月前就已经被预订了。对于许多8—9岁的美国小女孩来说，说服父母周末带她们去这个娃娃屋是梦寐以求的生日礼物。现在美国娃娃屋已经开设了3家专卖店，总店在芝加哥，后来在纽约和洛杉矶也开了分店。我认为娃娃屋唯一能够改进的地方，可能就是还缺一个娃娃屋大酒店，或者是在附近的酒店设一层玩具娃娃展示厅，里面放上各类玩具娃娃用床和睡衣。我很喜欢带国外游客去娃娃屋，常常讨论在法国或日本开娃娃屋会不会像美国的娃娃屋那样成功地把钱从父亲们的腰包里掏出来。

学习型的男性顾客

在购买某些特定的物品方面，男人也会让女人觉得惭愧。我们调查过一家商场，接受访问的男人中有17%每周到这个商场的次数超过一次；大约1/4的男人称外出时并没有打算去商场购物，仅仅是出于好奇，后来还是去了。当然，这个调查结果可能与这是家计算机商店有关。以前，男人们对新技术和发明的关注焦点是汽车和音响设备，现在则是计算机硬件和软件。很显然，很多顾客到商店只是为了了解信息，从录像带中我们发现很多男人在专心地阅读软件包装和其他宣传材料，这家店是男人买软件的地方，同时也是他们学习的地方。这再次表明了男人购物的另一个特征：**就像他们不喜欢问店员方向类问题一样，男人喜欢自己从文字材料、宣传视频或计算机屏幕上获取第一手信息。**

几年前我们为一家无线电话商做了一个调研，他们正要设计零售店的模型。我们发现男人和女人在这个地方购物的方式完全不同。女人总是直接走到柜台边，向店员询问有关电话及相关业务的各种问题；而男人却直接来到电话展台和介绍产品的宣传板旁边，拿了宣传册和申请表就走，整个过程中没有跟任何服务员说话。当这些男人再回到店里时，就是来签约了，而女人在做决定之前平均要光顾3次商店，咨询的问题也更多。

当然，男女的社会角色也是在不断变化的。2008年，接受高等教育的学生中，女性占绝对优势。这不仅是在大学教育领域，在法学院和医学院的情况也是如此。现在除了工程和数学领域，女生几乎在所有其他研究生专业中占主导地位。但是收入的天平仍然倾向男性，而且晋升的天花板存在于大多数行业。但是女人们手中可以自由支配的钱从来也没有像现在这样多。

在多数情况下，买汽车时还是男人拿主意（尽管在买新车时女人的意见也很重要）；购买居家用品时男人和女人也有着不同分工：女人负责买那些在室内用的东西，而男人则负责购买那些在室外用的东西，例如割草机及其他修整花园和草坪的设备、野餐烤架、水管等。

让我们再从人口统计学的角度来看看男性与女性的社会角色。2002年的美国人口普查显示，只有24%的美国家庭是由双亲以及未独立的孩子组成的。约有15%的家庭是由单亲抚养孩子。这就意味着有约有60%的美国家庭没有孩子（有些夫妇没有儿女，有些则是空巢老人），而剩下的就是非传统型的居住模式：合租、成年人跟父母住在一起或单身独居等。这种情况下，我们还是要考虑到底把东西卖给谁这个基本问题，但是对那些以非传统型居家方式生活的顾客我们以前并没有给予过多的关注。在北美的街上，汽车约有一半是女人开的，虽然汽车经销店仍然是女性消费者最不愿意去的地方之一。

市场供应与消费者需求脱节最严重的领域之一是房市。在过去10年中建造的新房都是按核心家庭的需求设计的：一间主人房外加几间小一些的儿童房。如果需要为非传统型家庭提供住房，那么有两间拥有独立卫生间的户型会卖得又快又好。

在全世界范围内，要过中产阶级的生活就必须有两份收入。1965年我父亲在马里兰州的切维蔡斯购买了一套房子，当时房价相当于他一年的年薪。他的年收入是4万美元，而房子也是这个价钱。而今天，如果有人住在一幢价格相当于其年收入的房子里面，我就不知道是该嫉妒还是该同情。也就是说，我们决定要把钱花在哪里的想法会一变再变。

吸引男性，贴近女性

男人即使没在购物，也会参与到购物过程中。众所周知，正如我前面提到的，顾客买多少东西与他们在商店里花多少时间是直接相关的。多次的调查表明，无论是独自，还是和同性或是小孩相比，女人与男人逛商店花的时间都是最少的。下面是我们在某家全美家居用品连锁店进行调查时得到的女人平均购物时间的详细分类：

女人在同性陪同下的购物时间：8分15秒

女人和小孩：7分19秒

女人自己：5分2秒

女人和男人：4分41秒

上面发生的各种情况都很好理解：当两个女人一起购物时，她们会不停地聊天、相互劝说、建议和商量事情，因此在商店里待的时间就长；女人和小孩一起时，要抽出时间来照顾小孩；女人自己一个人时，就会充分利用时间；但是和男人一起购物时，男人总是表现出很厌烦的样子，就像热锅上的蚂蚁一样忐忑不安，随时准备出去，想去车里坐着听音乐或者站在外面看美女。因此，当男人在身边时，女人的舒适惬意感荡然无存，反而在整个购物过程中觉得既焦虑又匆忙。如果男人能耐心一点，女人就会轻松愉快一些，也就会逛更长的时间、花更多的钱。有两个策略可用来应对男人因购物而紧张的情况。

第一个策略是被动牵引，卖女士用品的商店也应想一些办法来吸引男士。如果我是“维多利亚的秘密”的老板，我会在店里给女人设置一个“寄存”丈夫的地方，就像寄存大衣一样。有一个地方男人待着还是比较轻松自在的，那就是理发店。我不会要理发店里那种破旧的椅子和过期的《花花公子》及《拳击画刊》，也许我会在大型电视屏幕前放一些很舒适的椅子，并把电视调到体育新闻网（ESPN）或播放钓鱼节目的有线频道。虽然有些事情很简单地就能大大减轻妻子在购物时的焦虑，但仍可以考虑更多的措施：在店内播放《体育画报》节目，比如关于泳装生产史的纪录片，或者播放美国国家橄榄球联盟（NFL）上周的精彩回放。

如果要开一家让女人可以轻松购物的店，我会让它挨着男人感兴趣的商店。比如计算机商店或者是汽车配件店，在那儿男人可以轻松度过半小时。同样，如果要开一家计算机软件商店，我会把它开在女士服装店的旁边，以保证有更多男士会光临此店。

你还可以尽量推销东西给被动进入店中的顾客。女装店可为来此购买礼物——如丝巾或睡衣一类，而不是鞋和裤子——的男士准备各类产品的宣传片。这里的礼品购物卡应该也很好卖，因为男人已知道女人喜欢这家店。维多利亚的秘密为男士准备的产品宣传片制作极其精良，有时他们甚至会办一个小型的时装秀。

唯一要值得提醒的是：必须注意这种促销区的位置。要让顾客很容易就找到它，但也不能让它离入口太近，以免让橱窗前浏览的顾客一眼就看见这样的场景：6个矮胖而笨拙的男人穿着风衣，懒散地靠在躺椅上看电视。

第二个策略更好，就是**设法使男人也参与购物**。对于有些类型的产品来说，要做到这点有点难，但也并不是不可能。

我们为大型瓷器餐具制造和零售商普法尔茨格拉夫公司做过一个调研。那里的顾客有一个特点：只要钟爱某一种图案款式，往往就会购买整套餐具，包括从餐盘、咖啡杯到芥末瓶、大浅盘和套餐巾用的小环等很多小东西。到这家商店买东西是很费时的，尤其是算上交款和打包（以免把东西打碎）的时间，长时间的等候让男人几乎失去了耐性。然而，普法尔茨格拉夫公司的经销店做的每单生意交易额一般都有上百美元，因此要设法使男人参与到购物中来。

在看录像带时我们发现，不知为何，男人总爱去商店的玻璃器皿销售区，他们总是避开调味汁瓶和勺子架等东西，却在圆底酒杯和葡萄酒杯中间看来看去。有一次，我们看见两个男子绕过很多东西来到玻璃啤酒杯货架，其中一个人一手拿起杯子，另一只手抓住想象中的酒瓶塞，把它拔出来，然后把玻璃杯斜过来好像要往里面倒酒的样子。我想，当朋友来家里就餐时，当然是女人在厨房里做饭，那男人在做什么呢？在准备酒水。这是社会上广为接受的男人角色。因此，男人对酒吧间男招待使用的所有装备和工具都感兴趣，包括每件不同类型的玻璃制品的用途，还有开塞钻、冰钳、餐刀和搅拌器等，这使他们更有男人味。

我首先想到一点：商店应该放一些假的酒瓶塞给男人当道

具用。后来我们建议商店把所有的玻璃器皿放在一块儿，构成一个酒吧酒具区，并在墙上挂几张大图，比如男人开酒瓶的照片或者男人用精致的铬合金搅拌器调配马提尼鸡尾酒的照片。这些照片就可以告诉男人，这个酒具区是为他们准备的，他们可以在此购物。不同类型的开瓶器也可以放在这儿。另外，由于男人喜欢通过阅读来获取信息，商店可以制作一张图表来说明不同玻璃器皿的用处，比如球形大玻璃杯、高脚酒杯、细长酒杯、冰杯、啤酒杯等。

通过上述办法，就把原本给生意拖后腿，以及影响购物的男人也变成了顾客。或者至少可以说，是把他们变成了一个有兴致的旁观者。

我们对家具制造商托马斯维尔公司进行调研后也认为，男人参与得越多，像这样大单的销售就越容易。办法很简单：利用显示屏或海报等图片来说明家具制造的过程，并通过拼接、断面等用视觉技术处理过的图像来证明这些家具不仅外表好看，而且做工精良。强调家具的构造可以使男人不那么抗拒它高昂的价格，而且在女人仔细研究室内装潢风格的时候，男人也可以有这些东西解解闷。

有一种东西男人比女人买得多，那就是啤酒。无论啤酒在哪里出售，超市还是便利店，男人都会购买。他们还会买些垃圾食品，如油炸薯片、脆饼干、果仁以及其他休闲食品。因此，我们建议一家超市每周六下午3点在啤酒通道举行一个啤酒品尝活动。这个活动可以推广小型啤酒制造商的啤酒，也可以宣传某个主要品牌的新啤酒，这都没有关系。品尝活动可刺激啤酒的销售，但这也不是关键。这个活动的真正价值在于它会招来更多的男性顾客，使超市变得更加符合男性的需求。

Envirosell公司为巴西的顶尖啤酒品牌博浪做的试点性促销告诉了我们另外一个道理。在试点过程中，该公司着重把啤酒展销区设计得更贴近女性，这背后的理念是女性除了为自己，还为朋友买啤酒。那里摆出了所有性感女神的人形立牌（暂且不管啤酒和乳沟到底有什么关系），还挂上了家庭用餐时成年男女一起饮用啤酒的图片。一夜之间，销量就上升了20%。在美国，啤酒消费者中女性只占很小一部分，但是女人一旦购买，就会买很多。因此，如果说男人通常会买6罐啤酒，女人则会买12罐。所以结论是：女人为了开派对而买啤酒，而男人则为了一个人的派对买啤酒。

聪明的零售商们请注意了：做任何生意都必须密切关注男性和女性在社会上不停变幻的角色，未来属于那些先知先觉的人。**有一条普遍的黄金法则：在女性消费者占主导的产品领域，想出吸引男性的方法，当然同时也不能疏远女性。**

比如，我们来看一看在过去大约10年里，美国的厨房发生了什么变化。曾经一度是女人包揽了所有的买菜做饭的事情；但是现在，女人也要工作，男人就不得不做饭、打扫卫生和洗衣服。男人做这些事情以前是可爱的象征，但现在已变成了生活的必需。罗伯特·帕克笔下的侦探英雄斯潘塞也下厨做饭。厨房里的男人别有一番迷人之处。

同时，厨房用具也变得男性化了，这是偶然现象吗？以前买冰箱或炉子时有暗绿色或金黄色的款式可供选择；但现在流行的炉子多数都具备工业品质，有6个炉膛，并带敞开式的煤气烤架。流行款的冰箱都很大，由不锈钢、铝和玻璃制成。走进一家威廉斯–索诺马这样的梦幻厨具店，你会发现一种用于专门给奶酪裹糖屑的小吹管很受欢迎。是美国人开始喜欢做工精细富含脂肪的法国甜点了，还是男人在厨房里更喜欢用微型火焰喷射器来点火了呢？

同样，随着女人单身时间的延长，有时还会因离婚而再次单身，原来那种老式的专门针对男人的五金工具店正在被淘汰。Ace和“真值”这两家五金店在吸引女性消费者方面做得很不错。这两家店里很多东西已没有性别差异，女主人在那里可以慢慢学习，找到使用工具的乐趣（要做到这种改变，最简单的一个方法是雇用更多的女店员）。

再来看微波炉是怎样销售的，产品彩页上最突出的特征就是瓦特数。我们对购买真空吸尘器的男人进行了采访，当问到什么特性最重要时，回答是“吸力”，也就是功率。因此，现在的吸尘器都以大功率为卖点。通过这两种情况可以看出，家用设备男性化的特征越来越明显，而男人本身的男性特征却在减弱，上述两种情况似乎有折中倾向。

即使是特效洗衣剂和其他家用产品也都在考虑男性顾客了。我不知道宝洁或利华兄弟公司是如何考虑的，但是他们把纸巾叫作“慷慨”，把衣物清洁剂叫作“勇敢”，除了想使男人在买产品时有面子之外，还有别的原因吗？有几个女人想要“沉重的袋子”？那么男人呢？男性化的名字过去都用在汽车上，现在这些名字也用在洗涤剂上面了。20世纪90年代很成功的一个肥皂品牌不是那些花里胡哨的名字，而是“利华2000”，这个名字用在计算机或新电器上也会很合适。我开“利华2000”车的时间也指日可待了。

当男人开始为自己和女人买内衣

撇开购物不说，我们来看一下当代男性欲望的基本体现方式——想一想玛丽莲·梦露和安吉丽娜·朱莉的区别。安吉丽娜的肱二头肌也许比弗兰克·西纳特拉和罗伯特·肯尼迪加在一起还要壮硕，和30年前的偶像相比，她没有令人羡慕的翘臀，而且肌肉发达。

男人已开始自己买套装和鞋了，但是其他的东西一般还是女人在买，尤其是男人的袜子和内衣。不过，现在情况也有所变化，男人更加关注自己的服饰，女人即使不给男人买内裤也有很多事做。在凯马特男装店，有时男女顾客的比例为1：2甚至是1：3；但是在高档的男装店，在高消费阶层，买男装的男人却比女人多。我们在录像带中看见了现代美国男人的一个典型生活片断：一个男人在内衣前面若有所思地逛来逛去，突然，他把自己的腰带取下来，伸长脖子仔细看。最后，总算知道了自己穿几号的内裤。想一想如果女人不知道自己的内衣尺寸会是什么样子，这是不可能的。我们希望不久后每个男人也都知道自己的内衣尺寸。

有人很肯定地告诉我，女人买贴身内衣通常也要亲自试穿，我猜是穿在自己的内衣裤外面。不知道在有生之年是否会看到一个男人拿着一包内裤走进试衣间。

女人不再给男人买内衣了，那么男人会开始为女人购买内衣吗？一个珠宝商告诉我："很多珠宝都卖给了那些想重回家门的男人。"很多丈夫或男友都愿意给女人买昂贵的内衣或珠宝作为礼物，但是这些商品以及卖这些东西的商店却常常令男人不知所措。男人连自己的尺寸都记不住，怎么可能记住女人的呢？尤其是女人除了睡衣、睡袍之外，还有文胸、内裤要考虑。他怎么保证自己买的戒指或项链是女人想要的那种，颜色究竟适不适合呢？我们经常看见有些男人犹豫不决地走进这片女性天地，在里面东张西望，可能是在挑选商品，但很快就会逃出去，满脸的忧虑和疑惑。这些珠宝公司应该对售货员进行专门的培训，教他们如何循循善诱这些在女性商品前不知所措的男人们，并争取把这些人笼络为商店的老主顾，这确实是个不错的主意，特别是考虑到珠宝或内衣高昂的价格。

肯定有办法简化服装尺寸这个问题，让男女能为彼此购买服装。也许最简单的办法就是让女人把自己的尺寸登记在她喜欢的商店里，然后告诉男人到那个商店去买。很多男人都有给女人买内衣的意愿，第一家这样做的商店肯定能取得成功。此外，当男人们购物完毕，可能不太愿意被别人看见拎着粉红的购物袋出来。

零售商必须解决的另一个与性别相关的问题是：**在同时销售男女服饰的店里，怎样巧妙地告诉顾客男装在哪儿，女装在哪儿。**以前，要把男装和女装挨着摆在同一个地方销售简直不可思议，但到了20世纪60年代，二者之间的隔墙就推翻了，只是仍有一些问题要解决。现在的性别提示方法，就算是在盖普和J.Crew（同时经营男女服饰的商店）这样的店里，也都不太有效。顾客很可能在那些鞋子、毛衣或者牛仔裤中挑了10分钟后，突然发现这些衣物原来是给异性准备的。

打开任何一个女人的衣橱，都会发现里面挂着些男士衣物，如牛仔夹克、宽松羊毛衫、T恤。我的妻子常常突袭衣柜随意掠夺我的衣服。即使这样也无损她的女性魅力，但我却不能这样做。

还有一个问题，就是男同性恋在这性别概念日趋模糊的商场中是如何找到切入点的。还有男同性恋和女同性恋在购物时所追求的东西跟异性恋的男女相比究竟有什么不同。

不用说，大多数关于同性恋文化的归纳总结都是有问题的。有的女同性恋习惯穿背后扣扣的法兰绒T恤和卡其裤，也有的只喜欢在周末晚上盛装出门。有的男同性恋把自己想象成《飞车党》中的马龙·白兰度，也有的衣冠不整，还有的每天早上都要整理自己的衣橱，那劲头你在西点军校的新生营房绝不会看到。同性恋者的购物范围跟异性恋者其实是一样的。唯一的区别是，同性恋圈子就好比一个文化风向标，对于什么东西流行，什么东西过时有着非同一般的洞察、直觉和品位。同性恋潮流指向哪里，人们通常就走向哪里，这一点有着完美下颌线、背普拉达包的都市精致男一定会第一个承认。

同时有很多异性恋者不喜欢承认这一点。异性恋男性消费者看到内衣裤盒子上面穿着紧身内裤的模特图片，就会觉得很尴尬，仿佛想要拿一只牛皮纸袋把买的短裤藏进去才敢去结账。但是尴尬本身也许恰恰证明了那些令人血脉贲张的健美男子图片达到了一定的效果。无论是同性恋还是“直男”（异性恋男人），年轻的都希望有6块线条清晰的腹肌，随着年纪的增长，他们都会照镜子，看看自己疲劳的双眼、增大的侧腹、萎缩的肌肉。而零售界同样也要考虑到直男和同性恋一样都希望自己肌肉紧实，身材健美。区别只在于，直男中只有很少的人愿意承认这一点，或者表现出真的很在乎，因为这不符合他心目中典型的男子汉形象。

一般来说，零售业还没有给这种微妙的心理活动一个舒适的空间。女同性恋也面临同样的困惑。跟男同性恋不同的是，她们中有很多人真的去男装部购买想要的东西。零售界给女同性恋的机动余地要少于男同性恋。我认识的一个自称“很爷儿们”的女同性恋，买衣服总是很困难，即使是最最基本的服饰。这可能是她痛恨购物的原因，她总是在网上购买东西。商店里面摆出来的衣服都太女性化了，轻佻又烦琐，都是设计成引诱别人的样式。裤子是另一个大问题。一排排都是低腰裤，根本不是她的风格。而鞋子呢？也是死胡同。她常常在最后溜到男装部，找男士穿的最普通的平跟鞋，任何款式都接受，只要这鞋不算太寒碜而且穿上以后不会像《绿野仙踪》里的南方女巫。她的衣橱里最多的是经典款式的休闲衣裤——宽松的卡其裤，虽然是为女性设计的，但是看上去却像你大哥可能会穿的东西。工作的时候，她就一切从简，轮流穿那两件黑色的艾琳·费雪套装。如果她能够穿宽松裤和T恤度过一整天，就已经心满意足了。拿她的原话说，即使是才20出头的时候，购物也会让她感觉自己过着双重的生活。

值得注意的是，很多女同性恋其实是相当古板的。尤其是有孩子的女同性恋夫妇。她们的保守体现在社交上而不是政治上。她们当中有很多人不喜欢大费周章地购物或者对着衣模上面挂着的最新款的礼服评头论足，跟男人一样，她们只想让购物速战速决。

同性恋的男女已经公开了自己的同性恋身份，这是件需要勇气的事情。零售商们不应该让他们不得不再回去隐瞒这一点。“同性恋市场”是真实存在的，而那些关注这个市场的人们，则会得到相应的收获。

再说说传统型家庭中的男性。还记得吗，以前男人中只有产科医师才能看见婴儿出生的过程？但现在爸爸几乎跟妈妈进产房一样，已经成为必需。男人重新定义他们的角色，即作为父亲的角色，就要适应新的角色，在生活的方方面面都会发生巨大的变化，购物方面也不例外。

比如，我父亲那一辈的男人都没有买Junior（一种空气压缩器）或尿布并在星期六早上短程郊游的习惯，而现在这几乎成了惯例。这就是为什么现在高级的男士盥洗室里面有给孩子换尿布的隔间的原因，而且麦当劳的广告里也总是有很多爸爸和孩子在一起，却没有妈妈，星期六妈妈们可能还在办公室加班呢。反正妈妈也不会让孩子们吃巨无霸汉堡。这并不是美国特有的现象，我对米兰市繁华街区在星期六的情况进行过观察，发现大概一半的婴儿车都是由爸爸推着的，显然爸爸们喜欢推车。

我们测试过波士顿一家商场里卖李维斯牛仔裤的试点区域，其中的一个目的就是设法吸引20—30岁左右的男性顾客。我们在录像中看到，一个男青年穿过通道来到这个卖牛仔裤的区域，后面跟着他的妻子和孩子，男人推着婴儿车。他们一起挑牛仔裤，显然他想要购买靠墙货架上的牛仔裤，但是在他和裤子之间摆着别的服装架，推着婴儿车过不去。从他的行为可以看出这人是怎么想的：难道为了买条牛仔裤就得走开而让老婆孩子单独待在通道那儿吗？像绝大多数人一样，他没有去买裤子。在美国，有很多销售场所推着婴儿车都进不去，这就相当于阻碍了大部分20—30岁左右的消费者去购物。

当男人变成爸爸

20年前极少有父亲给小孩买衣服，如今，**男人在童装区买东西已经非常普遍了。**然而，服装厂家还没有跟上这个变化，之所以这么说，很明显的一个依据就是童装的尺寸是所有服装中最让人糊涂的，多数父母都对此感到失望。如果哪天童装尺寸能与孩子的年龄直接挂钩，那么男人就会在给孩子买衣服这件事上多尽一份力。在此我还要强调，只有父亲才会突然冒出并放纵自己的想法：给儿子买天鹅绒的家居便服，或者给女儿买迷你舞会礼服。

随着星期六早晨的到来，爸爸要装东西了，包括奶瓶、烤面包、尿布、婴儿香粉、药膏、抹布等类似的东西，要把这些东西放进哪里呢？肯定不是妻子强塞给他的那个粉红色尼龙大包。事实上，他可能对目前可供选择的包都不是很满意，因为连装尿布的黑包上都写着“妈妈”的字样。给爸爸提供装尿布的“瑞士军包”怎么样？看起来像运动包的耐克尼龙包怎么样？或者更好一点，给他提供一个哈雷–戴维森品牌的婴儿推车，车里配一个黑色的装尿布的皮包，情况又会怎样呢？整个婴儿产品都需要重新设计。

拯救女性购物领域中的尴尬男人

男人也会光顾一些女性的传统领地，但是这些地方应该考虑到男人的男子气概，避免娘娘腔的元素。在很多商店，地上和墙上的所有东西似乎都在对闯进来的莽撞男人说："离开这儿！你不属于这儿！"我办公室附近有家卖餐具的商店，那儿就很不错，因为我进去后丝毫没有粗人闯进瓷器店的感觉。但是，在布鲁明戴尔商店里的皇家道尔顿陶器区域，我感觉就像是回到了祖母的饭厅，让我十分惊恐。

这样的地方还有不少，男人在此本可以很高兴地购物，而且那里也确实有他们想买或者需要的东西。比如，现在的男性保健和修饰用品比以前多很多。但是，看一下这些产品的销售方式，你就会明白大多数男人绝不可能成为购买者。

在连锁杂货店和超市里面，卖这些产品的地方其氛围绝对是女人味十足。洗发水、肥皂以及其他男女都能用的产品，它们的包装和名称都很女性化，就好像买这些东西的人都是女人，这就成了一种自我设限的宣传。男人专用的产品，像剃须膏、洗发水和除味剂等，夹在那些散发着芳香的女用产品中间，摆在一个很不起眼的小角落里。那儿不是男人的领地，换句话说，男人怎么会去买呢？

传统的美容美发行业总是通过走高档路线发达起来的。雅诗兰黛和欧莱雅已经说服了女人们在晚霜上面花点小钱是一项值得的投资，但这对于男性市场来说不是最好的方法。成功推广男性护肤用品的关键在于合理的陈列，谨慎的措辞和恰当的包装。专门针对户外工作的男士专用润肤霜和防晒霜市场（其用户如警察、建筑工人、电视电缆或电话线的安装人员、马路工作人员）的发展潜力是巨大的，而且还远远没有打开。但是，这些男人绝不会在腮红和遮盖霜的产品堆里去找他们要的东西。当然也不会买那些看上去像是女人和孩子用的物品。如果在传统的销售护肤美容产品的地方转上一圈，你可能会误以为男人不需要护肤，但事实上，男人的皮肤也同样需要护理。

哈雷–戴维森经销店就提供了一个好的解决方案。这家公司为男性护肤用品起名字可以随心所欲——防晒盾、防风护理，或者是皮肤防护剂。关键的一点是，他们开创了一种开放式的、模糊的护肤理念，再加上一些短小精悍的名称。比如古朴（Goop）——是一种除油剂，或者山岩肥皂——是用来去除松香的。总之，要像卖杀手用品一样来推销这些产品。如果哈雷开了这个头，那么约翰迪尔公司和卡特彼勒公司可能会跟风，这样的话，预防皮肤癌的事业又扎扎实实地向前迈了一大步。

医疗诊所里有全套的男用修面和护肤产品。但是，在纽约老牌的伯格道夫·古德曼百货商场里面，只能在一层卖女士化妆品的店里找到这些产品，甚至在第五大道的男士用品店里也没有这些东西卖。谁会想到剃须膏会在口红的旁边？我承认是有很多女人给男人买这些产品，但是，这已经是老皇历了，并不是将来的方式。吉列公司生产针对不同肤质的剃须膏，毫无疑问是给男士用的，但是男人怎样才能知道自己属于什么肤质呢？在墙上张贴一个简单的图表就能解决问题，但是还没见过有人这样做。最近访问了一家全美连锁的百货店，它位于曼哈顿切尔西，那儿是男同性恋者的聚居区。即使这家商场也并不重视男性，男用产品（仅包括除味剂，少量修饰头发的产品，一些止汗剂和一种护发剂）被挤到胶卷冲洗柜台和一次性剃须刀之间的一个角落里。这家商场位置很好，本来可以树立男用产品销售区的典范，但是它却跟其他商店一样毫无生机。

为男人生产专用产品，并为其提供专门购买的地方，这将是一个很好的开端，但这样做仍然是在仿效女性护肤美容化妆品销售区的套路。要想吸引男性，就必须从头开始，设计一个“男士健康用品”销售区域，这个区域里面应该有护肤品、修饰品、剃须用品、洗发护发品、香水、避孕套、肌肉疗伤品、非处方药和维生素，还要有针对疾病（男人跟女人一样，也受到这些疾病的折磨）的辅助治疗用品和草药。这个店里面还可以卖一些体育运动用品，像运动袜、T恤、防护品、弹力绷带等，还应该展示一些护肤、健康、健身和形象等方面的书刊。

这个店本身从装修到包装设计都应该具有男子气概。在宣传策划时应该时时不忘男性的特点：广告牌要大而醒目，所有的东西要很容易就能找到。

过去10年中，在期刊领域中最成功的要算《时尚健康》（男士版），它的销量急速上升，每月超过150万册，比《绅士》《君子》《男士期刊》以及其他所有杂志都要多得多。既然杂志能够如此火爆，为什么商店就不行呢？

第九章　女人到底想要什么

在写这章内容之前，请允许我花点时间谈谈一家大型机构的消失，以及战后美国男性某种精神堡垒的瓦解。

被女人扔进达尔文垃圾箱的商家

我说的是乔氏五金店，它也许叫吉姆五金店，不过这没有关系，反正大家都知道那个地方。在那儿，地板吱吱嘎嘎地响，空气中散发着橡胶和四合一涂油的怪味，大木箱里放着每百根10便士的3寸大钉。店里还有绳子、弯头、神秘的带子、铜线圈、防水密封剂、曲形钉、大头钉、钉书钉、垫圈、螺丝、螺钉、别针、套管、支架、轴承座、凸缘工具、铰链、密封垫、薄垫片、木制螺丝、金属片螺丝等，墙上挂历中为工具做广告的小姐穿着紧身衬衣，露出诱人的乳沟，手里挥动着刮刨工具。再看另外一边，有人站在摇摇晃晃的梯子上面，嘴里叼着劣质方头雪茄，在一个装插销的旧箱子里翻来翻去，脚上笨重的长靴散发出一阵阵气味，他嘴里还在小声地抱怨——那就是乔本人。

后来他怎么样了呢？去世了。那他的商店呢？也关门了。

是谁结束了它的生命？你的想法是什么？

是那些女人！她们不到乔的商店买东西，我说得不对吗？这个可怜的家伙想为人们提供所需的每一样东西，但事实上商店里的东西总是不够。有时颜色不对，有时样式太少，而且这个店里还散发着廉价雪茄的怪味。

再见吧，乔。

在购物世界里，女人能引起如此巨大的转变毫不令人奇怪。购物总是与女性相联，它简直就是女人的代名词。男人们购物其实是在进行一项天生属于女性的活动（他们做这事往往是很勉强的），**如果零售商或厂家不能满足女人的需求，那就有可能被女人扔进达尔文的“垃圾箱”，像恐龙一样从地球上消失。**

还需要更多的例证吗？只需三个字——缝纫机。

在20世纪50年代，75%以上的美国家庭都拥有缝纫机，但现在的比例还不到5%。类似乔的命运又重演了，但这回是辛格先生（事实上，这个缝纫机巨子已经改行经营军事武器了）。以前，女人总是在家里给自己和家人做衣服，并不断地对衣服缝缝补补直到实在不能穿为止。在过去的30年里，经济情况发生了巨变，除了缝缝松动的纽扣，女人不再做任何大规模的缝纫工作了。

最后一个例证呢？百货店的优惠券。

这东西没什么用了。2007年，通过报纸、杂志或者邮件分发出去的优惠券中兑换了的还不到3%（因此，优惠券行业试图在网上试行业务）。女人的生活已经发生了很大的变化，人们认为在餐桌旁弓着腰剪《军号日报》（*Daily Bugle*）上的优惠券，就跟自己做黄油一样费力。不过，也有一些人喜欢优惠券——老年人，特别精打细算的人，以及那些不上班成天在家的主妇。除了这些人之外，优惠券毫无作用。

当然，大家都知道，现在的男人正变得越来越好，越来越有关爱之心，对购物也越来越敏感，他们也愿意承担一些日常用品采购等家庭责任。但不能忘记，这种变化主要还是在女性温柔的推动下（如果没有使用暴力来推动或强迫的话）才产生的。我们还应记住，即使将来零售市场上会更多地关注男性，多数时候市场也还是跟着女性生活和品位的变化在走。

女人想从购物中得到什么

正如市场营销天才西格蒙德·弗洛伊德所问，女人想从购物中得到什么呢？我们已经讲了男女在商店购物过程中的很多不同点，现在就抛开那些一般化的概述，从一个很好的例子开始来进行说明。这个例子来自最近为一家意大利连锁超市所做的调研，直接取材于肉类柜台边安装的摄像镜头。

一个中年女人来到柜台边开始仔细挑选肉馅，她有条不紊，一包一包地仔细看。这时，一个男人大步走来，背着手站在柜台边扫了一眼，就选好一包放到购物车里走了。而这时那个中年女人还在继续挑选。接着，来了一对带小孩的夫妇。妻子站在那儿推着婴儿车，丈夫从柜台里挑了一包肉馅，看了一眼后把它放到购物车里。妻子检查了一下这包肉馅，摇了摇头。他把肉馅放回去，重新又挑了一包，她还是摇头，这时她很生气，让他推着婴儿车，自己亲自去挑。当他们离开时，前面那个中年女人也看到最后一包肉馅了。她似乎对自己的调查很满意，最后拿起检查过的第一包肉馅，放进车里后继续买别的东西去了。我姐姐抱怨她丈夫常常买已经发黄的蔬菜回来。她说："男人总是不明白，我们要吃的是新鲜的蔬菜，而不是那些枯掉的。"

是什么使女人在购物中如此夸张？相信"天性胜于培养"的人认为，女人的原始角色是在家里采集树根、坚果和浆果，而不是四处游猎，因此，女人的生物学特征使她具备天生的购物技巧；但相信"培养胜于天性"的人争论道，数世纪来的强大父权制将女人禁锢在家里与商业社会远离，所以除非她们以消费者的身份出现，否则很难进入商业环境中。

这也是当然的事情：购物使家庭主妇走出了家门，按照以前的劳动分工，买东西主要由女人负责，而且女人也乐意，她们也有这样的能力并能系统性地去购物。过去购物是（而且在世界上很多地方仍然是）女人主要的公共生活领域。作为个体，女人对商业社会没什么影响，但所有女人加在一起就会对市场产生重要作用。购物给女人提供了出门的机会，有时她们甚至会很高兴能独自一人去购物，这样就逃离了家人的束缚。购物还是一种解放女人的方式，使她们有机会同别的成人、店员、商店老板以及其他购物者交往。

然而，随着女人生活的变化，她们和购物的关系也在发生变化。如今，多数美国女性都有工作，于是她们和其他人也有了一些非私人的业务联系，有很多出门在外的时间。因此，例行的购物就不再是一种很好的逃离方式了。现在，女人必须挤出工作、上下班、家庭生活和睡觉之外的时间去购物；有时利用午休的一个小时，有时在回家的路上，有时在晚上。便利店就直接受益于女性生活中发生的变化，女人们不能像以前那样手里还拿着详细的清单，每周定期去超市买东西。现在，女人可能在晚上9点才发现没有牛奶或者第二天午餐的面包了，这时就要立刻跑到7–11商店（全天候营业的便利店）里去买。产品目录、电视购物频道和网上购物之所以得到快速发展，主要原因就是女性责任的改变。女人在商店花的时间越少，买的东西就越少，这个道理很浅显。女人把部分传统责任（做饭、清洁、洗衣服、照看孩子）移交给男人的同时，她们对购买食品、肥皂和小孩服装的控制权也相应地让出去了。甚至女人的购物习惯也慢慢地变得男性化了，她们不再仔细浏览检查，而变得匆匆忙忙，拿起东西就走。因此，女权运动给零售商带来的好处（女人有更多的钱）很快就被缺点（女人去商店的时间和偏好减少了）所抵消了。

不过，女人把购物当作一种社会活动的看法似乎并没有改变。她们仍然喜欢和朋友一起去购物，在买东西的时候互相怂恿或者制止。我想很少有两个男人会约好在某一天一起去挑泳衣。**我们的调查显示，两个女人一起购物时，她们花的时间和金钱都比独自购物时要多，当然也比有男人陪着购物时要多。**两个女人在商店里有时会变成购物机器，精明的商家会想尽办法鼓励她们双双出行。比如，“带个朋友来，就打个折”，或者在试衣间外面放一些座位，让女人们可以更加轻松地边试衣服边评论。有的商店里还开设了咖啡馆，让女人在“中场休息”时一边喝咖啡，一边看周围卖的东西，视线永远不离开卖场。

真正了解购物哲学的是女人

如果像我一样对很多购物者进行观察，就会发现很多女人购物时都有心理活动，而男人却很少有。**女人在购物时常会陷入某种想象，她们会一丝不苟地进行挑选比较，脑子中设想着产品的使用情况。**她们还会冷静地总结买还是不买的各种理由，一旦看见自己想买的东西价格也还合适，就会买下来。女人通常很在意哪怕是很小的一笔购物交易，并且为自己挑选商品的本事感到自豪，无论挑的是哈密瓜还是房子，甚至是丈夫。我们分别来看一下男女在农产品区的表现：男人快步走过来，从生菜堆的最上面拿起一棵就走了，而没注意到他拿的生菜叶上还有斑点和发蔫的地方；而女人从卖生菜的地方走过来，边看边闻，还会用手摸一摸，直到找到最好的生菜。男人有时甚至都不看价钱，这对女人来说几乎是不可能的。男人引以为豪的往往是精通某些耐用品的消费，比如汽车、工具、船、烧烤架、计算机等；而女人则更加重视暂时的世界，比如做饭、做蛋糕、美发和化妆等。

这倒不是说女性与消费的关系很肤浅。事实上，真正了解购物哲学的是女人，而不是男人，是女人描绘了贯穿人类生活中的搜寻、调查、询问、获取、设想以及吸收等一系列过程。从较高的层次来看，购物是一种转化，是一种更新的方法，它甚至会使人得到改善。你购买的产品会使你变为自己理想中的样子：衣服使你变得漂亮，口红令你更加性感，而灯会让你的房间变为幽雅的圣地。

女人需要的购物环境

从实际的角度来看，这些都有力地说明了这点：女人对购物环境的要求比男人更多。男性需要的仅仅是这样一个地方：在那儿能快速找到自己想买的东西，买了东西就走。如果要求男人逛来逛去挑东西，换句话说，就是“购物”，他很可能不买东西就离开了。**男人对整个购物过程不感兴趣。而女人一般更有耐心和好奇心，可以很自在地在一个地方慢慢探索。因此，女人需要这样的购物环境，让她们能根据自己的喜好，从容地四处走动。**我们来考虑一下前面说过的干扰因素，女人不希望自己在购物时被后面的人挤着撞着，这就意味着女人不愿意去看摆在地面到腰以下部位的东西，而这部分空间占了美国销售空间的很大一部分。不要认为女人弯腰会觉得舒服。这不仅仅针对女人，对男人来说也一样，没人喜欢弯腰去买东西。你不要认为女人会在人群拥挤的地方闲逛。我们来观察人们在拥挤的通道里的表情：一旦被撞了几次之后，人们就变得很烦躁，不愿意再逗留；通常还没买到自己想要的东西就走了，这种场景你一定不陌生。零售商在决定如何布置销售环境时必须牢记这些特点。

有些情况下，女人们即使知道去一个地方购物会非常拥挤，也会奋勇向前。她们会去波士顿的名牌折扣店Filene’s Basement或者巴尼斯纽约精品店每年两次在仓库举办的特卖会购物。贪便宜的欲望使女人不介意跟陌生人摩肩接踵。根据我们多年的观察，女人们对于“推搡”的敏感程度与发生推搡的对象是其他女人还是陌生男人而有所不同的。在许多女人们兴奋前往的拥挤场所，往往是女人和女人之间在互相推挤和拉扯。

比如，百货商场的化妆品区往往需要女人坐在或站在某个地方来试妆，这在高峰期就成了一个问题。我们的调查显示，与那些距柜台几尺远的人相比，站在化妆品柜台角落的女人更有可能买东西。有些化妆品部把柜台围成一个凹进去的死角，站在里面的人就不会担心被人挤着了。我们把这种死角称为“盆地”，它能吸引女人延长购物时间。第一章中提到，有的百货店把遮瑕霜等化妆品放在展示架的最底层，这就意味着老年人不得不弯腰，而他们并不愿意把臀部撅起来。这种不尊重顾客的结果就是卖出去的遮瑕霜很少，如果把它放高一点则会卖得多一些。

女人对空间的需求在零售环境中随处可见。比如，机场的礼品店一般都分为“拿起就走”的快速购物区和逗留区。快速购物区在收款台的旁边，顾客可以很快地买到报纸或口香糖，付了钱就走；逗留区在商店里面，通常卖各种礼品。我们的调查显示，女人往往喜欢穿过嘈杂的柜台来到里面的逗留区，在那里感觉好像远离了拥挤的人流。很多这样的商店都用货架围起一些角落或隔离的空间，这是保证购物不会受到打扰的完美“死角”。这也是女人喜欢的购物方式：虽然看到外面人来车往，但自己却在与之隔绝的保护区内。

女人对拥挤的敏感也跟广告字体与商店设计有一定关联：

商店的地方越窄，女人待的时间就越短，于是广告牌和其他宣传品都应该更加直接明了。所有的印刷字体都必须大而醒目，在这种地方销售的洗发水或其他产品的设计者都必须注意地方狭小这个现实。我们调查了很多商店的保健美容部，结果都一样：女人在买东西之前都要对产品进行仔细的研究，尤其是买市场上新出的产品时。在一次调查中我们发现91%的购物者阅读了包装前面的内容，42%的人读了后面的内容，8%的人读了两边的内容，63%的女人在买东西之前至少要读一次产品包装上的内容。显然，阅读和购买之间存在联系。阅读需要时间，时间需要空间。下面是根据我们的数据库整理出来的分类数据，这里的时间是指女人在买东西之前阅读包装内容的时间：

洁面产品：	13秒
润肤霜：	16秒
香皂：	11秒
沐浴乳：	5秒
防晒用品：	11秒
祛痘产品：	13秒

但是，如果女人感觉不舒服，就一秒也不会停下来，当然也就不会买那些需要研究一下的产品了。零售商应该沿着卖东西的所有地方走一遍，边走边问自己：我站在这儿买东西是否会被后面的人推挤？答案为“是”的地方都不适合卖那些需要

仔细查看的商品。

即使在快餐店，男女对空间也有不同的需求。男人一般不会考虑很多，就在前面选个桌子坐下，在那儿可以看见店里最繁忙的地方；而女人就不一样，她们通常要花点时间考虑买来汉堡放哪儿，然后才会走到快餐店的后面，找一个有点私人空间的桌子。实际上，女人不喜欢独自到快餐店里吃饭。大多数女人开车去买快餐，把车停在快餐店的停车场，而自己就在车里吃。

在女人为主的商店里可以更加清楚地了解女性的购物方式。**比如在贺卡店里，女人并不仅仅是完成购物任务，而是在探寻真正的情感表达方式。**女人会花很长时间来挑出能表达自己心声的卡片。因此，贺卡店就应该是能让人感受到情感生活的场所。几年前，贺曼卡片公司请了一个经验丰富的设计师来改造其营业空间。这位设计师采用了很多大理石和其他昂贵的材料，营造出了比以前的感觉要冷漠素雅得多的氛围，创造出了一种时尚的面貌。但这却使消费者失去了以前那种熟悉而温馨的环境，人们对这次改造的反应就是减少了购物时间。

贺卡店要营造出轻松静谧的购物环境，就必须留出宽阔的通道，以便阅读卡片的人和路过的人互不打扰，而且让蹒跚学步的儿童也能通过。卡片的摆放次序也要经过仔细考虑：如果一个人神情凝重地在挑选吊唁卡，而身边买40周岁生日贺卡的人在哈哈大笑，这时她就会很不舒服。贺卡店里还有一个重要的问题，就是卡片的展示问题。女人只有把许多卡片打开看了之后才会决定买哪个，但卡片很容易被折坏、撕坏或弄脏。我很奇怪为什么没有样卡展示系统，这样顾客可以打开样卡阅读，而无须触碰出售的商品。还有，放卡片的架子一般底层距地面较近，顶层距地面2米高。这就有两个问题：第一，底层的卡片放得太低，不弯腰就看不见；第二，底层的卡片很容易被和妈妈一起来的小孩弄脏。如果把整个展示架抬高一些，问题就能解决。即使顶层距地面2米多高，任何高于1.5米的人也都能够得着。

另一个便于观察女性购物的场所就在卖化妆品的地方。无论在大商场里迷人的化妆品展台还是在连锁店里墙边的口红眼影展示区，试用产品后再对着镜子一看，穿毛衣与牛仔裤的女人全都能变成公主，这是一种公开的同时也是很私人的艺术。化妆品一般都靠墙摆放，或者摆放在比较隐蔽的地方，这是很有道理的。在这儿女人会把头发解开放下来，同时也放松一下心情，在打扮时她们需要一点私人空间。

女孩一般在青春期时就开始买化妆品，刚开始时她们会到杂货店里买便宜的，等她们长大后，就到大商场各个专柜去买昂贵的产品。在那里漂亮的小姐穿着白色的实验室大褂（却涂着晚上开派对时的浓妆），挥舞着化妆刷往你脸上刷腮红和粉底等东西；这是化妆品销售的一种硬性的推销方式。你坐在凳子上，她把你变成另一个版本的她，只是比她稍稍淡一点，接着你就会买她推销的东西（至少理论上是这样的）。她们故意先不说价格，一般你也不好意思开口问。

上面这种情况很普遍，但由于“开放式销售”概念的引入，情况变化得很快，这也是女性解放的一种形式。化妆品从促销小姐的手里解脱出来，摆在那儿供顾客自己选择、考虑、试用，然后顾客再决定买还是不买。以前那种“我们试一试”的老花样已经过时了，那种高压策略也过时了。**这种开放式的销售允许女人自己看化妆品的价格，而不必再羞怯地去问那些傲慢的推销小姐了。**减少了纠缠不休的策略，商店卖出去的化妆品比以前更多了。

这些是女人在购物方面的特点，其中的基本原则现在还适用（没准永远都适用）。如果你要卖东西的话，这些原则都很好、很有必要。但是，现在很多商家还没能利用好这些特点。

五金店销售的是生活方式

我们都了解男性消费者的“恐娘情结”是怎么回事。但现在很多零售商都努力把传统上为女性设计的营业环境和产品变得也适合于男性消费者。但反过来，对女人来说，传统的“男性产品”和环境面临的挑战就是怎样能够吸引女性消费者。

比如，一些卖螺丝等杂货的老式商店目前还在勉强维持，但实际上它们几乎快被对手击垮了。家得宝公司为什么能继续发展呢？关键在于它对女性不再依附男性的社会经济现象做出了积极的反应。这和击垮卖螺丝的商店有什么关系呢？想一下这个问题，那些在外面整天忙于推动社会与政治进步的女人，晚上回到家之后会多次恳求丈夫（15遍）去刷墙或装调光器吗？不太可能。更不要说在过去30年里，单身女人越来越多，她们有钱也愿意自己动手装饰自己的小巢。我们已经有女性的警察、消防队员、首席执行官、高科技企业家、副总统候选人，我们就不会有充满自信、雄心勃勃、技艺精湛的女工匠吗？我并不这样认为。

那这些女性会从哪儿开始崭新的工匠生涯呢？她们会去乔氏五金店吗？当然不会。这家典型的五金店太男性化，对女性来说甚至有点不友好，它的屋子很小，只有一个收款台。于是，女人就去了自助连锁店（从另外的角度说，也可叫作五金专营店）。这些商店剥去了五金商品的神秘面纱，让它们在新手面前也显得亲切而友好。要做到这点，不仅在营销策划方面，而且在经营使命方面也要有大的转变：商店销售的不再是螺母螺钉，而是生活方式。在这个概念的指导下，螺丝、木材和石膏灰胶纸夹板可以和照明设备、厨房橱柜、水流按摩浴缸、镶边（或不镶边）的浴帘以及任何其他东西放在一起来卖。这些商店卖的不是五金商品而是家居用品。卖五金商品的行业也从“安装工具”变成了“过家家”的手段，从只针对男性变成男女皆宜。

要达到上述目的，**另外一个方法就是聘用知识丰富、善于激发女性购买欲望的店员。**现在家用品商店的新潮流就是聘用女人做销售或管理工作，原来这些工作只能由叫乔或吉姆的男性来干，许多家得宝的广告里面只出现女性职员。这些商店还利用每个机会对顾客进行热情的培训，播放一些指导短片或者在店内开设一些免费劳动技能课程。家得宝意识到今天教会了女人挂照片，很可能明天她就想填泥料，下个月就要弄装饰线了。你认为现在是谁在看真人秀节目——《彻底改变之家庭再造》和家居生活频道，以及其他装修类节目？男人们都在看钓鱼节目，而女人们则是在看主持人泰·彭宁顿——他看上去跟穿了工匠服的肥皂剧谐星一模一样。

女性甚至改变了商店陈列商品的方式。照明设备再也不能像以前那样简单地挂在架子上就行了，销售商必须展示出屋子里灯光照耀的情景。不能再把各种类型的浴室水龙头放在一个盒子里了，而是要展示带有浴帘和毛巾的整个浴盆。下面这个例子也有力地说明了为什么家得宝公司可以击溃传统的五金杂货商场：以前，你只有需要东西时才会去五金店，但现在，去店里可能只是随便逛一逛，看看有什么新东西或展品。也就是说，现在人们也可以去五金店“购物”了，这意味着女性胜利了，而乔或吉姆失败了。

最近，商家以生活方式大师玛莎·斯图尔特和拉尔夫·劳伦的名义成功地促进了油漆的销售，这一点也不令人意外。由于女性的介入，油漆已经从五金用品变成了时尚用品。男人在墙皮剥落之前是不会去刷墙的，而女人刷墙只是因为她们希望有点变化。当然，刷油漆一直是一项普通男女均能胜任的工作，但是，直到现在，油漆本身、油漆的包装、广告和销售方式，才变成真正的男女皆宜。

五金用品发生变化的另一个受益者是美国生育高峰期间（婴儿潮时期）出生的男人，在成人之前他们还没学会怎样做家里的技术活儿。所以这些活儿慢慢由女人来干，而男人却做得越来越少，而且男人也渐渐对老式的五金店产生了一点畏惧心理，不过男人也因此付出了一些代价。随着女权运动的开展，不仅老式的五金店，连男士专用的理发店、擦鞋铺、服装店和鞋店等也都开始衰落。首先是允许女人进大学、军队和私人俱乐部，接着其他的禁锢也都解除了，然后就出现了不分男女的发廊和商店，像盖普、香蕉共和国等，它们把男女服装放在一起卖，有些衣服的男女款式甚至都很相像。20世纪下半叶的这场运动把男人赶出了他们曾经独占的空间，无论是好是坏，它确确实实发生了。人们不禁自问：社会潮流还会逆转吗？最近你还去雪茄吧吗？

女人只对实用技术感兴趣

另一个顾客性别比例发生剧变的商业场所是销售电脑和

其他消费类电子品店。一般我们都认为男性站在信息技术的前沿——他们知道GB（10亿字节）的真正含义，或者会花5位数购买音响。近来，个人电脑和手机开始变成男人的玩具，而事实上女人才是最早接受新技术的人。公司里开始用电脑的时候，往往是女员工最先学习操作系统和软件；而且，由于午餐时间十分紧张，女人也是最早对自动取款机感兴趣的人。

我们以前怎么没注意到呢？原因就在于男人和女人使用技术的方式迥然不同。男人喜欢的是技术本身，关注事实，比如马力或者性价比。在汽车的内置计算机出现之前，经常能看见三五成群的美国小伙子围着一辆开着前盖的汽车，在那儿看车主调汽化器或者装发动机，一边看还一边指手画脚，建议怎样才能弄得更好。现在，这些男人们野餐聚在一起时就讨论硬盘大小和调制解调器的速度，他们认为这些都是有讲究的事情。

女人看待高科技的方式则截然不同，女人接受新技术并加以应用。**她们会揭开各种大大小小发明的神秘面纱，抛开各种行业术语，而只关心这些技术的实用性。**女人考察技术就会看它的目的以及产生的缘由，即它能干什么。技术的前途就在于它能使我们的生活更加舒适高效。女人就是促使技术去实现这个目标的推动者。

2009年是个分水岭，从那一年起，我们知道女性消费者才是电子产业快速发展的关键。RadioShack千方百计地雇用女店长，百思买也将每个店铺的销售是否成功与那家店有多少女性销售员联系起来。

这一切会把我们带向哪里呢？可以想象，总有一天会有一家电脑公司是由一名女性来掌舵的（至少也是主要负责人之一）。她也会出现在《时代周刊》上，就像一个女人版的比尔·盖茨（当然，发型要比比尔好得多）。这家公司的产品不会强调内存的大小或者微处理器的速度，而是重在产品的实用性、多功能和便利性。它的关注焦点在结果而不是过程，生产的计算机会像电冰箱而不是科学设备那样来销售。首先，最大的特点就是会有一个免费的服务电话，当程序无法响应或打印机出故障时，能提供简单直白的技术支持。其次，一些代理商会在电视或印刷广告中采用女性形象，甚至还会掀起一场讽刺男人与技术关联性的运动。最后，产品设计者将会根据生物工程原理来改进键盘，电脑也会变得很容易清洁（现在要清洁电脑简直是不可能）。今后，除了灰色或黑色外，会大量出现彩色电脑。你还可以买到跟电脑颜色相同或者互补的彩色电脑包。

还需要证据来证明男女对技术的看法很不一样吗？在我们调查过的一家计算机软件商店，绝大多数来逛商店的都是男性，但是实际的购买率，即购买商品的顾客的比例，却是女性比男性要高。这是因为女人来这个店确实是想买东西，而不仅仅是想看看新的Zip驱动器或扫描仪。

如果女人来买汽车

汽车行业可能是美国最落后、最无视购物者的行业，但最近几年也意识到女人在买车。鉴于以前汽车市场是由男性主导的状况，现在的经销商应该聘请大量的女性来从事汽车销售和服务工作。但是在所有的汽车销售人员中女性销售员的比例不足20%。雇用女销售员并不只是一个正确的政治立场，而是根据调查——多数女人都认为从女人那儿买汽车感觉更舒服。她们并不是憎恨男人，只是觉得男性汽车销售员有一点盛气凌人或者不诚实。

现在还有一些保守的汽车销售商认为买汽车时一般都是男人做主，而没有注意到很多情况下女人掌握着主动权，或者说必须要女人同意才行。也就是说，虽然看上去是男人在买汽车，但实际上却是女人在背后起主导作用。顾客买完汽车之后通常还要到汽车的服务部门去，那儿是100%的男士天地，接待室的杂志也全是给男人准备的，例如《人车志》和《体育画报》，而没有《名利场》和《人物》。也许不久以后我们在那儿就会看见古德仁其夫人[①]，不过现在还没有。女人很讨厌同汽车经销商、修理处、汽车零配件商店等打交道，她们常觉得受到了怠慢或欺骗，但往往又别无选择。而女人们理应得到更好的服务。

---

① 古德仁其先生曾是家喻户晓的通用汽车的广告形象人。——译者注

再次强调，**第一个聪明的办法就是聘请女员工来修理汽车或销售零配件，选用女演员做电视广告也大大有助于改变这种男性统治的状况。**几年前我们对一个大厂商的汽车零配件部门进行过调研，那儿90%的店员都是男性，而使用车载电子化信息设备的顾客中有25%是女性。很显然，这些女人有疑问而且没有从店员那儿找到答案。也许店员本身也不知道答案，但很有可能这些女人根本就不愿意去问那些男店员。不管是哪种情况，都说明女人也很想学会一些简单的汽车维修知识。

如果我要开一家加油站，第一件事就是挂一个很大的广告牌，上面写着“加油站中最干净的洗手间”。加油站往往把每升汽油的油价标在最醒目的地方，而且价格还精确到0.1美分，就好像大家都很关心那么细微的差别一样。汽油就是汽油，它的价格几乎是统一的；但是干净的洗手间肯定能吸引女车主。因为她们使用洗手间比较多，所以对洗手间肮脏污秽的环境抱怨也很多。现在加油都是自助式的了，在路途中人们需要比以前更多的其他帮助。开车去的地方比以前远得多，因此，人们需要有方向指导，需要一个舒服的餐饮场所，也需要有干净的洗手间；甚至还可能需要一张为婴儿换尿布的干净桌子、能冲洗的水池，以及不会把垃圾撒得四处都是的垃圾桶。如果考虑得很周到，没有女人会计较油价多几分钱。加油站的男主人意识到这个问题了吗？多数都没有。他们怎么会意识到呢？但是如果多一些女性进入汽车市场——包括经销、零配件、修理、加油等方面的话，那么整个行业的情况就会跟现在大不一样，它就会像五金商店一样发生变化！这就是说，即使汽车行业也不是无药可救。

第十章　你懂老年消费者吗

毫无疑问，你可能已经知道这个统计数字：到2025年，65岁以上的人口将占美国人口的1/5。如果生活在日本、意大利、德国、法国或中国，这个比率就更大。你也知道其中的含义：生育高峰期出生的那些人都已经变老了，现在社会上的老人比以前多出了许多。

但是那意味着什么呢？当然，那意味着变老是件好事。否则还能怎么样呢？当生育高峰期出生的人年轻的时候，年轻是件好事；当他们成为中年人时，某种程度的成熟老练是件好事。21世纪的老人不会像现在的老年人这样俭朴节约。未来的老年人不是在大萧条时期长大的，也没有在第二次世界大战中艰难地维生过，他们是在20世纪50—70年代富有的、自我纵容的环境下成长起来的。这些人没有被灌输牺牲、忘我和推迟自我满足这些美德，也没有像过去的老年人那样觉得变老就是要接受虚弱无力和节制、无能这样奇怪的观念。2025年的老妇人不会让一个没有污点的福特菲尔兰汽车停在车库里（她一周开一次，去教堂）。她将驾驶着阿尔法·罗密欧汽车在城里呼啸而过（标准装备，带水压提升的座位），从头到脚都穿着耐克“银色”系列产品，把车停在专为老年人，而不是残疾人（2012年美国的《活跃老年人法案》所规定）预留的大空场里。医疗保健、营养、塑身和整容水平大大提高，70岁的女人看起来像她母亲50岁时的样子。孩子们长大后都离开了家，像蚂蚁一样辛勤工作以维持社会正常运行，而我们这些古怪的老人挥霍着401（k）退休金计划的果实和从过世的父母那儿继承的遗产。父辈留下的遗产如此丰厚，甚至触发了货币历史上最大的一次财富转移。

在购物的世界，这简直是一场盛会。所有的零售业，包括商店、饭店和银行都开始迎合老年人，因为老年人有账户和美元。但是他们还需要一个全新的世界，现在的这个世界就要“不好用”了，他们也不准备再接受这个世界了。

小字号将老年顾客拒之门外

这个世界有什么问题呢？首先，所有的字都太小。看见这句话了吗？怎么能看清呢？这些字太小了，早报怎么样？别提了，字太小了。有机植物轻泻剂敞口瓶上的说明呢？也太小了。而且你不愿意试着半眯着眼睛看（那会形成皱纹）。假如你不能看清它，就不会买它；假如你不买有机植物轻泻剂，没人会买；假如没人买它……好，你会看到这样的结果是什么。

我们的眼睛从40岁左右开始衰退，即使是健康的人通常在60岁左右视力也会减弱。随着年龄的增长，会产生3个主要的视觉问题：晶状体变得僵硬，支撑它的肌肉会松弛，这意味着眼睛不能聚焦于小字上；角膜变黄，这会影响辨色能力；到达视网膜的光线会变少，这意味着世界看起来要比过去显得暗淡。这个视觉灵敏度的问题，已经是市场要面对的主要问题，它将会变得更加突出——不是在遥远的未来，而是就从现在开始。

举个例子，每项有关读报者的研究都得出同一个结论：**读者想要更大的字号。**大多数报纸的正文采用的大约是9磅字号，而读者想要12磅或者更大的字号。各个报社正开始回应这种需求。《迈阿密先驱报》应该是最早增大字体的主流日报，接着是伦敦《泰晤士报》，格式从一大张报纸变成了文简图多的小报形式——标题字号放大，而字体也变丰满了。2007年，纽约《时代周刊》还缩小了报纸尺寸，减少了专栏的数量，使印刷出来的报纸更易于阅读，但字号仍然是8.7磅的。印刷界的确还有很多需要做，但是读者们总是很难体会到已经做出的努力。

但是字号问题并不仅限于出版业，在其他行业同样存在。今天，杂货店的很大一部分销量依赖于老年人，而且这种依赖会逐渐增强。人的一生阅读的所有文字中，没有多少会比药品上的标签、说明和警告更重要，不论处方药还是非处方药都是如此。我们已经发现91%的皮肤护理品消费者，在购买之前要阅读盒子、瓶子或罐子前面的标签，42%的购买者还要阅读包装后面的说明。阅读对于销售皮肤护理和其他健康和美容产品来说显然非常重要。

但是我们对杂货店包装的研究也显示出一些有趣的对比。例如，在一些著名品牌的染发剂、护肤霜、粉刺药物和牙膏的包装上，用法、组成和注意事项的信息用10磅或更大一些的字；但是在阿司匹林和其他普通的止痛药的包装上用的则是6—9磅字。在感冒胶囊和其他治疗打喷嚏、鼻塞、流鼻涕的药品以及维生素上也采用的是6—9磅字。换句话说，这种包装设计使年轻人很容易阅读去痘霜的说明，而当老年人阅读头痛和感冒药的说明时，则要困难得多。我们发现对老年人的关照仅仅体现在保丽净（假牙清洁片的品牌名）产品的盒子上，上面的用法说明采用了11磅字，但是组成成分的说明仍然使用8磅字。

这明显是制造公司包装部门在模板设计方面的失败。当你意识到，大多数美工，包括设计标签的人，都是20岁左右的人，你就不难发现为什么会有这么大的误算。生产包装和委托包装的人体会不到阅读包装文字的人的感受。看一看专为青年读者准备的出版物，我的意思是，像《连线》或《Spin》这样的杂志。这些杂志的字号都很小，通常印刷在具有很小的对比度的背景上。这里传递的信息是清楚的：这本杂志是专门供青年人阅读的，对老年读者不做任何让步。这就好比迈克·贾格尔，出身高贵的大学毕业生，含糊不清地唱着歌词，他的音乐根本无法传到那些成长在平·克劳斯贝和帕蒂·佩姬时代的人的耳朵里。在下个世纪，杂货店产品的设计师和最经常阅读产品说明的购买者之间的年龄差只会日益扩大。

在佛罗里达的某家药店，货架上都用链子系着一个放大镜。这是一个聪明的权宜之计，但是这还不够。杂货店报告说，总体上大约有1/5的购物者在寻求雇员的帮助，但是对老年顾客来说，寻求帮助的比率将是这个数字的两倍。老年顾客的要求一般是借年轻人的眼睛来帮助他们找到一种产品或阅读一个标签。随便逛逛任何类型的商店都会发现，对于老年人来说，很多商品上的文字阅读起来会有困难，如麦片盒子侧面的营养信息，丝绸衬衫上的洗涤说明，染发剂、胆固醇自测的用法说明，照相机、软件或者DVD播放器的使用手册，电脑打印机墨盒的型号，CD上的歌名，高尔夫球鞋的尺码，平装书的价格等。未来的顾客怎样才能发现你的公司，通过电话号码簿吗？实际上人们现在已经难以看清号码簿上的字。也别忘了饭店的菜谱、火车时刻表、政府表格、生日卡、邮票、温度计、速度计、里程计、收音机调谐钮以及洗衣机、烘干机、空调、冰箱、加湿器、热水器上的按钮，那个贴在你刚才买的梨子上的小不干胶标签，是不是写着“梨”这个字？你怎么知道的？在每个例子中，单就字体的大小而言，老年购物者对这些商品很难产生好感，甚至是带有敌意的。

今天的老年人忍受了这种轻度的歧视，没有抱怨，就像他们对一生中遇到的其他事情那样，但是生育高峰时期出生的这些老人，习惯于按自己的要求定制东西，肯定无法容忍这种现象。**到2025年，任何小于13磅字的文字说明都会是一种商业自杀。**即使在今天，当我们的视力开始减退，采用9磅字的说明也是在自毁前程。

请注意这里有个矛盾的地方。购物者受的教育越高（而且也会更富裕），在做决定时越会参考写在标签、盒子和罐子上的文字。实际上，所有的零售商都要比以往更加依赖于书面文字。这等于建议在产品、包装和商品材料上尽可能地多放信息，但是当要求设计师在包装上挤很多字时，他们通常会通过变小字号来达到要求。可能更大些的包装是个出路，尽管在分配货架空间时，这会给零售商带来麻烦，更不用说会浪费更多的资源了。标签可能应该更多地使用图形，也可能需要更大、更好的标签，或者陈列设备。它也可能会以即时信息的形式发到我们的手机上面。或者更好，给顾客一个经过深思熟虑的一篮子指示——以环保为主题，用可循环的包装，说明书则印在可再生的大麻纤维纸上。我们可能需要尝试所有这些想法，因为不久我们将会在文化领域推动字号做出飞跃性的改变。

慎用黄色，增加反差

字号的大小并不是唯一的问题，衰老的角膜变黄以后，大部分人感受不到颜色的某种细微差别。会有更多的人走楼梯时被绊倒或者踩空，因为台阶之间原本清晰的分隔现在变模糊了。蓝和绿之间的差异对于许多购物者来说更加难于察觉，设计师使用黄色要极为慎重，因为每件物品看起来都会有些黄。**这给颜色选用带来的影响是，用在包装、标志和广告上的多种颜色之间一定要有很强的对比，而且要处理好颜色之间微妙的搭配。**为此，我们应当大量使用黑、白和红三色，减少其他色彩的比例。

例如，我们曾为南加利福尼亚的储蓄银行进行过商品材料测试，当访问正要离去的顾客时我们发现，对于出纳员后面墙上的巨大招贴画，很少有老年顾客能回想起来。这张用来促销银行的Visa信用金卡的招贴画，展示了一个以一块金砖为底座的巨型信用卡。对于年轻人来说，图片是清楚的，但是对于老年人的眼睛，卡和金砖之间界限模糊，所以它看起来像是一个巨大而神秘的黄块。对于65岁以上的人，这是一张毫无意义的招贴画。我们研究了纽约一家重要宾馆的标志牌，发现它的房间号是白底上的金色字母。对于老年人的眼睛来说，找到房间就会有些困难。

最后，通常50岁人的视网膜接收到的光线要比20岁人的视网膜接受到的平均少1/4。这意味着许多商店、饭店和银行应该比现在更明亮。当购物者想要看看买了什么东西或者身处何地时，那里的光线不应该是昏暗的。**照明应该是明亮的，特别是在老年购物者经常光顾的那段时间里。再者，所有的印刷都应该加粗，并采用深色与白（浅色）底的高对比度。**

为什么酿酒商开始对酒瓶上的标签重视起来，并把标签当作一项艺术来研究？从克罗格到乔氏超市连锁店，我们记录到无数的人在阅读酒瓶标签时遇到困难。附近的酒水经销店问题就更严重——那里灯光灰暗，比大型连锁店要暗很多，而酒架则更是一黑到底，难以分辨。我并不是说，酒瓶标签不能做得漂亮，或者上面不能有个袋鼠什么的，我的意思是，在买酒之前人们都会拿起酒瓶，看上一眼。这点对于小型的有进取心的酒商尤其重要。酒的类别、原产地、年份、出自哪个葡萄园，以及酒瓶塞，所有这些都是顾客需要了解的东西。除了举世公认的法国葡萄酒可以傲慢地为所欲为，其他来自智利、阿根廷、南非、澳大利亚和新西兰的酒，即使同样高档，只要是刚刚进入全球酒类市场，就必须注意标签牌的问题。

一位快餐店的老板意识到菜谱上的字体对于老年人来说很难看得清，但是55岁以上的用餐者是他们增长最快的顾客群体，于是立即找人重新设计了菜谱，配上了食物的大幅照片，尽管每页上列出的菜品少了，销量却增加了。

为老年顾客着想

改变视觉世界以适应老年人的眼睛，很容易使人联想到改变商场布局以适应21世纪颤颤巍巍的老年人。我们必须记住老年期持续的时间要比任何人想象的都要长——老年期可能会长达几十年，有些人的老年岁月比青年时期要长。强壮的65岁老人和驼背的85岁老人要在同样的世界中行走。20年前许多刚退休的人在海边买退休公寓，这些公寓中有些是两三层的，没有电梯。有海景走廊的建筑好像是度过黄金岁月的完美堡垒，但是20年后的今天，许多曾经步履轻盈的60岁老人都与轮椅为伴或者不能爬山，于是那些偏远住宅荒废了。当今天在商场聚集的婴儿车被电动轮椅取代的时候，我们该如何经营商店、街道和购物中心？门、电梯、走廊、收银机、饭店桌子、浴室、飞机、火车、公共汽车和私人轿车都需要比现在的宽。即使不是政府授权，仅从商业角度考虑，也需要更为平缓的传送坡道。楼梯将成为遗迹，自动扶梯和自动人行道需要重新设计，有的需要减缓速度。试想一下，到了2025年，所有的多层购物中心对于1/5的人口将会变得不方便。记住，老年购物者将会无处不在，他们不仅出现在杂货店，也会出现在盖普、拉尔夫·劳伦、玩具反斗城、星巴克和美国第二大图书零售商Borders里，随着岁月的流逝，今天的年轻人到明天就会成为古怪的老人了。一旦制造商开始生产时髦的、运动型的电动轮椅（与单人高尔夫球车类似的街头代步车）和光滑的、欧洲风格的步行机，我们将真正看到改变。我们将需要警察指挥行人交通。

零售环境的改变并非仅为了行动不便的老年人，即使能走动的老年购物者也不能像过去那样弯腰和伸展。而且他们也不愿意这样做，因为弯腰和伸展让老人感觉到自己的年龄，这是他们最不想意识到的事。在无线电货架，卖得最慢的电池是用于助听器的。根据常识，商店将其存放在独立的旋转货架的底层。当然，买助听器电池的多是老人，是最不可能蹲下去的购物者。当把电池移到旋转货架的上面一些后，销量上升了；移到底层的其他电池销量也没有下降。我们在纽约百货商店女装部发现了同样的问题。毫不奇怪，大多数能够买得起这些衣服的女人都不太年轻，而且身材也会稍胖些。但是设计师为了保持品牌的形象，架子上摆放的是4号和6号的衣服，而将14号和16号的衣服放在商店的后面，这就迫使那些已经感觉受到冒犯的购物者要求一名非常苗条的售货员去取那些宽大的衣服。服装商场的其他地方也有类似的情形。内衣或裤子的货架都是按尺寸大小排列的，最小号的摆在上边，最大号的摆在最下面。这样就迫使最胖和最老的顾客费力地去取自己想买的衣服，而让年轻人和灵活的人很容易就拿到想要的号码。

从个人来讲，我愿意带头给高个购物者造反，我们这些高个子被迫在每个自动取款机和喷水池前弯腰。作为普通人，我们会长高，也会变老，在二三十年之后，弯腰真的会对我们产生伤害。

在超市，产品放得过低或过高都等于阻止老年购物者购买。这些产品不值得费力去拿，他们叹着气想，我到别处去买好了。我发现这种问题比比皆是。特别是像软饮料或大包的洗涤剂这类重的物品，假如你不能把它从架子上搬到你的购物车里，你就不会买它。实际上，考虑到所有年龄的购物者，体积大的包装应该存放在购物车顶端的高度。在第一章我描绘了老年人和小孩如何成了宠物零食的主要购买者。为老年购物者带来便利，不仅有助于商品销售，也会使这个经常忍受零售商恶劣服务的群体感到温暖。来购买助听器电池的古怪老头如果不需要费力就能拿到电池，当他需要买电话或电脑的时候，就可能会再次光顾。

日本在帮助老年人适应生活方面就进行了大刀阔斧的改革。日本的地价很高，所以各种商场的建筑都是向上攀升而不是向四周扩散。在一些商场里面，自动扶梯的速度很慢，那可不是为了要惹恼那些蹦蹦跳跳的年轻人，而是为了对日本的老年顾客表示尊敬。日本最大的手机销售商——DoCoMo，有一款适合老年人使用的手机，上面的按钮和数字都特别大。让我们再问一下，美国、意大利或者是俄罗斯（这两个国家也有着迅速增长的老龄人口），是否也已经为年纪不断增长的人口做好了准备。美国50岁以上的人们已经越来越难以忍受“空间上的不确定感”，意思就是在一个占地3万平方英尺的商场里面，大多数老年消费者都会迷路，这可一点都不好玩儿。商家希望的是消费者流连忘返，而不是由于分不清东南西北而怒不可遏。

等候区是另一个商家和店主应该考虑的关键地方。如果一个老年人知道能够步行一段距离就找到一个地方坐下，那么他就更乐意这么做。得克萨斯州的一家连锁杂货店，意识到许多拉美家庭喜欢几代人一起去购物，因此它在店里面分散地放些长凳就不仅是一个友善的做法，而且也是一个高明的营销手段。此外，任何等候区都可以是一个绝妙的销售点以及信息交流点。你的观众其实是唾手可得，已经准备好阅读你给他们的任何信息。**如果你把椅子再做得大一些，方便坐上去、站起来，你就在老年消费者那里赢得了高分。**那些在年轻时就习惯对任何事施加小小影响力的人们，对于怎样把这个世界改造得适合他们年老时居住有着浓厚的兴趣。现在就开始仔细研究年长顾客的特点并不算早。在卡尔文·克莱恩（Calvin Klein，简称CK）推出新的成人纸尿片系列之前，我们需要把世界变得对老年人更加友善。

怎么教老年顾客使用取款机

银行业一直以来面临的一个严峻挑战就是如何让老年顾客使用自动取款机。假如他们还不习惯使用互动触摸屏和机器语音，就可能被自动取款机吓倒。尽管可以教老年人如何使用自动取款机，但是这项工作不应该由年轻人或是爱管闲事的晚辈来教——老年顾客倾向于同龄人的指导。在排队取款的顾客旁边旁安排一位年纪大一点的银行雇员，就能帮助许多老年顾客使用自动取款机，这也有助于使其他取款者注意到自动取款机。假如老年人看到别人使用机器，会减少他对自动取款机的恐惧。由于眼神不济和手指关节老化，那些自动取款机也需要适应老年人的需要，按钮的设计应该更大些，屏幕和上面的文字也是如此。假如商家还想维持这种节省开支的自助服务，就应该根据老年人的手指灵活度和视力重新设计许多机器。信用卡读卡机和自助加油站的油泵，地铁售票机和机场的自动检票亭都存在着同样的问题。

衣服上的小纽扣和挂钩，特别是女装后面的拉链，都应该用尼龙扣这样简单的扣子代替。现在的手机生产商相互竞争，看谁能做得更小，但是老年客户更欢迎大按钮和大液晶显示屏的电话，同时也将手机从雅皮士的玩具发展为老人的救生工具。电视机、录像机和CD播放机的遥控器、便携式摄像机的按钮、笔记本电脑的键盘，以现在的情况，所有这些都必然会因为微型化而被赶出老年人的市场。尽管我不断重申，所有这些都会在未来发生，但是实践证明那是错的。实际上它已经发生了，零售界正在做出有趣的反应。

不要错过老年购物大潮

今天零售界的资本都流向哪里了呢？当然是服务于正在涌现的老年购物者的大潮。是这样吗？其实不然，它们都投入到了以年轻人为主的品牌店里。从设计实验室出来的崭新的互动设施和展示品令人眼花缭乱，你永远无法确定自己是在商店里还是在主题公园里的游戏场里，我猜这就是全部要点。幻想这样的小发明和容纳它们的商店一定是一件有趣的事，而由此展开一系列行动也就不足为奇了。

不幸的是，这些商店所迎合的市场正在萎缩。基于美国人口普查数据，到2035年，65岁以上的人口将会是今天的两倍，是人口中增长最快的部分。为了使零售业更好地服务于老年人，当前还有大量的工作要做。就算是为自己着想，我们也会希望相关人士是带着想象力和热情来做这些工作的。

实际上，开始这项工作的最佳实机就是现在。让我们从小的方面开始，我希望有更好听的电梯音乐。我希望在超市中听到大门乐队的音乐，而不是1001 Syrupy管弦乐队版本的《点燃我的火》。实际上，我迫不及待地想加入老年社区中心，在那里我们将一起借助拐杖在舞池里蹒跚而行，就像DJ（舞厅或电台的音乐主持人）播放50周年特别版的《周末夜狂热》录音带。

专门针对老年人视力衰退的应对办法已经体现在营销策略当中了。**在某些类型的产品上，大型零售店已针对老年人提供**

了如小家电、电脑硬件、自动化产品和季节性产品。在书、服装、健身与美容服务和非处方药等方面，他们当然做得还不够。这并不是因为老年人不关注书面文字，或者对于自己的外表满不在乎，当然也不是因为不需要止痛药或者缓解喉咙痒的止咳药水。这可能跟产品本身有点关系。追求流行的产业界似乎没有抓住这一点——老年人想要有型的服装，但是必须得适合他们的年纪。

如果你跟我一样，我保证你绝不会需要额外的商品。50岁以上的人们通常都很低调，他们正在调整自己，适应空巢的生活。现在，我拥有的衬衫、领带、鞋和珠宝都足够下半辈子用了，现在需要的只有每周的水果、蔬菜、面食、酒、橄榄油、肉类和鱼，以及每年换一些新的袜子和内衣裤。其他所有东西都是可买可不买的。尽管我的长期同居伙伴——被我称为理想爱人，她也的确名副其实——在前年圣诞节买了一个叫机顶盒的新玩意儿，让我很惊讶，但这个新玩意儿可以把有线电视和网络服务连接起来，所以在凌晨两点，我可以在新加坡的一家饭店里用笔记本电脑收看从家里的电视上面传输过来的扬基队的棒球比赛（这实在太棒了）。跟大多数50多岁的人一样，我更注重生活体验而不是产品（当然机顶盒是个例外，休想把它从我手里拿走），我需要的不过是几双袜子。

此前我还提到了轮椅新世界，这是一块充满诱惑的处女地，据我所知，还没有人想到过这个。那些个人代步工具当然需要翻新，包括增大发动机马力、车速控制、很多装饰上的选择（黑色皮革在夏天会不会太热呢）、大轮胎（就像20世纪90年代安在吉普车后面那样的）、电话充电器、茶杯支架、CD播放机和适当的缓冲器粘连物（假如这个轮椅的震动不是来自碰撞）。轮椅市场应该有大量的准入机会，让市场上不乏哈雷、宝马和约翰迪尔，或者路易威登、香奈儿和普拉达那样的品牌。这样的代步工具甚至不应该称为轮椅，而且实际上，它们更接近于组装的牵引割草机或者三轮摩托车。我们甚至没有必要将这些老小孩看成残疾人，轮椅只是代表了时尚和便捷，是什么都有的古怪老人的一件新玩意儿。

老人是旅游鞋的第二大消费群体，仅次于儿童，还会有谁在生活中不要求穿成年人的鞋呢？事实上，运动员的装备，包括软橡胶底鞋、宽松的开领衬衫、弹力腰带系着的宽松裤子，就是为老年人的时尚需求量身定制的。老年人可支配的、用于购买旅游鞋的钱要比孩子们多，而且也乐意为能够让他们更舒适的设计埋单。然而，自尊心极强的青少年可不想和奶奶穿着同款的运动鞋，这可能就是为什么耐克和锐步的形象代言人都是年轻人而非老年人的原因。一家专业的体育用品制造商难道就没有办法将目标定位于老年客户吗？我敢打赌，不久以后，我们就会看到这样的现实。这个机会太诱人了，不会有人错过。广告商可能会选择65岁的迈克尔·乔丹作为明星，与21世纪的最佳篮球中锋进行一对一的对抗。

同样的问题即将出现，高峰期出生的那代人的时尚用品将如何退出舞台？孩子们还会买他们祖父母偏爱的牛仔裤品牌吗？我们这个年龄段的人会穿着蓝色粗斜纹棉布走向坟墓吗？假如那是老龄系列服装，其他人怎么敢穿它？或者牛仔裤会步浅顶软呢帽的后尘吗？

健康和美容护理业现在对老年顾客并没有给予足够的重视，但是在未来他们会这样做。应该有专门为65岁以上老人配备的全套品牌，包括为护发、护肤、洁齿或为男性清洁而设计的特殊配方的产品和化妆品。有人也正在设想怎样将防失禁产品卖给生育高峰期出生的老年人。现在的一些低调品牌的成人尿片羞怯地摆放在妇女卫生用品走廊进行销售，但是这一品类不会被砍掉。它会是恒适、卡尔文·克莱恩，还是雅诗兰黛的产品？或是商家以后会不会把失禁产品摆放在运动文胸和运动辅助物品旁边销售？

未来的床垫商店在专门服务老年人方面将会做得很好。老年人将会为购买符合人体生理学的床垫在商店转上很久，他们也会为此付出金钱。**床垫也会比家具更像医疗产品，它们是脊柱健康类产品的一部分。这无疑是一个很大的市场。**甚至连酒店都用床来打广告，吸引腰酸背痛的老年游客。

当美国没有这么多新生儿时，快餐业会加倍努力地使老年就餐者感兴趣，因为他们已经占了快餐消费的很大部分，尽管这一点麦当劳并没有广而告之。有一天，和汉堡王搭卖的广告不会是最新的迪士尼动画片，而将是《兰博飞跃养老院》；而且随快乐餐赠送的豆宝宝[①]将会被新出现的Hummel小雕像取代。

教爷爷给孙子买游戏

当父母为孩子买衣服、玩具、书和影碟时，他们通常知道该买什么尺码的、孩子喜爱什么游戏，或者能阅读什么水平的读物。但是，今后的30年，今天的父母要为他们的孙子孙女买东西，就会需要一些指导。到那时，服装制造商会聪明到创造出一个明智的、标准的尺码系统吗？现在的尺码系统很混乱，任何为小孩买衣服的人都知道。假如这种系统没有出现，商店应该做许多必要的工作，比如摆上大点的、容易阅读的尺码图，不同高度的模特，安排许多体贴的售货员，以上这些都将确保祖父母能够自如地给小孩买衣服。

假如他们不买衣服，就会买一些玩具、书和影碟来代替。因此，制造商和零售商也必须行动起来使购买这些产品变得更容易。在所有幼儿和青少年读物上应该显著地标注出适合的读者年龄，影碟和影碟游戏也是如此，祖母可不想一不小心给她亲爱的5岁小孙子买了《侠盗猎车手》，因此她需要帮助以确保

① 是一种小型的低成本毛绒玩具，专门提供给那些用零用钱购买玩具的孩子们。——译者注

没有购买那个游戏。

婴儿潮出生的这一代人生来就是技术兴国论者，但是难保在30年后有没有什么新产品出来会使他们心生胆怯。新技术通常会带来便利，惠及老年消费者：如果行动不像以前那样方便的话，网上购物和电子邮件就会使人轻松许多。未来的掌上电脑（像今天的手掌大小的电子记事本，只是比它更好），将会在人们记性不灵的时候帮助保存很多记忆。例如，当你需要一个电话号码，或是站在超市的中央，却记不起为什么到这儿来的时候。

但是看看技术是怎样被推销和销售的，你永远不会在广告中或商店柜台后面看到30岁以上的人。而且从微型的键盘到网页上的字体设计，这些产品本身对于老年用户也不友好，打印机和电脑的开关通常设在背面。也许当你的祖母也能够很方便地使用这些设备时，高科技的一些吸引力就已经失去了。只是，再过几十年，当我们也成为祖母时，我们也要受到如此严厉的惩罚。

第十一章　孩子的钱不好赚

性别角色的转换（或者至少是两性角色的重新配置）已经改变了我们生活的方方面面，男人们和女人们大胆地进入购物新地带。今天这种变化对儿童产生的影响是非常简单明了的——孩子们无处不在。

孩子们是一支不容忽视的消费大军

孩子们都去哪儿了呢？当然是学校。这使妈妈们有时间完成家庭主妇数不尽的任务，包括采购食物、杂货、服装和其他家庭必需品和服务。爸爸则买酒、轮胎、雪茄、杂货（一年中可能有一或两次）和妈妈的生日礼物。去银行的事情妈妈或爸爸都可以做，这取决于家庭的劳动分工。只有重大的购买行动要求全家都在场，但是买汽车或沙发这样的商品毕竟不是经常发生的事。所以孩子们和父母一起购买家庭物品的机会并不是很多。

今天的父母们几乎都要工作，这就意味着在午休时间不能完成采购，采购必须在全家人愉快地待在一起的那段时间里进行。购物成为一项可以接受的愉快的外出活动——可能没有像去迪士尼乐园玩一周那么快乐，但正如我们将要看到的那样，购物也会给家庭带来快乐。而且，现在离婚非常普遍，单亲父母陪伴着孩子，是影剧院、饭店、商店里常见的一道风景。在任何一个周六的下午，美国的任何一家酷圣石冰激凌店或者游乐中心都可以见到离婚的父亲和他们负责周末监护的孩子。因为有大人带领，孩子们无处不在，而他们所及之处，购物格局也以明显或微妙的方式改变了。

人的年龄越大，就越明白无论拥有什么产品都不会改变产品主人的特性。某件连衣裙、某款唇膏，或者是苹果音乐播放器都不会使你本人发生改变或者改变别人对你的看法。成熟的消费者也更能轻易地忽略网上自动弹出的广告并且用TiVo电子视频摄入机录制最喜爱的节目，这样就不必在看节目的时候一连看到5个恼人的电视广告。因此21世纪的营销商把重点放在孩子和青少年身上。现在一个普通的4岁美国小孩能够识别100多个品牌，根本不是件稀奇的事。

还有一个事实就是，大众传媒对孩子们投入的精力比对成人更多，这些传媒中的大多数都在争相向孩子们推销某种商品。**市场想要孩子，需要孩子，所以向他们发出邀请，而他们**

也乐于就范。孩子们把喜爱的电视人物当成偶像，就像崇拜守护神那样，并在还很小的时候，就能推断出品牌和地位之间的联系。这只是资本主义民主的又一个例子：孩子们不再需要避开全球市场，虽然他们只有一米高，没有收入，没有妈妈陪伴就无法自己穿越马路，但无论是现在还是将来，孩子都是一支不容忽视的消费大军，这就足够了。

像任何一个重大的变化一样，所有这些都既有好处又有负担。实际上，这意味着三件事：

第一，假如一家商店不太欢迎孩子，购物的父母会感受到这种信息而离开。我无法确切地告诉你有多少依赖女顾客光顾的商店，没有做到所有的货架和展台之间的通道和道路的宽度足以让一个轻便婴儿车通过，因为实在是很多。假如商店没有做到这一点，所有的20—30岁的女性中至少有一半会减少购物时间，很多的男性购物者也会这样。我们为一家百货商店做过一项研究调查。通过使用卷尺测量，我们发现婴儿及儿童服装部的货架和展台布置得要比商店中的其他任何部分都拥挤。拥挤的结果是，假如你推着一辆轻便婴儿车，婴儿及儿童服装部是商店里最难通过的部分，也是商店里最少被光顾的地方，这不是巧合。每年贺曼卡片公司都会花钱为它的圣诞装饰部做些电视广告。在我们研究的一家贺曼模型店，展台坐落于一个狭窄的通道处。每当一个推轻便婴儿车的购物者进入那里，那部分就完全被阻塞了。我们的研究结果表明，商店的购物者中只有10%的人看见了那里的装饰品。仅仅通过商店的设计和展台，你就能确定那里是对孩子友好呢，还是规避孩子：自动门、宽阔的走廊和无障碍通道，就能使父母们很容易推着婴儿车，或拉着初学走路的孩子购物。

第二，只要考虑到了孩子们的需要，这些孩子就可能成为热情的消费者（或者共同消费者）。换句话说，假如你想卖给孩子们什么东西，你要把东西放在他们能看得见和够得着的地方。这既包括一些醒目的东西，像装在恐龙班尼形状容器里的泡沫浴剂，也包括像狗零食那样的商品。正如我在前一章中解释的，儿童（和老人）是饼干的主要销售对象。相反，如果商店对孩子们的瞎摸乱弄完全不设防的话，也会遭遇许多令人不快的意外。

第三，假如父母必须保持注意力集中（与汽车销售员或银行贷款负责人谈话），那么就必须有人想出一种办法来转移好动又缠人的孩子的注意力。

让孩子们够得着

我第一次认真关注孩子对成人世界的影响不是在零售商业中心，而是在一个文化殿堂——费城的罗丹博物馆。当我正在比真人还大的铜像前漫步，沉浸在美学里时，听到一个小孩子大喊："看，妈妈，一个屁股！"我转过身看到了一个天使般的小孩正用两只小手抓着巴尔扎克的臀部。之后我环视屋子四周，注意到所有的雕像都有允许触摸的标志。这些标志几乎都位于这个可爱的孩子能够抓着可怜的老巴尔扎克的高度。很明显，小家伙不是美国唯一一个喜欢触摸艺术品的“鉴赏家”。

孩子触摸的那一刻，揭示了许多关于孩子的真理。首先，他们会生机勃勃地参与到客观世界中来。假如在够得着的地方，提供稍许的诱惑，他们就会触摸。孩子把任何东西都当成玩具，这种行为可以体现出人类的创造性冲动。因此一个熨衣板是玩具，巴尔扎克的屁股也是玩具。**我意识到，假如想让孩子摸什么，就必须把它放得足够低，这样才会被发现。**实际上，放置在某个高度以下的物品只有孩子们能触摸得到。

超市是探索孩子们实际购物风格的前沿阵地。我们有数不胜数的录像片段，表明杂货店中的孩子会通过乞求、哄诱、哭诉、哀求，让妈妈或爸爸购买某件东西；当这些招数失败后，他们就抓起东西扔到购物车里。假如物品放在够得着的地方，就会有小孩触摸它，假如够着了这些物品，至少就有机会让妈妈或爸爸（特别是爸爸）发慈悲买了它。尽管如此，商店也需要细心地做好每件事。我们曾研究过一个市场，它把孩子们想要的东西都摆放在货架的底部，却忽略了那些坐在购物车中的孩子。**对他们来说，放在货架中间下面一格的地方是最理想的。**

超市在吸引孩子方面做得很好，父母对此却是有些抵触的。他们对收银员旁边的糖果和口香糖货架抱怨不小，作为妥协，一些市场撤销了付款处的糖果货架（现在这已引起了糖果厂商的抱怨）。我在几年前进行的一项研究中发现了一个值得警觉的趋势：为了使自己免遭孩子哭喊的纠缠，越来越多的父母费尽心机绕开甜饼和饼干通道。为了适应这种变化，我们的甜饼制造商开始改进接近孩子的战略，更合理地利用通道，例如，甜饼在通道的一边，婴儿食品在另一边，这样就能保证来购物的家庭总是能够看到巧克力和薯片。

20世纪80年代，通用磨坊公司针对儿童的口味设计了一种新产品，不同颜色的微波爆米花。他们在针对孩子的电视节目中为这种产品投放大量广告，但是之后，却没有确保将产品摆放在目标顾客够得着的地方。这就是广告部门与营销部门脱节的经典例子。实际上，由于事先假定父母会购买这种微波爆米花，它们被放置于超市货架的高处。我们确信，这种不合适的摆放方式应该为产品令人失望的销量负责。我们还向客户展示了一盘录像带，录下了一个6岁左右的男孩在存放爆米花的架子前不停地蹦跳，试图打下一个来，这样就能拿给妈妈看。他最终把爆米花弄了下来，但是妈妈不允许将爆米花放在购物车里。他很失望地把爆米花放回到货架上，但不是它刚才所在的地方，而是在他水平视线之下。可以肯定的是，下一个进来看到爆米花的孩子，会抓起爆米花，抛到爸爸的购物车里，爸爸会把它留下来。我们通过观察购物者获得了灵感，这是很经典的时刻。

假如没有孩子们喜爱的食物，全家一起购物是不可能的，麦当劳比其他任何地方都更好地利用了这一点。假如孩子在购物中心的一个上午表现得好的话，父母就会带他们出去吃饭，一方面是为了方便，另一方面是为了贿赂孩子。麦当劳很早就意识到，假如通过菜谱、玩具、印有著名人物的杯子和儿童乐园能吸引孩子，那也就能吸引父母。美国的主要快餐食品也是孩子们最喜爱的，这并非巧合。然而即使是麦当劳也没有把每件事情都做好。一个重大的疏忽是：对于儿童来说，柜台太高了。一个七八岁的孩子肯定可以独自从餐桌走到柜台，再多点一份油炸食物和一杯碳酸饮料，但是餐馆的设计阻止了他这么做。就连菜谱展板也太高，只有成人才能舒服地看到。餐馆应该备有与孩子一样高的菜谱展板，菜谱上面应该有巨大的食物照片和尽可能少的文字。

店中有仔，如有宝

我自己也有一个“店中有仔，如有宝”的故事。曾有一度，我是纽约市中心一家酒吧式餐馆的老板之一，这家餐馆叫“耳朵客栈”。在我们刚开始做生意的时候，来光顾酒吧的主要是上了年纪的印刷工人和码头工人——一个粗犷而不修边幅的蓝领群体。作为刚开始做酒吧生意的人，我们对开发居有定所的人们、艺术家和由年轻人组成的家庭很感兴趣，这批人正慢慢地入驻我们的工业小区，就在哈德孙河的另一边仅一个半街区的地方。我们也需要涨价并且理所当然地、慢慢地顺势改变“耳朵客栈”消费群体的构成。

我们采用的方案是什么呢？把彩色蜡笔和纸放在每张桌上，在低价时段，邀请我们的目标顾客放他们的小孩子在酒吧里面自由活动，这样妈妈可以在家不受打扰地煮晚饭，而爸爸就有时间喝一杯啤酒继续看孩子。就这样，从下午5点开始直到晚上8点过后，“耳朵客栈”有着许多蹒跚学步的小孩子和幼童在那里添乱。在开心时段（即酒吧的低价时段），人们也真正地开始做开心的事，而不是像以前那样，一杯接一杯地灌威士忌，直到灌不下了为止。于是，在我们的店里，码头工人和印刷工人消失了，这些人可不是你想有意得罪的。但是他们自己被这架势吓走了或者是不愿意再待了，也许兼而有之吧。

有一件事是我们没有预料到的，这些孩子的到来还以某种方式保护了我们的餐馆。几乎每个新开酒吧的业主都遇到过附近流氓的骚扰：索要保护费、垃圾费，闹场，在公共电话亭里面扎营的赌徒到酒吧来赌马。可是“耳朵客栈”好像总是能够躲过这类事情，这非常神奇。

在这之后的几年，我结识了附近的一些“聪明”人（聪明反被聪明误）。其中有两个与我同龄的，现在在蹲监狱。还有一些我还在街上看到过，跟他们的不期而遇，总让人感到心情愉悦。即使是现在，我也常开玩笑说，如果我想教训一下什么人，我知道该去哪儿。10年前的一个晚上，我在街上走，撞见了一个人，就叫他托尼吧。我们一起去了附近一家酒吧喝了几杯，说了很多过去发生的事情，我问他，为什么你们当时就剩下我们的店没动呢？

"帕科，都是因为那些小孩，有3次我们都已经准备进店找老板了，但是我们一进来就发现，这里有老太太和太多小孩，我们实在下不了手。所以什么都没做。"原来一张纸和一把蜡笔还能够为你做这么多事，这真是神奇啊！

聪明的图书销售商怎样摆放书架

不，你不是在做梦，今天来书店的孩子是比以往任何时候都要多。孩子们的图书区一度被设在书店的后端，字典的后面；今天它却可能是书店中最好看、最吸引人的部分。

这里说一说聪明的图书销售商怎样摆放书架：他们把流行的电视节目配套读物摆在书架的下边，这样小孩不会被爸爸妈妈干涉，可以拿到恐龙班尼或天线宝宝还有反斗家族的书，因此爸爸妈妈可能并不欣赏这些高度商业化的人物。而孩子们的经典读物，如《格林童话》《小王子》，或其他看起来显得有些老又有很多文字的书，被摆放在高处，在成人的水平视线高度，因为那是成人认为值得买的书。在中间是吸引各种年龄读者的书，例如，关于Babar实验①、《好奇的乔治》或者苏斯博士的书。影像店应该以书店同样的方式摆放：父母们会选择的老片——《老黄狗》或《绿野仙踪》摆在上边；现在的孩子们喜欢的作品，像《歌舞青春》或者《双面孟汉娜》，放在孩子们能拿到的地方，这样他们就会吵闹着请求父母购买。

我们一直建议书店按顾客性别划分图书区：男人倾向于在运动、商业、DIY（自己动手做）和电脑区扎堆，女人愿意翻心理学、自助、健康、烹调、节食、家庭和园艺方面的书，根据这些特点，我们建议书店将孩子们的书放在处于女人区的人们的视线所及之处。我们建议书店给孩子们使用低矮的书架，这样母亲既能浏览她的书，也会不时抬起头照看一下孩子。

在我办公室附近的巴诺书店，有一处专门的儿童区。那儿有许多小座位，这个想法很好，但是他们忽视了一个事实，即大多数孩子习惯于坐在父母的膝上听父母阅读。我总是想从商店的其他地方拿过来一两把大扶手椅放到儿童区内。

儿童读物的出版商在取悦其产品的主要读者——成人——这一方面做的工作并不充分。假如你为自己的孩子购买图书，也非常了解孩子的爱好和阅读水平，那么你可能不需要过多的指导。但是对于那些希望给孩子们买书的祖父母、姑姑（姨）、叔叔（舅舅）和家庭好友呢？关于每本书是为谁写

① Babar实验是21世纪初国际高能物理最重要的实验之一。——译者注

的，他们需要书上有一些明确的指示（也可以在书架和其他地方显示出来），说明此书主要适合什么年级（或年龄）孩子的阅读水平，但是很少有儿童图书或图书陈列架子传递这个重要信息。这是产品设计者和营销者不知道购物者需要什么的典型例子。你可能会看到消费者站在书店里阅读，好像要从书中发现一个是否适合的线索。之后，他对自己的选择感到非常不确定，就又把书放了回去，决定给晚辈买些别的东西代替。找到一种办法让购物者知道某本书的重点也非常重要。例如，一本书的重点是关于如何建立关系，或者是关于一种富有想象力的游戏，这样就能够表明一本书作为礼物是否合适。

还有一个方面，出版商没有为想要送礼的购物者考虑：孩子们的书相对来说比较便宜，也就是说，假如你要购买，你可能要买一本以上。尽管四五本书的合集是一件非常好的礼物，但是即使是成功的儿童系列读物，像鸡皮疙瘩系列或者是雷蒙·斯尼奇系列，用盒子装起来的也很少。

两个需要注意的常识

尽管从技术方面来讲，大人是选择和购买玩具的人，但是孩子们却是真正的决策者。即使孩子还不会说话，你也能看到他的父母从架子上取下一个玩具，在小家伙的脸旁晃来晃去，以获得有价值的意见。假如小家伙想咬它，他们就会买。这就是为什么现在大多数玩具包装都能够在不打开盒子的情况下按按钮或拉绳子的原因。这里的原理很简单：假如说大人是非常依赖触觉的购物者，孩子们也不例外。正如巴尔扎克的臀部给我们带来的启示一样，孩子们会触摸任何东西。只需看他们做些什么，然后做出相应的计划。但是这里面至少有两个令人烦恼的方面，每个方面都要求具备零售商的常识。

首先你要意识到，如果成功地让孩子们看、摸和拿到商品，并使孩子们想得到它，就会使父母感到苦恼，例如那些避开甜饼通道或者堆满糖果和口香糖，以及5分钱娱乐场最新款玩具的收款处的大人们。当你只顾着追逐那些自认为是购物者一员的孩子之时，销售反而会变得比较困难。一些商店的经历说明，引起孩子们过多需求的商店会让大人们避之唯恐不及。这里有一个平衡的问题，是值得引起注意的。

其次，假如你想把商店宣扬为孩子们的商店，你就应该保护好他们。换句话说，像在家里那样，防止孩子们瞎摸乱弄。眼睛要不停地看着他，从地板到一米开外的地方，看看一个精力充沛的4岁孩子到底能弄出什么恶作剧来。你应该能很容易地发现如电源插座、尖棱的货架这些明显的危险之处，并将其标明。除此之外，你还要保证重物不会轻易地被猛拉或翻倒。我们在汉堡王待了一天，发现那里用齐腰高的栏杆隔成的复杂迷宫，控制了柜台边的队伍。在8小时内，我们数了一下，总共有52个男孩和女孩在上面爬上爬下，把它们当成了健身器械，而且我也毫不怀疑会有些孩子从栏杆上面摔下去。

在一个项目中，我研究了3家位于美国不同地点的电话电报公司的电话商店，当时手机还未普及，店里的设计都很吸引人。这3家商店的雇员数量相同，要接待的顾客数量也基本相等。然而，其中一家商店的购物者拦截率（销售人员与潜在的顾客交谈的比率）非常低，花费在每个顾客身上的时间也比平均时间低得多。这家店到底有什么特别的呢？我们研究了一段时间才发现，只有那家商店安装了“瀑布式”陈列系统——一排高度呈递减排列的架子，上面陈列着设备。我们观看了商店里各个角落的录像，发现了这样一种情况：在这家表现不佳的商店里，员工要不时地跑去挽救商店里那些被孩子们轻易够着的电话和传真机。销售人员可能正和一位顾客交谈，但是一只眼睛总要瞄着小家伙，看他要从那个“瀑布式”陈列架中拿什么下来。销售人员这么做可不是仅从整洁的角度考虑，而是因为每个型号的商品商店只有一到两台库存。所以，假如一台昂贵的传真机从架子上掉了下来，摔坏了，就没有代替品可卖了。录像带表明，那个可怜的员工似乎花了更多的时间用来挽救贵重的通信设备，而不是与购物者交谈。把电话设备放在好奇的购物者能够得着的地方是一种聪明的做法，但是把商品放在孩子们能够到的范围内就不明智了。

我与一位非常值得尊敬的互动音像设备设计师一起坐了一个下午。当时正值该设计师将最新的产品模型——安装在快餐店游戏区的视频游戏台，公之于众。头两个试用的孩子坐在这个新发明的玩意儿前，玩了起来，没有发生什么意外。第三个男孩脱了鞋，偏离座位很远，用脚指头点击触摸屏。下一个孩子拿着随他午餐赠送的硬塑玩具连续敲打着屏幕。

“我的上帝，”设计师气呼呼地说，“看他在做什么！”

“他在互动。”我提醒他。这不正是这个活动的目的吗？这里我们学到了最基本的一课。任何陈列在商场地板上的技术——当然孩子们自然能够得着，就必须按照可以进行格斗的标准来制作——就好像它要被送去喀布尔或者是巴格达一样。

为孩子们设置一个活动区域

你不必为了使孩子开心，自己就成为班尼。但是在商业领域，顾客们特别需要待在一个地方，集中注意力做些事，这样给孩子们解闷就是必须要做的了。

这种想法对任何父母来说，都是十分明显的。所以，考虑到这一点的商人那么少就让人感到非常奇怪了。我最近在一家商店看到一个两岁的孩子在妈妈试图购物时乱跑。那个地方实在应该知道顾客会带着孩子来，因为那是一家孕妇服装商店。转移孩子们的注意力可能很简单，他们可以效仿法国高级百货店，只需在一个小房间里安装一台电视，放一些迪士尼的录像带。我经常奇怪地发现，在所有场所中，音像店几乎没有一台显示器在放儿童节目，而那样就可以让父母们闲下来多逛几分钟。在5平方英尺的区域放置一些塑料玩具，这样妈妈和爸爸可以不时地瞥上一眼，对一家小商店来说就足够了。宜家以它的儿童区闻名，五颜六色的塑料球纷至沓来已经成为一个友好的图标。毫不奇怪这种做法是瑞典的连锁商店率先采用的：欧洲人，特别是斯堪的纳维亚人对他们孩子的安全并不很担心，他们购物的时候很愿意把孩子交给商店的工作人员监护。几年前，当一个年轻的丹麦妇女将她睡着的婴儿留在婴儿车里，并把婴儿车停在餐馆的窗户外面，自己进了餐馆（靠窗户的座位）吃起午餐时，纽约出现了一场小小的骚动。有人叫来了警察，儿童福利工作者也出其不意地到来了，那个妇女几乎面临一场监护权争夺战。

不管什么原因，美国的父母们在涉及他们孩子的事情上总是过于多虑。在美国，宜家店不得不在大人把孩子们从游乐区接出去的时候，进行严格的身份检查。许多父母拒绝将他们的孩子留在游乐区，只因为他们在商店的时间里不能时时看到自己的孩子。几年前，百视达店有了一个聪明的做法，为孩子们建立了一个可以“开车”进来的剧场，剧场里有大屏幕的影像和微型汽车，小家伙可以坐进去观看。不巧的是，它的位置就在离出口很近的一个角落里，这还是让一些父母焦虑不安。这里，我们在公共日托方面并没有很多经验，所以孩子们最后跟随着大人们一块逛商店、银行和零售店就一点也不奇怪了。

我们在几年前为富国银行进行的一项研究表明，所有进入它分店的顾客中有15%是7岁以下的孩子。

“什么是你们最有效的销售工具？”我问那儿的一个贷款主管。她把手伸到桌子的抽屉里，拿出一个棒棒糖。她说通常可以用这个贿赂孩子两分钟，使其不打断她和父母的谈话，这就是她所需的全部装备。这家银行还提供彩色图书，描写的是居住在美国富国银行分行里的一只小狗。所有这些，加上一把蜡笔，毫无疑问能够增加一笔全新的家庭财产贷款。在纽约，花旗银行为孩子们准备了一种活动书。在这两个例子中，今天的银行是在购买安静。正如我们通常会依恋童年的快乐经历，这些孩子也会成为明天的忠诚顾客。

为孩子们设计一个活动区域（不是家畜栏）有一些原理可循。**必须允许父母在任何时候都能看到孩子，所以它必须是一个开放的区域，不被墙壁或障碍物遮蔽。它必须是安全的，必须足够大，而且最好可以将不同年龄的孩子隔离开来。**否则，大一点的孩子总会占据主导、控制地位，给妨碍他们的小一点的孩子留下不愉快的体验。

汽车经销商在转移孩子们的注意力方面很不成功。想想这件事，你就会觉得失望，因为孩子们已经开始喜欢车，至少是玩具车。因此，汽车业在吸引孩子方面有许多事可以做，但是他们却落后于大多数销售商。结果，家庭买车过程中出现了许多不必要的困难。假如没有汽车经销商认识到这个问题，那么所有的汽车经销商都不必这样做。但是当福特和克莱斯勒开始承认孩子也是交易中的一个因素时，其他的经销商就被迫要对此做出反应了。在日本，尼桑车的经销商分为蓝线和红线，分别销售不同系列的汽车，但在店面前端都陈列着漂亮的与所售汽车同款的玩具车模型。因为许多经销店都很小，没有美国的那种大型停车场，于是这些玩具车模型就方便了顾客前来预览。我试着向尼桑经销店建议储备足够多的汽车模型，这样销售人员就可以把它们像棒棒糖那样拿出来。这是一种高效、经济、迅速的广告方式，在21世纪，即使是一个6岁小孩，在家里买汽车的时候也有一定的影响力。

必须令孩子们高兴的另一个场所是药房（兼卖杂货）的等候区。在那儿，在一群等候取药的生病的大人中间，精力充沛的青春魅力逐渐消失。大多数孩子自己可能也会生病，但这对他们的心情影响不大。药房无疑可以在等候区存放玩具或彩色图书和蜡笔，那是一个取悦孩子的好办法，而且可以创造一个购物的途径。当父母们在几步以外购物时，也给孩子一些可以购买的商品。特别是考虑到有很多父母采用贿赂的办法使孩子安静下来，这可能是一个聪明的战略。由于女人仍旧承担了大部分购物工作，把孩子们的产品放在接近妈妈购物的地方是有意义的。这是拿孩子赚钱，还是给了妈妈一个方便呢？可能二者都是。

如何服务于“新新人类”

几年前我看到过一篇有关便利店的新闻报道，是有关青少年晚上在商店停车场闲逛的问题。对于这家便利店来说，雇用一个保安站在那儿对青少年怒目而视，是一种昂贵的解决办法。那家商店采取的办法是：它开始通过扬声器播放曼托瓦尼的流畅舒缓的音乐，效果非常理想，再没有人来闲逛了。

青少年还太年轻，他们会为偶像彻底折服，会受广告、身份营销、媒体信息、趋势和商标的蛊惑，他们仍然相信品牌的力量可以带来地位、超凡魅力和知识，也可以让他们显得很酷。通过对购物做出选择，他们建立了自己的身份。在这方面，青少年非常像20世纪50年代的成年人。只有当人们在名人形象的广告效应方面有些辨别力了，这种情况才会有所改变。孩子对媒体的选择也比大人少，所以信息到达他们的时候是以一种集中的形式。孩子喜欢找遍世界获得一个图标或者是其他一些专为孩子服务的产品、商店的线索。让青少年听轻音乐，他们会逃之夭夭，就好像那是炭疽热，而大人却能容忍任何事情。

所有这些特征使青少年成为市场中一个具有鲜明特征的群体，但是他们自身也有一些局限。在一项关于牛仔裤如何销售的研究中，我们注意到青少年购物的一个奇怪模式：一伙来购物的青少年，花在牛仔裤区的时间（3分52秒），要比和父母一块来买牛仔裤的孩子花的时间（2分32秒）长。青少年集体购物要多浏览1/3的产品，但是和父母一块来的话，青少年购买牛仔裤的比例（25%）几乎是和同伴们一块来购买的比例（13%）的两倍。从中我们意识到：他们和朋友一块来是为了浏览，即预备购物。一旦做了选择，得到了同伴的认可后，就会和爸爸妈妈——也就是拿钱包的人一块儿再来，然后迅速购买，因为青少年怕被当众看到跟老派的监护人一起买衣服，而冒被同伴们轻视的风险。

这个例子表明了在服务于年轻购物者方面，普通公司，尤其是银行业，可以做得更好。可以开辟便捷的零用钱取款服务，通过自动取款机或借记卡来提取。另外，零售商可以专门针对年轻购物者提供些分期付款的商品，并将这项业务常态化。我曾经为法国的金融机构法国农业信贷银行做过咨询，它正尝试建立一个旨在服务于学生的分行。这家分行看起来和听起来都不像是银行，其设计、图标、营业时间、员工、音乐等都能反映出它的目标是“新新人类”。这家银行还举办关于第一次如何租赁公寓，怎样筹得资金购买摩托车的现场讨论会。

这是一个明智的办法——别忘了这只是所有分行中的一家——它承认了这样一个事实，即某种产品或服务如果把目标定位于服务年轻购物者，那么就等于是宣称将其余年龄段的人排除在外。宝洁公司的Clarion品牌已经不存在了，但它曾一度是猛烈促销的化妆品牌。该品牌是交互电脑设施的早期用户，其顾客可以录入一些有关她们的肤色和皮肤类型的信息，之后电脑会告之应该买哪一种Clarion产品。但是，由于某些原因，这种设施最终向下迁移到了低层货架上，完全定位于青春期少女，靠电脑来获得她们的好感。一旦成年女性看到这个，自然就会假定Clarion是针对化妆初学者的，也就避而不用了，因此Clarion的名字逐渐被尘封，不久就从市场上消失了。

第四部分
购物动力学：观，闻，触，买

我们对这个世界的很多直观感受都来自于购物。我们还在别的什么地方对一件事物也想仔细看个究竟吗？当然是博物馆，但是在那里什么都不能碰，那儿不是礼品店——一种零售环境。商店里有大量可触摸和感受的机会，即使并不需要买什么东西，我们也可以去摸摸并试着感受一下。

Why We Buy
The Science of Shopping

导　读

到目前为止，我们已经了解了所有必须要采取的措施，这些措施是为了使购物环境做到对顾客友好。为了使购物顺利进行，我们必须遵从人们生理结构的需求。同时还必须适应不同年龄和性别的购物者的行为差异，否则商店、餐馆和银行等这些商业环境就是针对泛化的购物者——没有性别和年龄的差异，但这些人并不存在。当然，一旦意识到这些，事情就会变得非常有兴趣。我们发现购物学的第三个方面就是浪漫色彩——双方迁就，你来我往。尽管我们已经了解了很多，但零售业还是充满神秘色彩的。为什么一个顾客去数码店时想要的是惠普品牌，出来的时候却拿着佳能？（反之亦然。）是什么让一些只打算去精品店消磨时间的顾客，出来时却手持价值1 000美元的打火机，而且觉得自己比任何时候都更时尚，更潇洒？简单的答案是他买到了心仪的东西，但要弄清楚这是如何发生的，却没有简单的诠释。好的商店会玩一些零售的柔道术：商家利用顾客自己的动力，即未说出的倾向和欲望，推动他们购买一些原本不打算买的商品。最后，只是将商品展示在顾客面前并不够，还要让顾客想去把商品拿过来才行。拿过来之后，还必须想要拥有它们，不然所有的努力都白费了。在研究所有这些行为的过程中，我们发现零售世界的顺利运转是建立在顾客对产品的喜爱之上的，那顾客喜欢什么呢？我们已经了解到的一些重要方面是：

触摸。我们生活在一个缺乏触觉的社会，购物是为数不多可以直接自由接触物质世界的机会。几乎所有计划外的购买都是在顾客摸、听、闻、尝之后决定的。这就是为什么商场促销比市场推广更有效，以及为什么网店、产品目录和电视购物会发展，却都只是一种补充手段无法威胁到实体店的原因。

镜子。人们喜欢站在反光的镜面前照来照去，无论男人和女人，都会像黑猩猩一样整理自己，这是我们身上固有的天性。从购物到照镜子，我们十分关注自己的外表。正如之前所说的，镜子可以使顾客放慢脚步，这对于陈列在顾客旁边的商品是件好事。但即使是在如服装、珠宝和化妆品等镜子在销售中起着至关重要作用的商店，商家都没有为顾客提供足够的镜子。

发现。走进商店，发现某种线索，然后沿着它找到自己想要的东西，在此过程中购物者能感受到某种满足感。如果商店里的标志或购买点过多，购物者在购物过程中就体会不到上述的开拓感觉。同时，商店的布置不能让人感到迷惑，但也不必太直白，应该通过一些建议和暗示，来诱导顾客穿过通道。例如，刚烘烤出的热面包的香味会引着顾客来到烤面包的通道。一张詹姆斯·邦德身着礼服的巨幅精美照片传达的信息比最清晰的“中规中矩”的广告牌要多得多。

交谈。可以吸引很多夫妇、朋友或是结伴购物者的商店，通常有很好的销售业绩。如果你可以营造顾客讨论的气氛，如讨论一套衣服或是某个型号的手机，那么这时候商品就是在做自我推销。

熟识。在一部老电视剧《干杯》中，主题曲中有这样一句：“你想去每个人都认识你的地方。”在这一点上本地的小商店可以赢过全国连锁店，而且聪明的店主会尽可能地利用这一优势。如果可以选择的话，人们总愿意去那些让他们感觉被人需要的商店，甚至为了体验这种感觉，有时多花一点钱他们也不在乎，即使是最小的商店也可以通过了解顾客的需求和给他们适当的优惠来留住客人。我们的研究表明，只要店员主动和顾客交谈——甚至只是一句“你好”，都会增加顾客购买的概率。如果销售人员能向顾客进行推荐或提供一些商品信息，那么他们购买的概率会变得更高。当然，顾客不喜欢热心过度的店员，所以，这也有个度的问题。

讨价还价。这是个很明显的问题，但却不只是砍价那么简单。例如，在内衣品牌店——维多利亚的秘密，内衣通常被堆在展示台上，并标明“5套20美元”，听起来好像比一套5美元要划算。即使在最高档的商场，清仓处理的货架也会激发顾客购买的热情。尽管在打折品前，顾客能接受一定程度的拥挤，但是当过度拥挤时他们也会离开。例如，顾客会从拥挤的打折货架前抽出一件衬衫，但是如果拥挤的人群无法使他们退到一边像看全价商品一样展开来仔细检查，他们也不会购买。

另一方面，顾客会厌恶：

镜子摆放太多。一家商店的布置不应该让顾客觉得像是在设有哈哈镜的游乐宫，有时，太多的镜子会让顾客失去方向。

排队。顾客不仅讨厌等待，他们同样不喜欢长时间等候带来的消极情绪，如看到效率低下的工作人员时的沮丧，或是焦虑自己所排的队是否是最快的，或是排队时因为没有任何信息可以阅读、任何东西可看或可买而感到无聊，在购物时的愉快心情可能会因为漫长的排队交款而一扫而空。

询问愚蠢的问题。特别是新产品一定要让顾客试用，而不是摆在玻璃柜里。同时还应该投放足够的广告、宣传册、介绍产品的视频、报刊文章、谈话节目或其他必要的手段，以使顾客在向售货员询问前就已经了解了信息。如果商店能让顾客更多地了解新产品或是复杂的产品，销售额就会增长。

身体下倾或是弯腰。特别是当顾客双手拿满东西时，如果一件商品很难弯腰拿到时，顾客会离开去另外一家方便拿取的商店。

商品缺货。不言自明。

模糊不清的价签。同上。

胁迫性的服务。还有不礼貌的服务、迟钝的服务、无知的服务、愚钝的服务、心烦意乱的服务、懒散的服务、粗暴的服务等。也许对于一家商店顾客最好的评价是“那家商店里里外外都让人愉快”。如果服务态度恶劣，顾客就会去另外一家商店购物。无论商品的质量再好，价格再优惠，商店的位置再优越，如果服务质量低，这一切就都将被抵消掉。尽管购物是非常实际的行为，但购物者的感觉往往是第一位的，而且好的感觉总是比差的感觉要好很多。

在接下来的几章，我们会讨论在购物中什么最能吸引顾客——摸、试、尝、闻或其他各种探求欲购商品的机会，以及商品的陈设艺术在购物中的巨大作用。我们将看到除了商品本身以外，商店的陈列方式也决定着顾客会关注哪些商品，而忽视哪些商品。我们还将讨论零售商为控制购物过程，该怎样来影响购物者对时间的感觉。最后，我们还要简单看一下与卖场购物截然相反的购物领域——网络零售世界。

第十二章　感官与购物

什么是购物？

任何人在任何时候被问到这样一个问题，都会觉得很奇怪，尤其是现在，而在最近的调查过程中，我们正好碰到了这样的问题。

我不是问什么是购买，也不是指进入一个公共商业场所，拿钱交换陈列的货物。我也绝对不是问什么是零售，什么是商业或是贸易。

我是说究竟什么是购物？谁去购物？他是如何进行购物这个活动的？

为便于讨论，我们假定购物不仅仅是简单地获得生活必需品。这不仅仅是我们所说的“拿起就走”：你需要一盒脆玉米片，于是走到脆玉米片货架前，拿起一盒付账走人。我所指的这种活动包括用我们的各种感官——视觉、触觉、嗅觉、味觉、听觉，去感受销售领域中的各种因素，作为我们选择或拒绝商品的根据。在购物过程中，**感官是决定购买的最有诱惑力的因素**，因为除此之外，我们还有别的办法去体验商品吗？感官扮演着非常重要的角色，因为实际上很多计划外购买（也包括许多计划内购买）都是购物者看、摸、闻、尝满意后的结果，尽管有时购买商品并不完全由感官决定。

我还想强调一下上述观点，因为我认为：**如今人们买东西比任何时候都更依赖于试用和触摸。**

让购物成为感官之旅

现在，为什么有些人在买东西前都想去摸一下呢？这里面有许多实际意义，最明显的原因是“产品的质感如何”是最重要的，人们必须知道它的手感如何。举例来说，我们在一项研究中发现，人们喜欢在买毛巾前摸一摸它。一条毛巾在被买走之前，平均会被6个不同的顾客摸过（这也是为什么在使用之前真的应该洗洗它）。床单也是一样的，床单的手感怎样是决定购买的重要因素。衣服也一样，大多数的衣服也需要用手去摸一摸感受一下，毛衣和衬衫尤其需要仔细地触摸。我认为男性内衣裤制造商正在失去一个重要的销售机会，因为他们把产品装在塑料袋中出售。女性内衣就不这样卖，这是有原因的，因为女人总是想试一试任何贴身穿着的东西，只要也给男性顾客这样的机会，他们可能也会这么做。

非纺织产品也同样和我们的身体有接触，所以也应该在购买之前试一下，化妆水、保湿水、唇膏、化妆品、止汗露和粉饼——从健康和美容产品货架上面随便取几样东西试一下。只要搬得动，拿得到或者可以用的你都会去摸摸它。就像锤子，不掂掂它的分量，怎么知道合不合用？同样，像手提包、公文包、手提箱、雨伞、小刀、刮铲、钳子都是如此。还有你每天都要携带的物件，比如钱包。虽然可以通过商品的外观来判断它们怎么样，但是没有任何方式可以代替手感。

什么东西不需要去摸？照明灯泡，没有人去摸灯泡，但也有办法让人们感受灯泡。你可以从超市里买盒装的灯泡，也可以买挂在五金店里的灯泡，或者来到一个大型家居用品中心，看看那些在灯罩下发出宜人光芒的灯泡。你觉得哪种方法可以卖出更多的灯泡，尤其是那些昂贵的灯泡呢？

在这个方面，有一个经验法则是，购物者通常想花时间研究和考虑那些有高度“参与性”的产品，也就是说这些产品会提供某种可能性或者引起人们的对比。举例来说，在超市里购买一种新品牌的番茄酱、奶酪或者一种昂贵的苹果或桃子前，你可能想先尝一下。由于某种原因，调味汁厂商总是推出新产品试尝活动。没有人需要试尝一下百威啤酒的味道，但是如果想买那些很贵的低度啤酒或者美国啤酒，你就会想先尝一点。那么砂糖呢？这只是在浪费时间，砂糖就是砂糖。同样，虽然人们像品尝陈年佳酿一样尝试橄榄油，但是植物油就是植物油。20年的意大利香脂醋终归是一件特别的商品，但是如果商店让你稍微试一下的话，你可能就会动心买上一瓶。而牛奶呢？只要它是冰的，并且确保它还在保质期内，你就会放心购买了。

近90%的新推出的杂货店产品都失败了，但不是因为人们不喜欢它们，而仅仅是因为人们根本就从未试过它们。在我看来，一种新产品的推广如果不花大价钱，在市场营销过程中不给购物者赠送样品，就不算是一场正式的推销。香烟也许不好，但是直到20世纪90年代，烟草公司还在尝试不同的宣传方法分发样品，俊男靓女站在街角处分发赠券，即使是一个不抽烟的人拿到它们，也不会拒绝这样的赠品。现在我们也许需要训练这些孩子们在超市里分发样品和赠券了。

当然，营销策略和样品发放都要针对特定的目标顾客群。在帮助通用磨坊公司做微波炉爆米花的市场推广时，我们问道："现在谁在买它？"结果是64%的购买者是女人。部分原因是当时男人还没有发现微波烹饪的便利性，也有部分原因是多数市场营销广告、电视广播和印刷广告，都是投放在女人常看的节目或媒体上。

我们问："在推广活动中你们想把样品发放给谁？"他们

的回答是："哦，当然是女人了。"这是不对的，因为实际上他们已经赢得了大量的女性市场了。当你一想到微波炉爆米花，就应该认识到它对男人而言也是很不错的。这是世界上最容易做的食品了，这种东西咸咸的、脆脆的，而男人经常更容易说服，也有冲动去尝试几乎所有的东西。这种产品售价每6袋4美元，为了对男人的口味，我建议，需要更小的包装，只卖1美元两袋，而且最好在钓鱼或者在曲棍球比赛中卖。

如果抛开食品不谈，超市里的"参与性"产品就要少很多了。但我相信在商场中一定有高档卫生纸的市场空间。只有通过触摸，才能让消费者明白高档和普通卫生纸之间的区别，他们才愿意多花钱来购买。在这个问题上，一些大品牌的食品塑料包装、铝箔纸和垃圾袋的厂家都会觉得很失败。因为买这些东西的购物者大多数都只买那些最便宜的，你几乎不太可能使他们相信确实有必要买更好点（也更贵）的垃圾袋。只有垃圾才知道不同垃圾袋的区别，顾客为什么要花更多的钱呢？

超市很明智地借用人们的感官来促进销售。多数做得较好的超市现在都有现烤面包的面包店，使得整个超市里充满了温馨的家庭味道。你也许正在卖维生素的地方，而此时这种香味向你袭来，不知不觉中你就沿着香味来到了面包柜台前。突然你就会想到："我需要一块面包！"更重要的一点是，好闻的香味让唾液腺开始工作，最后你就买了更多的食品。有的商店从星巴克咖啡店那里学到这种销售的小窍门，也开始在店里现磨价格昂贵的咖啡豆来卖，这也是一种让产品的味道起作用的方式。

气味是市场营销的一个新的前沿阵地。马汀·林斯特龙是一位有名的作家和咨询师，他帮助企业让它们的品牌散发出香味。在其著作《感官品牌》一书中，他描述了气味在人的记忆中占有特别的位置。无论是培乐多彩泥、强生婴儿洗发水，还是一缕纯香草的味道，都会留在记忆当中。就像动物幼崽会认出妈妈身上的味道一样，人类的嗅觉也很敏锐。

2007年的4月，我拜访了由新斯科舍酒类委员会在加拿大的哈利法克斯新开的模板商店。店里产品根据不同年龄段的喜好而分开摆放。每一个区都有标志性的气味，这些气味是通过管道释放出来的。有一个区域的香味是甜甜的水果味，针对30岁以下的饮酒者，主打产品是调制酒、龙舌兰酒和调味伏特加。另一个区是口味更成熟一些的威士忌（这里释放的气味是浓郁的熏香味）。还有品种丰富的红酒收藏区，这是为特别年龄段的顾客精心设计的，这里的气味根据产品和酒类品种的不同而变化。正如我们的视觉会随着年龄的增长而退化，我们的嗅觉和味觉也是如此。我很喜欢一次在纽约市中心公共汽车候车亭看到的一则推销苏格兰威士忌的广告。广告上写着，“你也曾有过抵触女孩子的年纪”。孩子们喜欢糖果和它闻起来的味道，而随着年纪的增长，我们开始喜欢咸味和苦味的东西，这个再自然不过了。

2007年秋季，在哥伦布圆环最新开张的百思买电子产品商店，家电售卖区有着一股刚刚熨烫完的亚麻织品的味道。现在，香味的散发是通过机器。但是到底要到什么程度才足够呢？是不是需要让冻肉区闻起来像烤牛排或者是煎熏肉。我喜欢这个主意，这么做一定会使肉类的销售额增长，而且，这些味道也给整个购物过程带来点新的东西。**购物不再是简单地在超市里走走，而成为了一种感观旅行。**但问题是，一个人认为是香的东西，另外一个人可能认为是臭的。我就有一个意大利朋友非常讨厌橙子的气味，她规定在办公室里不准有橙子。烤肉的气味可能使很多人都流口水，但是对于素食主义者来说，这个味道却很恶心。

在英国，有些婴儿服装店通过管道将婴儿粉吹向店里，就是为了让购物者注意到新生儿的甜酸气味，这也许是一种强烈的感官刺激。当我们建议美国的婴儿粉制造商也把这种气味加到包装中时，他们却退缩了，他们担心商店管理人员会拒绝任何影响超市里干净的、无异味环境的产品。事实上，除了在货架通道里，超市就没有借用感官刺激来满足人们欲望的惯例，这里说的感官包括嗅觉、味觉、触觉甚至还有视觉。多数超市还停留在20世纪60年代的水平，那时尽是速冻食品、罐装食品、加工食品、粉状食品、袋装食品以及令人目眩的白色清洁的无菌环境。我希望有人会在超市里设置一个大型开放式的厨房，就像在电视厨艺节目里看到的那样，一个主厨现场制作小吃，并将食品（还有烹饪法）送到购物者跟前。如果经理用话筒大声宣布："请大家注意了，在接下来的15分钟里，在速冻食品区，会为每位顾客免费赠送一份百香果冰糕！"情况会怎么样？如果加上一个舞池和一位DJ，再在谷类食物通道里上演一出木偶剧，或者有一个爵士三人组或者高中合唱团在收款台表演的话，那又会怎么样？这可能会给单调的购物环境带来一点点活力。

在今天，因为商店功能的改变，在购物中触摸和试用，比以往任何时候都显得重要。以前店主和售货员就是导购员，他们有足够的商品知识，也能够胜任购物者和商品的中间人角色。有些东西我们可以相信售货员的话，因为他们以前说了很多次并且都是对的。但那是以前了，那是五金店、零售店和百货店的全盛时期，那时商品放在玻璃柜里，顾客和店员之间的空间距离划分得很清楚。

今天，"开放式销售"将几乎所有的东西都放在人们可以摸到、闻到或试到的地方，不需要售货员来当中间人。在20世纪60年代，烧烤店里平均35%的地方是用来存储货物的，但今天这个数字不到15%。现在如果你问售货员你想要的东西是否在仓库里还有存货，这样的问题是毫无意义的，有些商店根本就没有仓库。所有的货物要么在货架上，要么就在货架下面的小储存柜里，这真是个了不起的创新。所有的货物在仓库里有什么好处？除非找到售货员，否则根本不能购买它们；可是售货员又太少，或者是售货员不知道库存，或者说是能热心帮你的售货员太少。所以尽可能把它们摆在能打动或者吸引人们，并且很方便的地方，让人们自己凭感官来发现这些商品。

触摸和试用策略很重要的另一个理由是产品品牌的影响力正日渐衰退。当消费者信任大品牌背后的公司时，这种信任就会在购物时体现出来。但现在已经不再有这种情况了。这里有一个极端的例子，但也能说明问题。在我们对本土护肤和洗发类的产品调研时发现，在所有的人群中，亚裔美国人在打开包装并摸一摸乳液、肥皂和洗发水等产品上态度最为坚决。事实上，有23%的人会撕开盒子或者打开瓶子来试一下它的黏稠度和香味。很显然，这是因为商品的品牌在这个日益增长的种族中还没有获得认可和忠诚度，尽管它可能已经在广告或媒体上花了很多钱。

感觉确立信任

我们都是纳德[①]之后的消费者，因此我们会相信自己所看到、闻到、听到、尝到、试到的东西。考虑到我们要买的东西及其价值，必须要打消我们头脑里很自然的一些怀疑（也许有点挑剔），才会放心地去购买。我们需要对产品及其价值抱有

① 纳德，美国律师，发起组织过保护消费者权益的“纳德运动”。——译者注

一定的信心，这种信心只能来自确凿的证据而不是来自于电视广告或者道听途说。令人惊讶的是没有几家商店能明白这么简单的道理。我们在计算机零售业里做过许多调查，经常碰到这样的情况：展示的打印机很多，但是其中只有几台是插了电源、装了纸，可以运转的，尽管让打印机作打印测试是非常简单的事。

不仅仅是像汽车、立体声音响或者高级时装这样的高价商品，才需要在顾客中建立信心。我们对一个报摊的设计进行了研究，准备在那里放置一个冰柜，供应冷饮。测试方案一是将冰柜藏到柜台底下，而只在外面摆些空瓶子告诉消费者有哪些饮料供应。很快我们就知道这难以令人信服，人们不相信那些苏打水是冰的，除非从上面可以看到霜。后来我们把冰柜放在外面，让消费者看到里头的东西，很多冰镇苏打水就推销了出去。便利店就在这方面略胜一筹，它们教会超市：人们更喜欢冰镇的苏打水和啤酒，即使一开始并没有打算买，因为顾客认为常温的啤酒是无法接受的。

我们对这个世界的很多直观感受都来自于购物。我们还在别的什么地方对一件事物也想仔细看个究竟吗？当然是博物馆，但是在那里什么都不能碰，那儿不是礼品店——一种零售环境。**商店里有大量可触摸和感受的机会，即使并不需要买什么东西，我们也可以去摸摸并试着感受一下。**

我们观察人类的购物行为就像看一个小孩在成长中触摸

每一件东西一样。小孩子可以通过触摸增长知识和经验，获得感受。要不为什么他们会不停地或摸或闻或尝或听所有的东西呢？再看看狗，看看小鸟，看看小虫子都是这样。你可以说蚂蚁是在找食物，我却要说它们在“购物”。

如果你还不相信的话，那么我们就去一家书店，里面的商品跟闻、摸或任何其他感官因素几乎都不相关。但是在这里，可以看到很多购物者在触摸、摩擦、拿起或者用其他方式来感受产品，虽然这些书的物理属性与感官愉悦毫不相关（除了字体大小），但人们还是忍不住要摸一摸。尽管人们会想象，会形成概念和理念，会思考，会在脑海中清楚地呈现某个画面，但人跟其他动物一样，是靠五官来感受这个世界的。这个世界及其所有的东西都是通过感官来刺激我们的，我们随即会做出感官反应。因此，我们的感观能力以及感官需求十分重要，即使偶尔碰到无法通过感官去了解的事物时，我们也觉得自己似乎能通过感官去感受到。

不知道你是否明白了，你觉得是这样吗？还是完全无法忍受这种推论？

触觉重要的最后一个原因是这样的。购物者何时算真正拥有了商品？当然，从技术上讲，就是发生在顾客用钱交换了商品之后，发生在收款台。但是收款台是商场里最不讨人喜欢的地方，没有人享受交款换取商品拥有权的这个过程。事实上，所有的感觉就是又破了财，又很痛苦（你要排队，等着刷卡，等着售货员把东西放进口袋你才能走开）。那么真正拥有是在什么时候呢？很显然，拥有只是一种情感和精神上的短暂体验，而不是技术上的某个时刻。拥有开始于购物者的感官开始享受物品的那一刻。首先是眼睛，然后是触觉。一旦这个东西在手中，或者在背包里，或在你的嘴中，你就开始了拥有它的过程。结账只是个纯技术问题，因此，商品到达购物者手中的速度越快，或者购物者越容易试用它，或喝一口，或在街区里试驾一圈，那么商品就越容易改变主人，从卖者的手中过渡到买者的手中。

这就是购物。

尽量满足购物者的体验欲

所以，规律好像非常简单，购物者希望在买之前能够体验一下。因此，商店的主要功能应该是促进购物者和商品的接触。商店应当促进购物者去试用商品，而很多时候他们却阻碍顾客这么做。无论是电脑键盘、沐浴擦，还是新口味的果冻，**如果商品确实能够发挥什么作用的话，就应该在店里面展示其功能。如果产品有味道，就应该可以品尝。如果有气味，那就应该可以闻一下。**事实上，即使产品的气味跟产品功能毫不相关，我们也应该允许人们来闻一下，因为有时候产品的主要用法与人们的体验方式没什么关系。

举例来说，空调的用途是什么？是使屋子变得凉快。那如何知道产品一定会发挥作用呢？问问朋友的意见，或者阅读一下消费报告，或者听听售货员的评价。不能只是看看或者在已经开着空调的商场里打开试试就做出购买判断。所以，在没有有力的证据前，只能选一个你使用过的品牌，或者是在打折的牌子。但有一点要注意，空调的噪音如何？严格地讲，降温就是降温，有这个功能就可以了，但是噪音是评定空调好坏的标准之一，要不它就会在你的屋子里嗡嗡地响很多年。在炎热的夏天，我敢打赌，会有三四个话题是关于空调噪音的分贝值的。这是在谈到空调时人们就会关心的话题，而你只有在买了空调之后才知道这些。产品制造者和零售商在这里又失去了一次机会：如果销售人员能够轻触一个开关来显示空调的噪音是像飞机的螺旋桨，还是像台破搅拌机，或者是像小猫睡觉打鼾那样轻（虽然价格有点贵），人们就有了一些基本的标准来进行选择和比较。

在某种程度上，这些选择标准基本符合所有主要的家用电器，从电冰箱、洗碗机、吸尘器到干洗机，甚至是一些不太重要的东西，就像咖啡机、食品加工器或者开瓶器。我们可以扫一眼包装盒，看看是不是自己想要的东西，也可以读一读产品介绍书，多少就会了解它们的用途。然后，至少还可以再听听它们工作时发出的声音。

商家忽视的另一个问题是：人们到底想怎样去体验商品？

从床单的包装来判断，你可能会认为最重要的是所谓的“织物经纬密度”的参数。什么是“织物经纬密度”？一般人怎么可能会知道，可几乎每件床单和枕套的包装上都印着“织物经纬密度”。床上用品的专家才清楚什么是“织物经纬密度”，但是一般顾客只好这样来判断：它的手感如何？问题是许多床单是包在塑料袋中的，是只能看不能摸的，所以顾客只好撕开口袋，偷偷摸一下布料。一旦决定买了，你就会挑选一件新的，因为谁想要损坏了的商品呢（即使是你损坏的）？但不管怎样，由于“上浆”的原因，你还是不知道床单摸起来的真实感觉是怎样的。那什么是“上浆”呢？很多人都不知道，但是你必须把它从新床单上洗掉，否则床单就会很硬，容易扎人。那么，为什么要把最差状况下的床单让购物者来触摸呢？在我的办公室旁边的商场里有一张巨大的床和浴室，上面展示的所有床单都已经洗过了一次，像枕头般柔软，然后挂在钩子上让人们清楚地看到把床单带回家洗了之后会是什么样，这也是所有顾客关心的问题。

试衣间的大学问

也许最应该通过触摸和试一下来购物的地方是服装店。今天很少有服装商店不让购买者摸一下产品，摆弄摆弄。不管是3美元的防汗袜子还是1 500美元的套装。你不能到现代艺术博物馆去摸一下毕加索的作品，但是可以来到卡尔文·克莱恩或者是阿玛尼的店里试穿那些杰作。很多时候，服装店的设计者都会尽量让顾客去触摸所要的商品，但是，在设计试衣间时，他们却像是完全不知道试衣间里面发生的事情。

问题出在什么地方？设计师认为试衣间就像是没有管道的卫生间，认为顾客在试衣间里只不过是脱了衣服，换上新衣服，然后在镜子里照一照，看看效果怎么样，最后再把衣服换回来。他们把试衣间设计成公共游泳池边的小隔间，却不知道这是彻底错误的，因为他们根本没考虑顾客的需求。商店设计师们都在试衣间上拼命节约，不想“浪费”空间在这上面，也不想在这些地方多花钱，因为这些地方的照片是从来不会刊登在设计杂志上的。

事实上，试衣间也许比商店的卖场还要重要，毫不夸张地说，改进试衣间的质量会提高销售额。一间试衣间不仅仅是换衣服的地方，还是一种销售场所，就像展示区橱窗或者是广告。如果用得好的话，它会比所有其他方式加起来都要好。我是一个喜欢参观试衣间的狂热爱好者，不论在哪里，只要附近有试衣间，我都要进去看看。如果有机会，我也会问是否能进女试衣间去看一看。事实上我可能会写一本书来完整地描述试衣间，我有很多话题要说。对许多服装店进行了研究后我们得出一个定论：如果店员主动与消费者联系，购物者转换率会上涨50%；如果店员主动与消费者联系的同时，消费者又使用了试衣间，那么这个比率就会上涨100%。也就是说，和店员交谈过并且试穿了衣服的顾客买东西的可能性比既不和店员说话也不试穿的顾客要高两倍。

我们还研究过一家成功的服装连锁店，但它的试衣间却不怎么样。那儿的试衣间是一排简陋的小房间，只有一个劣质的镜子摆在这排试衣间的尽头。我们计算过，人们在购物时有1/4到1/3的时间是花在试衣间里的，也就是说，女人们愿意把自己关在一间小屋子里，没有别的想法，只是希望能买到使自己看起来更漂亮的衣服。在别的生意中，这个时刻当然就是最关键的时刻，购买者很容易被说服，也准备好开始冒险了。汽车经销商在零售方面干得并不出色，然而他们也留出了空间以便能抓住这样的重要机会。但是，在卖服装的商场里，店家根本不会想如何把试衣间布置得舒适一点，或者考虑一下试衣间的灯光怎样调整才能使服装看上去效果最好，也没有人认为这个时候应发挥店员的服务作用以增加购物的吸引力。店员要做的事情也很简单，比如带着消费者来到试衣间，然后出去找来和裤子相配的腰带、衬衫或套头衫，很多时候这些东西搭配着卖能促进销售。当消费者还在试衣间里时，他们就处于一个购物状态。但是很多商店没有很好地利用这一点，白白浪费了机会。

事实上，在纽约我参观了一家大型商场的服装卖场，那里的试衣间是我见过的最可怕的。里面的垫子又脏又破，光线刺眼，椅子和墙上的挂钩就像在廉价的折扣商店里见到的一样，椅子也东倒西歪的，里面的镜子照着还会变形。当我出去向导购小姐提醒时，导购小姐还讽刺道："不是所有的女人都想要大屁股吗？"试衣间里的家具应该是女人想放在闺房中的理想家具，试衣间的灯光应该使每个人看上去都像拥有百万家产那样精神抖擞。事实上，我认为应设置多种灯光，这样购物者就可以看清楚某种颜色在荧光、烛光或日光下的不同效果。试衣间应该有多个高品质的大镜子，镜子看起来就像令人喜欢的画框一样，而不仅仅是一块挂在石膏墙上的镶着玻璃的板子。如果在试衣间外面还有一个小小的休息室就更好了，这样购物者就可以在那里和他们的同伴一起看衣服。购物者可以穿着衣服坐下来试试，就好像要穿着它参加一个特别的晚宴。试衣间里还应该摆上鲜花，告诉购物者今天这间屋子已经打扫过了。

就算在试衣间外，服装店也经常胡乱摆放一些东西，如镜子，通常不是摆得太少了就是位置不对。只要有可以试穿的商品，就应该在这个地方摆上镜子，以方便人们可以比较一下，哪怕只是看一眼。如果你挑了一件衣服，马上就能看看效果怎样，你很可能就会买下它。如果要找半天镜子，好多时候你就会考虑考虑是否值得购买。帽子在哪儿，镜子也应该在哪儿，而不是在5步远以外的地方。我曾不止一次在自选市场卖鞋的地方发现没有落地镜子，还发现那里居然连椅子都没有。这些事情看起来都很简单，但为什么就没有人这样做呢？

试衣间的数量也要够多，而且应该很醒目，使人们很容易就能找到，哪怕站在较远的地方也看得到。试衣间距衣服越远，人们就越不愿意去试穿衣服。虽然说购物者总会找到试衣间，可是没有商店敢说只靠这种大胆假设就可以赢得顾客。我也看到过在有些商店需要穿过整个大厅并上下几级台阶才能试衣服，这简直是致命的失误。我们曾研究过安置在商场的摄像头摄下的顾客在商场里徘徊的镜头。他们手里拿着衣服，不停地寻找试衣间。其实商场里有很多试衣间，但是它们都藏在拐角处，由一些不起眼的指示牌指向很窄的通道，而找试衣间不应该是一个挑战。

让商品自己推销自己

好了，我们在这里看到了什么？一个家伙，在一家大型办公用品连锁店里，在找铅笔刀。不可思议的是，电唱机的转盘已经在市场上消失了，但是铅笔和铅笔刀却还在，这还要归功于一种流行的智力填数游戏。不管怎样，各种铅笔刀都被一起放在货架上，一些是手动的、一些是要装电池的，还有一些是要插电的大家伙。他转动了一个手动铅笔刀，试了试感觉。然后又拿起需要装电池的，打开电池后盖……里面什么也没有，铅笔刀无法转动。他又拿起需要插电的铅笔刀，然后看了看周围有没有电源插座，也没找到。即使他找到了电池和电源插座，还有一个小问题，就是铅笔，这些东西都不在视线范围之内。他最后随便拿了一个铅笔刀就离开了，我猜他可能是去找电源插座，没准儿还要找铅笔呢。

买一个铅笔刀需要这么认真吗？很明显，在不同的铅笔刀之间有很多不同之处，不然我们怎么会有那么多选择？为什么这个可怜的家伙选择了一个又一个，甚至是所有的，而无法试着削一下笔呢？对购物者想在哪儿干什么进行预期似乎是一件再简单不过的事情——在没有售货员的情况下，我就对上面买铅笔刀的情况进行了上述推测。但是在这方面较差的商店总是做得不好，甚至有些成功的大型连锁店也同样做得不好。在卖铅笔刀的同一家商店里，还有一个3米高的架子上面摆满了纸，这些纸都有外包装，并且是按令（纸张的计数单位）卖的。有些很便宜，有些要贵得多，但是没有什么办法可以看或者摸一下这些纸，所以每5包或者6包就有被人偷偷地撕开而不要的。这是一个典型的例子：想要省钱（不让人碰一张纸），最后反而造成了浪费（很多包装被破坏所以无法卖出去）。

不让顾客接近商品还有其他劣势。我们对一家珠宝店做了调查，店主最近刊登出独家新闻，他聘请了一个以举办博物馆展览而闻名的设计师设计了一个珠宝陈列展。结果设计得非常出彩，但美中不足的是“距离”。这名设计师习惯了让公众与陈列品之间保持一臂开外的距离，但是在商场里恰恰不需要这种距离，反而是鼓励人们将商品买回家。因此这次展示效果反而不如那些普通的展示效果好。

这里有一些做得好的商店的例子。我们调查了美国电子产品零售商RadioShack（RSH），当时这家连锁店想成为全美最受欢迎的电话商店。我们看到有许多顾客走到电话展示墙边，到处看，然后看了看价格，一般情况下会随后拿起听筒放在耳边。那么人们希望做什么呢？没有别的，我想这只是一种条件反射，拿起电话还能干什么呢？人们还能凭别的方式来比较电话拿在手中和在耳朵边的感觉吗？我们推断，人们试验的第一原则就是要尽可能逼真，因此只要电话里能出声音就能完成这个试验了。我们建议RadioShack放上一段电话录音，当人们拿起听筒时就可以激活它。而一旦真的这样做，商店里的展台就会挤满购物者，他们拿起电话，听了一会儿就会把听筒递给同伴，让他也听听。这是一份意外的收获，它可能引发人们对这次购买的讨论，会大大增加商品售出的机会（人们在商店里都喜欢谈论正在购买的东西），这也是RadioShack私下收集商业情报的途径。我们在另一项调查中发现，斯普林特手机商店里将手机都摆在柜台上面，人们可以看到不同型号的手机并掂掂它们的分量。同时，每一部手机都是可用的——也只有用这个办法——才能让消费者拿起手机，拨号给家里的另一半或者某位朋友，然后跟他们讨论对这部手机的看法。让手机自己推销自己，这就是整个事情的关键所在。

另外一些商店，像Brookstone（BKST）[①]，或者法国化妆品连锁零售商丝芙兰，他们都知道让购物者自己体验的重要性，即使造成损坏也在所不惜。如果Brookstone展示了一个按摩椅，几个月后就会被顾客试用旧了——这可不算什么大事，毫无疑问，他们早就把这个损失赚回来了。

产品包装为何被破坏

商店的柜台稍微进行改造就可以方便购物者取用或试用商品，但是如果产品包装没有改进的话，很多机会一样会丢失。举例来说，只要与美容护肤相关的产品，嗅觉和触觉都是至关重要的，如果爽肤水使皮肤感觉不适怎么办？为什么人们买止汗剂要考虑它的气味？还有，洗发水的主要功能是洗发——这倒不能真的在商店里试一下，但是它也应该让你的头发在天气好的时候闻起来像热带雨林的味道——这属于考虑的范围。如果制造商允许的话，你在商场里就可以闻到它的味道。可是不幸的是，今天这些防开裂包装阻止了所有想试用的顾客。

吉列公司曾经以男用胶状止汗剂引起轰动——不同产品具有不同的香味，而且每种都以一个很吸引人的（当然是很男性化的）名字命名。当时吉列公司的一些人想给男人们提供更多

① Brookstone是遍布全美的专业零售商，供应各类品质与设计与众不同、难以在其他供应商处寻找到的消费品。——译者注

的选择，但是负责包装设计的人却将这个想法埋没了。在商店里顾客要面对各种不同的止汗剂，而这些产品只是气味不同罢了。所以很自然地，你希望知道它们的气味如何。当你打开其中一个的盖子，却发现有一个难以打开的金属条封住了瓶口。为什么要这样呢？难道恐怖分子会用腋窝杀人吗？现在，如果没有人看见，你会将封条剥开一点，然后闻一闻，但是也有可能这不是你想要的产品。那么，购物者会怎么办呢？如果没有别的动机，他就会把东西放回去，然后走开；如果碰到固执的人，则会看看通道前后，如果没有什么危险，把封条撕开，闻一闻。当然，如果这时他决定不买这瓶“阿尔卑斯清晨型”止汗剂的话（可能他觉得自己更像是“亚利桑那黄昏”类型的男人），那么当下一个购物者发现产品封条已经被破坏时他会怎么想？有很多很好的止汗剂就这样被破坏了，就是因为这些包装设计者不愿了解人们是如何购物的。

解决这种问题和其他类似问题的一种办法，就是在超市里设立样品柜台，在那里，新产品可以随便试。通过触觉感知产品本身也非常重要，如果处理得好的话，的确也可以提高产品的销量。

在这个领域竞争最激烈的就是化妆品了。产品制造商和零售商都希望尽可能以一种干净整洁的方式销售这些产品，女人们并不反对这一点，但是也应该理解，她们总是想在买化妆品之前试用一下，所以干净整洁在此并不是有效的推动力。

在过去，大部分化妆品只是由那些合法的兼卖杂货的药店小批量销售的。假如你想要买粉底霜，服务员就会来到柜台后面，打开一个抽屉，在里面找到你要的牌子。这就像前面说的一臂开外的距离，在今天没有人会愿意这样，虽然这种方式很有效率也很干净。化妆品世界在很大程度上是由封面女郎品牌（Cover Girl）打开新局面的，这是第一个广泛使用陈列板的品牌，允许购物者不通过任何人就可以触摸到这些化妆品。这也推动了化妆品以后演变为自助式销售，同时也影响了日后百货公司对化妆品的销售方式。直到今天，人们还会坐在柜台前的凳子上，由浓妆艳抹的化妆品销售代表往你的脸上描来画去，虽然化妆效果并不大，但是你离开时胳膊上可能就挎上了那些昂贵的化妆包。

但是，即使是上面这种化妆品销售方法也已经过时了，我想，女人们早已受够了，这种模式现在正在被开放式的布局所代替。所以，现在每个厂商都试着做不同的展示系统，以便让顾客可以看到并试用这些化妆品，即使在受约束的情况下也不会有影响，但是约束不要太多。要知道，女人们希望在毫无约束的情况下试用这些产品。买卖双方所关心的应该是一致的，但通常却不是这样的。化妆品展区设计师有时也会犯错误，他们也许没有考虑到人们还需要一些简单的卫生用品，就像卫生纸，这可以改善整个化妆品区的整洁度。或者他们没有放置足够的镜子，以至于女性顾客只为试用一下化妆品，就不得不在商场里兜个大圈。我敢说这些设计师从没有在星期六下午5点来看过，因为如果他们来过了，设计就会和现在的样子大相径庭，也会使女性顾客更舒适。如果只是为了防止产品被试用，就使用了对购物者不友好的包装，这真是个坏点子，因为这样不会鼓励购买，反而鼓励了女人们偷偷试用。在别的产品种类中，减少包装被破坏的最好办法就是给人们提供试用品而不是让他们去偷偷试用。

压缩塑料包装使得人们想直接体验产品变得很困难。事实上，许多产品的包装过于复杂了，这对于拿着东西的购物者来说简直就是痛苦。我们曾经在一家唱片店发现了简单的试听间。今天在音像制品的卖场有更复杂的电子系统，可供购物者试听样品。典型的设施就是试听间——里面有耳机挂在墙上，还有一个可以选择CD的菜单。问题是，你也许对这个小发明根本就不熟悉，所以你按下按钮，但是什么也没有发生。事实上，要等一会儿歌曲的提示才会出来，可机器上没有任何提示教你怎么做。你等了一会儿，要么就是耸耸肩放弃了，要么就是认为自己选错了频道，并按下另一个按钮，然后是更多的按钮，最后对这个机器彻底失望。

好系统常常是简单和直接的。购物者从任何一个货架上选出一张CD，然后来到试听室，在那里，一个服务员会帮你打开包装，并开始播放。就这么简单，没有小发明，没有按钮，没有菜单，没有等待。商家只是买了一套塑料包装机来重新包装那些没有卖出的CD，来代替那套花大价钱买来的复杂又不可靠的样曲播放设备。这样的系统必须允许购买者根据各自的兴趣和喜欢的方式来听，因为没有人愿意站在那儿两眼一直盯着天花板听。我们研究了亚拉巴马州的一家商店，在试听间，配备的是有20米长线的耳机，这样音乐追星族们就可以走来走去，甚至可以到附近的货架边。这样的话，唱片商店由一个可以买唱片的地方变成了一个可以听唱片的地方，同时还可以看看店里有些什么，什么是新出的，看看是谁在做些什么样的音乐。这也将商店转变为一个交互式的电台并且令购买者获得了一次有趣的体验。最好是，从商家的角度来看，它减少了零售商在产品营销方面对唱片公司的依赖。当商家有权使用产品之后，他们就加入了营销队伍，而且是一对一的，针对那些有兴趣的消费者，让他们按照自己的兴趣进行选择。

包装常常在购物者想了解产品却又受阻时被破坏。我们在电子产品中可以看到这样的现象，比如立体声耳机，购物者在商店找到一大堆，都是包在盒子里的产品，但是没有任何可用的样品。如果把盒子适当地设计一下，带一张大点的清楚的照片，并且所有的特性和说明书以容易读懂的方式列出，也许实际看看耳机就不再那么重要了。但是如果包装让人对产品实在摸不着头脑的话，人们就很容易想撕开盒子，亲自拿出耳机看看。但是如果包装盒被撕破了，就没有人想买里面的商品了。

包装不用总是包得严严实实的不让人动。制造商认识到成人在买玩具时都想去试一试。可能只是因为有很多的玩具广告是骗人的，让那些容易受骗的小孩误认为那个便宜的塑料飞机可以飞快地在厨房飞来飞去，就像一架微型轰炸机在天空中飞一样。无论如何，现在的趋势是玩具的包装设计改进了，人们不必破坏盒子或塑料外包装就可以试一下。你可以按一下按钮或者拉一下绳子，而那个怪物玩具就会在盒子里唱起歌来，这就简单地让你知道你将买的是什么东西，这也是一个增加消费者信心来提高销售业绩的例子。最近我见到了一个我所见过的最聪明的包装：一个小孩用的塑料三轮车，车子包好后，仍然让车座、踏板、手把和轮子暴露在外，这样就允许小孩试着骑一下而又不损坏包装。如果这种办法应用到所有的产品包装上，购物就会有更多的乐趣了。

某些产品禁止人们接触的主要原因是出于安全考虑。MP3播放器就是这种类型的产品。我猜任何让十几岁的年轻人感兴趣的贵东西常常容易被偷，但把它们锁在柜台里就足够了，可是现在它们都被包在透明的塑料壳里，这样在买之前想试听一下都很困难。我相信购物者在买个MP3时如果能试听几种比较一下的话，肯定就会买下价格较贵的产品。你看看苹果公司的成功案例，他们来店里邀请顾客使用iPod、iPhone以及其他又炫又酷的产品。

人造珠宝是另一类在这方面做得不太好的行业。一件价值20~30美元的首饰却被锁在玻璃和钢尺后面，让购物者没有机会将链子或者坠子戴在脖子或者手腕上看看和感觉一下。而在同一家商场里，你会发现有很多价格相当或者比它贵的商品摆放在外面。这是自相矛盾的，也没有任何商业道理。我们发现，在美国，由于计算机化产生了一些非常热销的产品，例如打印机墨盒，由于东西小又金贵，美国每一家大型办公用品超市几乎都将它们锁在玻璃柜里（比如史泰博、顶级奥菲斯和欧迪办公等公司）。但是当看到很多购物者和我们一样，在商店的走廊里到处找那个身上有钥匙的服务员却找不到的时候，你是不是觉得这种安全措施有些弄巧成拙呢？打印机墨盒为办公用品的销售商带来了很多利润。在过去的10年里，大多数大型连锁店都重新设计了墨盒销售柜台。

服装零售商已经学会了一两个摆放货物的窍门。让我们回到麦迪逊大道那家漂亮的阿玛尼专卖店吧，那里面的购物者好像都知道手应该往哪儿摸，他们用手触摸着这些昂贵的意大利服饰，就好像已经是属于他们了一样。想想看，如果你知道自己的衣服袖子被很多人摸过，你会是什么感觉？这里有一个策略：如果一套衣服有好几种颜色，商店就会把那些深色的放在下边，以方便人们很轻松地够着，并把米色、浅灰色和白色的放在高处，这样它们可以被看见但不易够着。如果一叠毛衣放在桌子上你会发现颜色深浅不一，并且总是底下颜色浅，上面颜色深，那是因为上面的总是被人们摸来摸去的，但是这样又有谁知道呢？

让买床垫的顾客买枕头

降价是吸引顾客购买商品的重要手段，但它不是唯一的手段，有时也可以涨价。如果产品之间无法对比的话，人们的购物本能就是买那些便宜的。但是如果商家给顾客提供比较的机会，哪怕是一点点，那么有的顾客就会买一些并不是必需的东西。如果有三种牌子，或者是三种不同的样式提供给人们挑选，他们就会有一个理由来选择较好的那个东西。

到此为止，就感官问题我们几乎已经涉及了所有的商品，包括男式内衣裤、咖啡、立体声耳机、毛衣、护肤品等。在家居用品商店也是这样，你可以看到床垫光秃秃地放在那儿供人们审视。有些床垫会比别的要便宜，但是对商场来说，400美元的床垫和2 000美元的床垫在存放和维护方面的费用是一样的。所以，在那些开始只是想试一下便宜床垫的消费者中，如果你能使1/5的人后来却买了那些质量更好的床垫，那么你就算做得很不错了。

但是，除了试用，还有别的什么办法能达到这种效果吗？很明显，没有了。只有让所有的床垫都在这里，让顾客来试一试，不是吗？说得有点对。人们需要试一下这些床垫的舒适度。但如果将它放在一个公共的地方而要在陌生人面前试躺就令人很不舒服，如在售货员面前，人们甚至都不愿躺下试一下。人们当然害怕有人站在他后面5米远的地方，并且不停地暗示“快买下这张床垫”，这样的话，没有谁会买的。如果床垫放在商店的前端，外面的人很容易透过橱窗看见人们躺在床垫上的样子，而且，如果顾客是一个穿着裙子的女性，她的淑女形象恐怕就要被毁了。这种体验实在是太糟糕了。**床垫上没有床单，你或许根本就不会知道它摸起来会是什么感觉；也没有枕头，所以你根本不可能知道躺在这张床垫上是否舒服。**

似乎应该把质量较高的床垫摆放在避开公众视线的地方，也许只是与公共区域稍稍分开，就会给人以试衣间的感觉，这样就容易激起人们购买高档床上用品的欲望。在商品的体验方面，商家在4 000美元的床垫上面的考虑比一件40美元的牛仔裤还要少。在一次研究中，我们就问经理他们在展示床垫时，能否也提供厚薄和硬度不同的枕头，并且套上干净的枕套。

“但是我们不卖枕头。”这是他的第一个反应。他从没考虑过枕头的利润空间其实比床垫还要大，也没有考虑到把枕头当成床垫的“配件”卖出去，是一种创新，这样的创新在销售床上用品的领域里面本来就难能可贵。

类似地，AT&T（美国电话电报公司）的电话店把注意力集中在主打产品上面，后来他们才开始卖一种叫作“软话”的听筒支架。那是一个塑料的很软的架子，放在脖子和肩膀之间，把听筒放进去，会觉得很舒服。这个东西看起来没什么，但是一旦试了一下，你就会认为这是一个了不起的想法，并且很有效。但要是不试的话，那就是一个毫无意义的东西。由于东西没摆在外面，人们就没法试，再加上售货员也不积极推广，因此根本没有人试，也没有人买。是的，它只卖5美元，但是就像很多别的附件那样，它的利润很高，几乎是最有利润的产品。我们计算了一下，如果1/3的顾客购买了这个小东西，整个利润就可以支付商场一个月的租金。

另一个典型的例子是无线通信服务业，在这个领域，顾客可以在网上比较手机和服务的价格。这个市场竞争十分激烈，利润很低，而且主要是靠售卖增值服务和各种配件，从手机铃声到手机套。百思买公司就跟丽兹·克莱本公司协议开发精致的手机套和笔记本电脑包。在一家分店开张的时候，他们举办了一场时尚秀，展出了手机、电脑和数码相机的保护套。这些保护套都价格昂贵，但这是个好主意。我只是希望他们能够想到这一点，如果想销售高档的笔记本电脑包，你也是需要镜子的。在日本你可以为手机或者是iPod“文身”——可以花大约40美元为手机选一个“皮肤”，然后小心翼翼地把这些贴纸敷到你的手机上面去。除了备用电池和汽车充电器之外，再提供一个免提装置，这样一来，这笔交易就变得利润多多。

关于购物的感官方面还有最后一个问题，就是要让顾客明白所有的东西都可以触摸。在贺曼卡片公司我们看到，在圣诞节前后，教堂饰物被设计得非常有格调而且一看就知道商品的展示布置得很辛苦，以至于人们不知道是可以拿起来看看还是只能在远处瞻仰一下。在书店也是这样，当桌面被精心布置后，也会碰到这种问题。人们知道把东西摆得好看有多难，所以就不会去破坏这些辛勤劳动的成果。我们在走进爱因斯坦兄弟百吉圈店时就碰到这种问题。在全美，爱因斯坦兄弟选择在犹他州试运营一家百吉圈店。发明一个新方法在那些还没有百吉圈文化的地方卖百吉圈真是一个不错的主意——如果在这儿真的奏效的话，那么在别的任何地方也会取得成功。在这家商店里，有一个墙板上挂着一袋一袋的各种口味的散装面包片，排队的人们伸手就可以够着。但问题是，那些袋子摆得太整齐，以至于消费者从来不敢确信那是可以动的东西。解决的办法是让一个店员时不时地跑过来，把架子弄乱，从这个架子上取下一点东西，留出一些明显的缺口，这样，人们就会去动一动它们了（这是不是说明犹他州的人非常懂礼貌呢）。事实上，店员应该创造一种全新的体验方式，把袋子取下来，打开后递给那些在排队的人们，就当作是把神奇的墨西哥胡椒和切达干酪口味的全麦面包片推荐给当地人。这听起来像是笑话，但在尝试之前你可不要笑话它。

第十三章　商店成功经营的三大法宝

我有一个很好的想法：让我们一起来节约开支吧！我们正为一家连锁音像店设计广告和商店布局，在设计中用到了昂贵的老式木架，假设在执行中把它换成便宜的新式网格结构会怎样呢？成本肯定会大幅下降，然后呢？

商店＝设计＋销售规划＋运营

什么？噢，看那边。呀，怎么啦？在你把录像带真正放上去之前，网格架子看上去非常漂亮实用。但录像带刚一放上去（或者几分钟之后），它的主要缺点就暴露出来了：顾客一碰带子，带子就会倒下来。老实说，有时没有人碰它也会倒下来。我想这些该死的带子可能会相互碰倒。这时你再看网格上的东西，每隔四五盘录像带就有倒下来的，整个架子乱七八糟的，我首先就认为应该有人去把带子放好。旁边的小伙子像猩猩一样大叫起来：现在我们给重新摆放录像带的人员每小时支付8美元。星期六晚上顾客很多，每个店都要浪费一个小时或增加更多的劳动力。我们有这么多商店，要浪费多少个小时？我们又浪费了多少钱呢？

上述情形并不是假想出来的，而是取自Envirosell公司的实际经历。这说明了一个最重要的购物原则。101零售公司提出了这样的观点，一个商店具有三方面的独特性：**设计（即商店经营场所的设计）、销售规划（在商店里卖什么）和运营（店员的行为）**。这三大要素表面看上去是相互独立的，但事实上密切相关，相互之间有交叉和依赖关系。也就是说如果针对某个要素做出了决定，那么这个决定也会与其他两个要素相关。上面这个例子中的失误自始至终都在于：商店布局的设计师从没有到店里去看看他的设计在实际中是什么效果，因此也就无法把握真实世界中发生的情况。其中更大的教训还在于：如果三大要素中某个方面得到了加强，就可以减轻其他两方面的压力；如果某个方面比较薄弱，就给另外两个方面带来了额外的负担。这一点不能说是好事也不能说是坏事，它本身就是这样的，这就是掌控购物世界的几何法则。

这里举个例子。在盖普服装店，你可以很方便地触摸、打开并仔细翻看销售区的所有东西。很多毛衣和衬衫的销售都受益于这种顾客与商品的零距离接触。这一销售策略就决定了展示格局——采用宽阔的平台，它比架子更便于顾客选购；同时也决定了店员的行为方式——允许顾客触摸就意味着要不停地重新叠好顾客打开的衣服，并把它们整理好。这样也就需要很多店员在商店里来回走动，而不是在柜台后面登记收款。这样做的开销很大，但是对于盖普等很多服装店来说，这是合理的投资，是商业成本。这里的关键在于这种开销是预算之中的。

但有时情况并没有被事先预见到，而只是对现实做出的反应。露华浓品牌的销售规划就必须适应不同的环境，从批发商、专卖店到杂货店。杂货店的通道一般都又窄又挤，由于这种设计上的特点，就会导致出现讨厌的“推搡”情况——女人在购物时不想被后面的人撞着。因此，露华浓在杂货店的营销规划就应该很清晰、大胆和直接，以便女人能看清品牌名，尽快找到想要的东西并离开。如果店里的标牌和展示布局模糊不清的话，这些女人可能来不及挑选到要买的东西就被人“推搡”而离开了商店。这个话题经常被提到，因为设计包装以及广告宣传材料的人很少花时间来看他们的作品在商店里的应用情形。比如，受过大学教育的购物者总喜欢阅读包装上的每一个字，这是他们在决定是否购买之前最喜欢的信息获取方式。因此，销售草药的公司就应该告诉包装设计师在那些瓶子上写上很多文字，然后设计师依计行事。如果字号太小老年顾客就看不清了，老年顾客是维生素和草药的主要消费群体，而维生素和草药这些东西一般都在兼卖杂货的药店里出售，药店的通道又很窄，使得购物者不会花时间来阅读包装上的文字。因此，这就表明好的想法（在包装上多加一些信息）并不一定就有好的效果（没有人能读完这些信息）。在第17章里，对于字体小的问题，我会提供一些可行的解决方案。

缩减收款台面积得不偿失

这里的要点在于无论做出什么决定，都应该仔细考察它所产生的连带效应。在现实生活中很少有公司能做到这一点，只有几个人为之奔波的小公司没做到，大公司更没有做到。通常当我们在所调查公司的会议室里公布调查结果时，这些公司负责设计、销售规划和运营的负责人都在场。很多时候这些人都互不认识，他们的工作地点甚至在不同的城市，事实上，他们之间的猜疑、敌意和争斗十分明显，互相之间不知道也不关心其他人在干什么，因此，就做出了很多只顾眼前利益的决定。

有一个很好的例子。在一家有名的大型百货商场，卖女鞋的老板认为需要更多的空间来放展品，因而只好缩减收款台的面积。以前店员在柜台上打包，现在只能把鞋盒放在地上然后把鞋拿下来放在里面。这样就增加了操作步骤，同时增加了店员的体力劳动。这些店员通常也会穿上漂亮时髦的鞋子，这样忙一整天下来，就会感到筋疲力尽。我们在收款台旁边放了一台摄像机，把录像带拿回办公室里用秒表来计算时间。下午4点30分的时候完成每笔交易所用的时间几乎是上午11点时的两倍。缩减柜台空间带来了一些混乱，使得每次交易不如以前干脆。整个结果就是销售规划的细微变化影响了设计，这同时也给运营带来了不便。为了多摆一点鞋出来（也许只有12双），交易时间延长了，顾客的耐性被消磨了，店员的精神和士气也削弱了。因为多设展品不如店员实际卖鞋子来得有效，所以上述决定是错误的——全都因为他忘记了一旦改变了一个因素，其他因素也会随之改变。

我们有一个客户是家音像连锁店，关于商店的外观他们做出了一些很有趣的决定。他们选用的主色调是深红色，并像以前的电影棚一样，用许多电灯泡组成了发光的图案。在图板上看时也许效果还不错，但实践时情况又怎样呢？深红色逐渐褪色，有的地方还出现了缺口或者变黑，使这家商店很容易就变得邋遢不堪，而漆匠时不时地需要在这儿刷刷，那儿补补。通常油漆颜色较重的墙面都会有这个问题，每一处磨损的地方都被看得很清楚。而且，深色的墙面和货架比白色的需要更多的照明才行，这就要费很多电，更别提这些灯泡都很容易坏，必须不停地更换。总之，糟糕的设计增加了这家连锁店的管理和维护成本，而这些钱都要从收入里面扣除。

现在这三大要素之间的关系受到了应有的重视，主要原因在于很多企业都一直在努力节省劳动力成本。从商家的角度看，这是减少运营的开支，但从购物者的角度看，则是减少了服务。零售商总想在减少劳动力的同时还能维持原有的服务，这几乎是不可能的。如果商店里的店员数量合适，而且他们都尽职尽责的话，那么对设计和销售规划的要求就不多也不复杂；就算商店里出现混乱的局面，也关系不大，因为总有店员可以出来提供帮助，店员总是了解所有商品的位置。

而现在很多零售商都在削减店员的开支，并低估他们的价值。削减店员之后的压力就转移到设计和销售规划的环节上去了，有时它们能承受这种压力，但很多时候是不行的。比如，零售商削减店员数量后，想采用电子化的交互设备来回答购物者的问题。其中的问题就在于这些设备通常都设计得很差劲，要么不好用，要么回答问题不全面，要么速度极慢，你还以为它都停了呢。那么，购物者的反应如何呢？我们发现很多人都中途放弃，离开时嘴里还在嘟嘟囔囔地抱怨呢。有些人就会抓住店员，把他拉过去问该怎么使用设备。这就是所谓的节省劳动力的设备。

在我们调查过的一家百货商店，那里的店员较少，忙不过来，为了节省时间，他们就在外面的架子上挂满了衣服，超过了架子本来的负荷。有些购物者觉得太麻烦，根本都不会到这个架子上挑东西；有的顾客在取挂着衣服的某个衣架时，常常会把别的衣服带出来掉在地上。这时是谁把地上的衣服捡起来、掸干净，然后再挂上去呢？通过超负荷摆放东西节约出来的一点时间就浪费在维护上了。还有更糟糕的情况，一旦衣服掉在了地上，就没有人愿意买了。你一定去过卖女士内衣的地方，你会买掉在地上的内衣吗？

不过，利用设计和销售规划来减轻运营的压力是可能做到的。有个例子来自美国邮政服务公司。几年前，他们对多个新邮局进行“模型店”测试。在其中的一家分店里，自助区设在有人服务的传统柜台的后面，在那里你可以买信封邮票、称包裹、计算邮资；在另外一家店里，自助区就设在进门的地方，而把服务柜台设在了里面。第一家店里使用自助服务的人很少，人们习惯了员工的服务，进门后就排队，根本就看不见店里头还有自助机器；第二家店里使用自助服务的比例就高很多，顾客进来时心里本想着去排队，但一进门就看见有人在使用自助服务。银行的情况也类似，如果把自动取款机和自动存款机放在存钱取钱的队伍旁边，使用员工服务的顾客就会转而使用自助设备。

沃尔玛的箱柜系统

第二个例子来自一家大型百货连锁店。在过去20年里，百货店里的药房已经发生了巨大的变化，但是有一样始终没变：店员必须把所有的小药瓶和药盒都整整齐齐地摆放在各个通道的架子上，这是一项艰巨的劳动。每次只要有顾客拿起瓶子看看标签，你都要把它摆放整齐，或者把它调转一下以便正面朝前。这个工作量很大。不久前，沃尔玛做了一个新的试验：他们把传统的货架换成了**箱柜系统**。这下，顾客看到的不是架子上一瓶一瓶的阿司匹林，而是放大的阿司匹林标签。在这个标签下面就是装有阿司匹林的药箱。

这个变化非同小可。它解决了货品上架的问题：店员推着车来到相应的通道，打开柜子，把东西倒进里面就走了，再也不用把它们摆成一排了。购物者也喜欢这样的变化：他们不必再去看药瓶上的小字了，标签上的字体很大很清楚，看起来容易得多，对老年人来说尤其如此，可以想象，他们在杂货店里时手上总是沉甸甸的。沃尔玛这样做时尚有个担心：不知购物者是否会认为箱子里的东西比架子上的东西要便宜、质量要差。但事实上恰恰相反，受访的购物者说他们认为箱柜系统是一个改进了的展示系统。一个非常优雅的解决方案。接下来的问题是，新系统的费用由谁来承担呢？是由连锁店来承担，还是由药品生产商来承担呢？这引起了极大的争论，而新系统却迟迟没有落实。在这项研究结束两年以后，我看到欧尚集团，一家法国连锁超市在使用这种系统，而且非常成功。

第十四章　延长购物的好时段，缩短等候的差时段

变差时段为好时段

跟日常生活一样，商店里的时间也有好时段和差时段之分。好时段就是顾客在购买东西的时间，你总想把它延长，而差时段你就只想把它变短。

差时段就是顾客被迫等候的时间。很显然，顾客不喜欢它，但是也不得不等下去。然而忍耐是有限度的，一旦超过了限度，那就会有麻烦。我们经过多次调查发现，**判断购物者对商店服务是否满意的最重要因素就是等待的时间。**如果购物者认为等待的时间还不算太长，他们就会觉得商店提供的服务还不错，如果等待的时间过长，他们就会认为服务很不到位。很简单，等待的时间越短，顾客的购物体验就越好，等待的时间越长，购物体验就越糟糕。

但是，要缩短等待时间并不是不可能的，实际就是要改变

顾客对时间的感觉。你甚至能够将差时段转化为好时段。

首先讲几句有关时间和感知的问题。你手腕上的表也许是很精确的计时工具，但是在人的脑海中还有一个更重要的时钟。这个心理时钟极易受到外界的影响，但是它比劳力士还要有价值得多。关于这个问题我们采访过很多购物者，出来的结果很有趣：如果等待的时间在一分半左右，那么人们对时间的感觉是相当准确的；一旦超过这个时间，人们对时间的感觉就变得很不准了。这时你要问他们等了多长时间，即使他们会实话实说，他们估计的时间也往往会被夸大很多。如果实际等了两分钟，他们会说是三四分钟，这时，购物者就会认为等待本身就是一件大事，而不再只是在一家大商场里的过渡性停留（买一些东西）。这时候的时段就变得很差了。时间是购物领域中一个很残酷的控制要素，如果在两分钟之内完成服务就是成功，如果需要3分钟的话就是失败。

驾驶购物（或驾驶储蓄、驾驶就餐）的最大吸引力在于方便快捷，你不必再费劲地去找停车位、停车、下车、走进店里，然后还要再倒过来重复一遍。我们最喜欢的一段录像里有这样的记录：在加州惠蒂尔市一家提供驾驶储蓄服务的银行，有位很着急的男士索性站到汽车的那个队里去了。即使驾驶购物并不能使速度真正变快，但舒舒服服地坐在自己的车里，开着空调，一边听着CD一边等，这样当然会让人感觉到速度似乎变快了。

这些事情大多都以收银台为中心。这时购物者在排队等着交钱，或者等出纳员服务，或者等着点菜。在这些地方，可以采取一些措施来缩短感觉上的等候时间，比如：

让店员（或以其他方式）与顾客交流。我们的调查表明，在有人与购物者进行交流之后，与交流之前相比，购物者的等待时间就过得很快。让一个店员对购物者的耐心等待简单地表示感谢，或者做一些较为合理的解释，就能自然而然地减缓购物者等待时的焦虑，尤其是在他们刚开始等待时。我曾访问过一家大型的杂货连锁店，那儿的经理很喜欢与顾客交流。每当出口处排的队伍变长了一点，他就会走出自己的办公室，来到商店前面，既像一个推动者，又像一个喜剧演员。他的出现似乎使收款台前的队伍移动加快了，同时他也自得其乐。在高峰期，如果让我在三部收款机与两部收款机外加一个队伍经理之间进行选择的话，我肯定选后者。这个队伍经理就是收款之前的服务员，他会告诉顾客准备好自己的订单，或者回答顾客的问题，这样不仅缩减了顾客感觉上的等待时间，实际上也缩减了真实的等待时间。同时，这也是一个告诉顾客如何才能提高效率的有效办法。

另外一个缩短感觉上的等候时间的办法就是告诉购物者他们要等的时间是有限和可控的，而不是无限度的。一些银行通过电子显示牌告诉顾客还要等多长时间。显示的时间虽然可能不很准确，但也没什么关系。告诉顾客需等两分钟，虽然实际上等了4分钟，但这4分钟他感觉也过得很快。最近，我打过一家计算机厂家的技术支持热线，电话录音告诉我估计要等5分钟才会有人接电话，想一下会觉得这段时间较长，但他们提前告诉我就让我心里有数不再着急了。这个办法很聪明。

排队。欧洲的购物者似乎并不介意在挤在一起的人群中排队等候，但美国人都喜欢单列的队伍，清晰而公平，他们不喜欢还要考虑排在哪儿。混乱的队伍会使人感到烦躁。如果顾客知道他们会按照先来后到的顺序享受到服务，就会很放心，感觉排队的时间也没那么长。这就是缩短时间的奥秘——排除不确定因素，并且减少感觉上的等待时间。

如何组织排队交款一直是购物环境中的难题。当然，最快最公平的方法就是把所有的顾客排成一个队，这样顾客就肯定能按到达的先后顺序排队，而不必费心去判断哪个队是最快的。不过这里面也有一个问题：有时队伍会变得特别长，会让着急的顾客感到不安。不知为什么，人们总感觉一个15人的队伍比3个5人的队伍更烦人。这虽然没什么道理可讲，但人们的感觉确实如此，这就是感觉与实际情况之间的差距。

同样重要的是，如果收银台离门口太近的话，一条长长的队伍就会把想进来的顾客吓走。我们在调查中经常看到的一幕是，顾客进了一家店（或者只是在橱窗前朝里面望了望），发现在出口的地方排着很长的队伍，就一定会认为整个地方都挤满了人，于是改变了主意，掉头就走。而事实上，整家商店可能除了出口处，其他地方都是很空的。这又有谁知道呢？（正如我们在本书其他地方所提到的，这就是一个很好的论据，说明了还是不要把收银处设在外界看得到的地方为好。）

两家大型的美国商店改变了它们的排队体系，并希望借此让购物过程变得更加高效率，不再让人望而生畏。这两家商店是电子产品连锁店百思买和连锁百货店全食超市。百思买让队伍排在一个迷宫样的地方，四周都是高过人的墙壁，这样购物者就不可能知道有多少人在前面等待。而这些墙壁上都挂着电池、廉价的电脑游戏和办公以及电脑用品。这招效果很不错。全食超市推出了新的排队系统——由一系列小队伍组成，队伍的上方有个平面电视屏幕，指示排在队伍最前面的人到几号收银口去结账。这个系统的好处在于，把一个蜿蜒曲折的大队伍分成了几个部分。而且很明显，也有一个高科技的系统在统一筹划并且指挥。一旦消费者意识到有人在维持秩序，甚至是在关注他们，他们的焦虑指数就大大降低。你说这是不是个完美的系统呢？那可不一定，但有一点是肯定的，这个系统大大改善了以前混乱不堪的情况。

同伴。如果你和同伴聊天，感觉等待的时间就像变短了似的，这是很正常的。在这方面商店可做的事情不多，不过要注意最需要店员同他交流的是那些独自购物的人。

分散注意力。几乎任何事情都可以用来分散注意力。我们调查过的一家银行，把电视调到肥皂剧频道以娱乐排队的观众。我们认为这并不是一个好主意，因为差不多要半小时才能看完一集肥皂剧。加利福尼亚州另一家银行的办法就好一些，下午那儿的多数顾客都是退休人员，电视大屏幕上播放的就是以前的系列短剧。现在大家都在考虑安装视频系统，但实际上有些技术含量不高的方式也很有效果。很多食品店就发放免费样品，这是推销新产品的好机会。把那些适于即兴消费的物品摆在收款台旁边，顾客在排队时就可能购买，这不仅是推销商品的好办法，同时也是消磨时间的好办法。还要记住，排在队伍最前面的人根本就不必分散注意力，他就在柜台前，正等着签字结账呢。商品资料、宣传册、购物架和其他东西都应该放在队列中第二个顾客以及他后面的顾客旁边。

是节约了成本还是浪费了时间

超市的交款出口处放的一些文摘小报也是很好的分散注意力的方法，顾客不必看杰里·斯普林格的脱口秀节目就可以了解到很多信息。另一个分散注意力的好办法就是广告牌，信不信由你。我们的调查表明，如果有广告牌可看的话购物者就会觉得等待的时间短了一点。实际上聪明的零售商把等待时间看作一种无形资产、一个少有的好机会。这时顾客都站在一个地方，面朝同一个方向，没多少事情可做。这时候的差时段就可以转变为好时段：等待可能是不得已的麻烦，但也可以利用这段时间来传达信息，同时缩短顾客对时间的感觉。

即使不在收款台旁边，现在的商店也有等待时间的问题。零售商为了节约成本，通常会减少劳动力，现在顾客要花比以前更长的时间才能找到店员来解答问题。这种形式的等待时间很致命，我们看见很多购物者在商店里推着车来回地走，想找人帮忙。如果找一会儿还找不到，你就会看见他们变得怒气冲冲。**男性消费者反应尤其强烈，如果他们的问题不能尽快得到解答，他们就会离开商店回家去，或者去别的商店了。**我们调查的一家百货商店调整了自己对待职员的策略——削减员工，而且把以前散布在店里各个销售区的收款台统一设在商店前端，这样收款台的数量自然就减少了。结果，顾客排队等候的时间明显比以前长得多，而突然之间在卖场里也很难找到一个店员了。另外，商店入口处神色焦急的购物者的长队也给人一种很拥挤的感觉。总之，减少员工虽然节省了成本，但它带来的诸多弊端需要更昂贵的代价来弥补。

在现在的零售领域，经常会出现这种成本代价问题：劳动力成本方面节约到一定程度就会因购物者的不满而付出代价。银行在这方面的问题尤其突出。他们喜欢用低薪雇用一些兼职出纳员，也就是说他们请的人算得不够快，与人打交道经验不足。结果，顾客等待的时间就增加了。到一定程度，由顾客不满而引起的业务损失就是它的代价。我们调查过一家欧洲银行和一家美国的电子产品商店，出于安全考虑，都只使用了一个装现金的抽屉。在这家银行里，出纳员不得不在服务窗口和现金抽屉之间来回跑动；在这家电子商店里，购物者就看见售货员互相你推我搡地抢着去用收款机。这两种情况都不利于建立消费者的信心，等待时间造成的后果也是可想而知的。

我们调查的很多商店都采用了费时的防盗策略，这样做往往会给销售带来不利影响。在这些案例中，商品体积都不大，不过都不便宜——其中一家卖的是名牌香水，另一家是打印机的墨盒，第三家是游戏机。这三家商店都把展品锁在玻璃柜中，购物者在决定是否购买之前无法触摸商品或凑近仔细看清楚。这本身就阻碍了消费者购买这些商品，要看商品的话，他们不得不去找店员，而且找到的这个店员还要有钥匙才行。在所有这三家商店中，我们发现顾客找不到合适的店员帮忙时，都是不买东西就走了。难道为了防范从概率的失窃情况要以损失销售额为代价吗？应该不是吧！

毫无疑问，“货物失窃”是个严重的问题。但是这些问题往往都集中在某些固定的商店里，而不是出现在所有商场。比如像史泰博这样的连锁店，会有一些严重的商品失窃问题，其他一些商店里则只会发生些小偷小摸，而很多商店根本没有偷窃行为发生。商品失窃通常有3种形式：可能是“内部员工偷走的”；也有可能被惯犯偷走——如果哪天他们早上醒来，就决定要来你的店里偷东西；还有可能是有人顺手牵羊，他们想自作主张给自己打个折。沃尔玛宣称商品失窃率低于1%，但是考虑到它是这么大型的连锁店，这个比率也意味着很大一笔钱。

因此，商家们在所有地方都建立了防偷窃设施。一方面，雇用老太太站在出口处，招呼顾客。他们假设，如果有人表示知道你的存在，你就不太可能顺手偷走一件羊毛衫或者是一对杠铃。另一个防偷窃的方法是在商店里安个大喇叭，里面喊着像“第六通道注意警戒”这样的话，即使这家店很可能根本就没有配备保安队伍。那些商品失窃现象严重又持续不断的商店，需要专业人员的介入。

一次我们为南加利福尼亚的一家连锁杂货店工作，这家店有一个无条件退货政策。这可真是很慷慨，无论是什么商品，他们都会把钱退给顾客，不问一句话。当我在那里的时候，经理把我带到一个卖女性美发产品和器具的专区。他指着一个时髦的多电压适配的吹风机样品，告诉我：“这是我卖过的最贵的吹风机，上个月，我一共收到4个退货。”他顿了顿，然后富有戏剧性地说，“可问题是，上个月我一台吹风机都没有卖出去过。”

很明显，有些贪得无厌的人一次又一次偷窃了这些吹风机，然后退货换取现金。不幸的是，经理被公司的规定给束缚了，他们必须接受任何退货——不问任何问题。

这可真是致命一击啊！

回到时间这个话题上，由于被公司的规定束缚，可怜的经理不得不把退货登记下来，把原本不该退的钱退给别人，检查商品有没有被损坏，并且重新把它放到货架上。这令人十分痛苦的一部分原因是，用来做这些的时间都是白白浪费的。退货政策占去了收银台宝贵的时间，这非但没有实现美好的意愿，反而对员工是个伤害。这是一个花了不该花的时间的典型例子。

第十五章　巧扮收款台

使收款和包装变得可爱

现实是，大多数购物最终都以收款台付钱结束。这个问题现在还无法逃避。也许有一天它将不复存在，那时，所有商店都能像加油站、收费亭和银行一样提供自助式服务。购物者把要买的东西放进新发明的计算机设备里，它里面的扫描器就能读出产品代码，算出总额，并加上应交纳的税，然后吞进信用卡或借记卡，得到确认扣款之后吐出收据、大小合适的物品袋和一张小条，上面写着："欢迎光临帕科商店，下次购买男式饰品时持本券可优惠10%，祝您愉快，谢谢惠顾……"

有一些这样的技术目前已经投入使用了，像联邦快递和联合包裹公司使用的手持扫描器；很多超市里购物者可以刷卡消费；在欧洲，有的饭店让就餐者自己拿着手持扫描器刷卡，而不必由服务员操作，这样刷卡过程就可以在餐桌上进行。还有一个罕见的创新的例子：瑞典一家连锁超市ICA，提供一种可携式扫描器，在顾客进门的时候就可以领取并放在推车里面。你可以在把橄榄油和冰淇淋放到推车上或者购物袋中的同时，使用扫描器。在出口处，你要刷信用卡，会有一个员工给你的推车称重，以确认货物的重量跟你扫描的价格总和相符。然后你就可以走人了。这是一个非常先进的系统，特别是跟其他自助式结账系统相比。

虽然21世纪的购物体验充满魅力，令人赞叹，尽管商业天才们已经应用了很多科学和艺术手段，但是我们不得不承认，还没有人使收款和包装也变得可爱。**零售商总是在收款及包装台附近放一些高利润的即兴消费型商品，他们希望分散购物者的注意力，使人们不再留意自己在排队等着付钱这件事情。**收款及包装台这个特点很令人沮丧：这儿是购物者掏钱的地方，按理说应该是最显眼的地方，但事实上它却是整个购物过程中最沉闷的地方，也是多数购物者产生焦虑的地方——“我站哪儿？要等多长时间？”商店里别的地方可能都设计得不错，对用户都很友好，但一到这儿假象就消失了，商店的真正作用就显示出来——它是用钱换商品的机器。如果这台机器设计得有问题，或者构建得很差，或者经营者起了误导作用，那么请到收款及包装台来，所有缺点在这里将一览无遗。

如前所述，收款及包装台的最大难处在于把它安置在哪儿？从逻辑上讲，一般要把它安置在商店前门附近，这样，顾客就很方便地走进商店，在里面走一趟，找到自己要买的东西，然后回到前门，交钱后离开。从店员的角度看，这样做是最合理的。如果把收款台设在商店门边，在非高峰期小商店只要一个店员就可以了；如果不在门边，就至少需要两个店员，或者是一个店员一个门卫。我们曾调查过一家鞋店，它的收款及包装台设在商店的后面，而且收款台还正对着后墙。这样的话，在每次交易中，店员都有一段时间是背对着顾客的，这种设计实际上可能滋生盗窃。

但是让顾客进来第一眼就看见收款及包装台也不太好。这样给人的感觉就像是穿过厨房进入饭店一样，不利于激发人们的购买欲望。如果收款及包装台的工作人员动作较慢，购物者就会堵在那儿，对于要进来的顾客，这可是个致命伤。我们已经看到过无数这样的场景：购物者在商店外面往里看，发现收款台前有人排队，就不进去了。收款及包装台似乎总预示着麻烦，它仿佛在说，即使找到了想要的东西，你也不得不经受一点折磨才能把它买到手。

在考虑收款及包装台的位置时，必须同时考虑收款及包装台对商店其他地方带来的影响。在看新商店的设计蓝图或者建筑模型的透视图时，你看到的往往是很漂亮的、井然有序的、宁静的空间。设计师在创作时总喜欢假设没有混乱的人群，那些建筑杂志在描绘商店时也总是这样——空无一人。但是等商店开张顾客进来之后，你就会突然发现收款台的队伍把整个商店分成了两部分。成天蹲在设计室里的设计师根本就想象不出收款台前购物者会怎么排队，他妻子完成了所有的购物工作。实际情况是这样的：购物者队伍组成的人墙使得人们很难看清商店的另一半，要到那边去也不方便。如果排队的人推着购物车，障碍就更大了。很多刚进来的顾客不可能透过人墙看到另一半商店，这也就是说，如果想买的东西是在那边的话，他们根本就找不到。我们考查购物者运动的方式有好几种，区域密度就是其中的一种。每小时我们都会转遍整个卖场，计算每个区域有多少顾客。如果收款及包装台的位置设定不好，就算在高峰时段，商店里其他区域的顾客也不多，等着交钱的队伍还是形成了一堵人墙。

具有讽刺意味的是，**收款及包装台的拥挤程度通常并不能说明商店里其他地方的顾客情况。**如果收款及包装台的交易速度较慢，就会给人造成商店里很拥挤的错觉。这时，虽然商店前面的人很多，但只要有人到后面看看的话，就会发现那儿人很少，完全就是购物者的天堂。

不要给收款台赋予过重的负担

为什么商店处理不好收款及包装台这样的细节呢？主要是因为零售商没有意识到有效的收款系统会对整个购物环节产生什么样的影响。这种情况是很危险的。如果收款及包装台的动作太慢，惹恼了顾客，顾客就会发誓再也不到这家商店来了。零售商和他们聘请的建筑师在设计收款及包装区域时都没有尽量为顾客着想。他们给收款及包装区预留的空间太小，还尽可能地占用收款及包装区域的各个角落，而且多数时候那儿的雇员都不够。我想到两个案例中的商家，他们都试图给收款台赋予过重的负担，结果却给自己带来了麻烦。

一个案例是在贺曼卡片公司，这家商店的多数业务都在圣诞节前后，所售商品多是奇特的价格昂贵的圣诞树及其他装饰品。这些东西多数都是买来当礼物的，因此多数商品最后都要包装。很多商店的包装都是由收款员一个人来做的。你曾在假日前后到过卖卡片的商店吗？如果收款的店员必须停下两分钟来包装礼品盒，你能想象会发生什么情况吗？比感恩节前夕奥黑尔国际机场的情况还要糟糕，简直是彻底乱套了。商家应该在专门的位置包装礼品，但是每年总有几家商店还照以前的办法在做。管理者都希望节省劳动力成本，于是就把这项任务交给收款台来做了。而真正有效的处理礼品包装的方式就是设一个自助台，并提供包装纸、丝带、玻璃纸、剪子、包装袋等东西，根本就不需要店员。

另一个案例是在RadioShack，那里的收款及包装台与维修退货处都在同一个柜台。这就是说，虽然有的顾客只想买了东西就走，但是有很多别的业务使柜台的交易速度减慢了。还有一个问题，顾客高高兴兴地正打算买录音机或者显示器，结果站在他旁边的人就抱着录音机或显示器在那儿抱怨，有时和这个顾客要买的一模一样。这种设置不利于培养消费者的信心。应该把维修退货处挪到别的地方，建议设在商店后面，避开多数购物者。

在收款区域里，有一个小小的部分跟我个人有着很密切的联系，那是在酒店里办理入住和结账的柜台。跟当今多数人一样，我几乎有一半的时间都是在旅行中度过的。现代商业界各地交往增多，因此酒店产业也就繁荣了起来，但是酒店里最大的一个问题仍然没得到解决。通常的情况都是这样的：你很晚才到达酒店，又累又困，希望能尽快结束路途奔波，在房间里发邮件、看书、写东西、打电话、看影片或者享受点其他的什么服务。然而，尽管你已经提前在电话里或通过旅行社办理了大部分手续，但仍然不得不排很长的队才能拿到钥匙。

我住过的有些酒店已经有些改进了，他们在大厅里设了一个圆形的入住登记台，客人可以挨着服务员坐在电脑终端前办理登记。这仅仅是个开端，有些酒店打算采取更进一步的措施以提高商务旅行者的满意度。以后，大厅里的入住登记区可能会摆上舒适的椅子，你坐在那儿后，服务员会走过来，手里拿着巴掌大小的电脑、信用卡读卡器、房间钥匙以及你选的饮料，并且所有文书工作都会以这种先进的方式进行处理。

第十六章　商品推销的小窍门

有多少魔术就有多少窍门，商品推销也是这样，这本书余下的部分将与一些敏感的主题——例如人体美学、解剖学、运动学和人口统计学等联系起来。这一章是关于如何让产品跳出来，跃入购物者眼帘的。

巧用商品连环套

商品推销划分为两个不同的方面。**一方面是努力使产品脱颖而出，走下货架——那里是任何产品都跟其他产品竞争时所处的同一起点。**谁不想达到这个目标呢？所以许多商家把精力和金钱花费在产品展示方面。一般都认为架子对于图书馆比较合适，在其他地方只要能避免，就尽量不使用它。实际上，在20世纪70年代末，巴尔的摩图书馆系统进行了一项大胆的改革，将一些书的封面正对借阅者陈列，这一简单变化使借阅量迅猛增长。现在这种做法在很多书店和图书馆都是自然而然的了。这对于书店是一个启示，因为众多书店的陈列部门重复着老套的做法，至少对于大多数书是这样的。但这样做也有不利影响，读者能看到的图书数量大量减少，这无疑将给愁眉苦脸的作者和出版商带来更大的痛。

商品推销的另一个方面是要运用连环套的艺术，将一件东西放在另一件的旁边以引起更多的关注，从而使二者的销售量达到更高。同类商品放在一起能够增加销量。这方面一个典型的例子是收款台之前的即兴购买，像一盒橘子味薄荷糖或者是一排电池，通常是在交款之前的最后一秒扔进购物筐中的。但是附加商品能够出现在商店的任何地方，大多数零售商对此没有太留意，我认为他们的生意可能会因此而受到损害。因为大多数附加商品会有较高的利润率，利用与否，决定了一个商店是勉强维持还是繁荣兴旺。可以毫不夸张地说，利用附加商品能使一个商店起死回生。我曾经是纽约一家酒吧的小股东，酒吧仅仅从自动唱片点唱机、香烟机和视频游戏获得的收入就可以抵上房屋租金。零售商必须接受这个事实：不存在新的顾客，因为人口不再急剧增长，现有的商店要远远多于我们的需要。一般来说，一家商店80%的销售额来自于20%的顾客。所以，假如商店要发展壮大，就应该想办法如何从现有的顾客中获得更多的利润。来店里次数越多，待的时间越长，就会有越大的购买量。

这不就跟做服装生意一样吗？你要买新鼠标吗？试试这张鼠标垫怎样？要买新车？看一下这块别致的汽车脚垫吧？盖普公司现在开始卖香水和蜡烛了。维多利亚的秘密也开始卖化妆品了——既然女同胞们走到哪里都会购买化妆品，特别是当她们已经在那些专门扮靓的商店里面了。美国邮政局在美国购物中心的分局销售USPS牌子的玩具邮政卡车、皮夹克、穿邮递员服装的玩具熊和其他同类商品。这样，当邮递服务不挣钱的时候，这些小玩意儿就开始唱起了主角，或许有一天，那里将成为让整个系统运转起来的力量源泉。

另一个很好的例子是我最喜欢的书店——BookPeople，这家店位于得克萨斯州奥斯汀市全食超市旗舰店的街对面。BookPeople是一家很有个性的店，它给予人们一种出其不意的、赏心悦目的视觉享受。烹饪类书籍被摆在一个老式烤炉里，店里的座位零星地分散在四处，烘托出店里的主打商品——书籍。体育类和科技类书籍的区域配备了老式的理发椅，还明智地摆放了几张躺椅。店主还在四周增设了与区域主题相同的衍生产品区——动物帽子、面具跟儿童书籍放在一起，占星服、珠宝和蜡烛则跟灵性读物搭配，甚至在台阶上都放置了包装纸和小礼品。在收银台处，还有印着“让奥斯汀特立独行吧”字样的T恤、不同寻常的小点心，以及BookPeople牌的巧克力条。这家书店不只是在卖书，而且是在向爱书的人推销所有商品。但是从本质上来说，这还是一家正规的书店，它的书架分类雅俗共赏，并对商品类别和附属产品区进行了创新开发。比如有个暴动和阴谋类读物区设立在期刊架的旁边，还有一对毛绒公鸡放在了房屋建造和种植区的两侧，真是独具匠心。

还有一个令人艳羡的例子是苹果公司的门店。他们把即兴消费的商品放在收银台处，这些商品价格最高至上百美元，包括很酷的游戏、别致的备份硬盘、夸张的U盘。它们被置于各个不同的地方，由于外形养眼，这些东西卖得很不错。就像推销新汽车的附件一样。公司认为，如果你已经花了几千美元，那么从你已经打开的钱包里面再掏出几百块钱，应该不那么费事。

比方说，有一家服装商店，典型的商品是30美元一件的衬衫，假如能劝说顾客再买一双6美元的袜子，就增加了20%的销售额。这业绩不算太差！假如他又买了一条20美元的皮带，销售额就会增加66%。如果真是这样，不得不承认你是个商业天才！现在，你必须想办法如何使这些实现。一个好的办法是轻声地向购物者建议，对于销售人员来说，顾客所购买的东西还不够，难道顾客不需要一个鼠标垫来配那个鼠标吗？另一个好的办法是将鼠标垫放在鼠标旁边，这样的并排放置就相当于你说话了，道理其实都很简单。那么把腰带放在哪里呢？当然是放在裤子旁边最好。袜子呢？放在鞋的边上。但鞋放在哪儿呢？在你的脚上。番茄酱放在哪儿呢？最好靠近意大利面食。

百货商店在一楼卖领结效果很好，主要是面向女性购物者；领带也应该挨着西服和运动夹克摆放，但是奇怪的是，通常都没有放在那儿。这是一个很大的失误，因为有时顾客需要真正看到和摸着那个奇妙的彩印领带，才能想象出穿着那套暗灰色的西服配上领带是什么样子。而且无论如何，没有人仅仅穿一身西服，在离开家之前，还需要衬衫、领带、袜子、鞋、衬衫袖子上的链扣和腰带。商家为什么不考虑这些，而单独销售这一套行头中最昂贵的部分呢？计算机商店在这方面缺陷就更大。比较典型的是将计算机本身陈列在一个区，打印机放在别处，家具放在另一个不同的地点，其他如电缆到放松手腕的辅助品，摆放在其他地方。还有人能够设计出比这个更不明智、更不吸引人的陈列系统吗？这样的陈列对于仓储来说是合适的，但不适合销售。当人们使用计算机时，所有这些都需要展示——计算机、显示器、打印机以及辅助品，所有的设备都应连接系统、插上电源、摆在家具上，这样购物者才能坐下来，进行测试。

超市也面临同样的问题，应该把墨西哥煎玉米卷放在哪儿？和其他墨西哥食物放在一起吗？这是通常的做法。为什么不把它放在接近牛肉馅的地方呢？可能需要将煎玉米卷和肉组合起来，才能触发节日里想着用什么做饭的购物者的灵感。把煎玉米卷分别放在这两个地方怎么样？肉类柜台不也是摆放面包、辣肉酱、嫩肉剂、辣椒玉米、海盐和新鲜香草料的好地方吗？在意大利，一家市区超市尝试着按三餐将食物摆放分组——早餐的原料在这儿，午餐的原料在那儿，晚餐的原料在另一边。这一概念通过两项创新而成为可能：一项创新是使用小体积冷柜有效利用能源，另一项是重新设计店铺，让人到处都能找到电源插座。在世界上许多城市，无论是穷人还是富人，每次都只购买一餐饭。

把蛋糕放在沙拉柜旁

某些很不易处理的商品怎么办？比如说，包装过的切片蛋糕，你可能决定把它放在蛋糕区，但是想买整个蛋糕的人怎么会只买一小块儿呢？或者，只想买一小块儿的人又怎么会买一整个呢？它也可以跟其他的冷冻甜品放在一起，例如在冷柜里的布丁。但是假如在沙拉柜旁边能够发现一块蛋糕会怎样？作为选择一种有益食物的奖赏？这种摆放方式本身就说明蛋糕不同于冷柜里其他可以堵住孩子们嘴的东西。在第十二章里我们探讨了知名品牌的铝箔纸制造商怎样费力地说服购物者将钱花在高质量的产品上，实现这个目的的一种有效方法就是更好地对其进行促销。例如，夏天，超市在同一固定设施里可能卖木炭、烤肉酱、有趣的围裙和铝箔纸，就在挨着肉类柜台的地方。男人更可能立即拿起整套产品，而不是沿着一个一个走廊去组合这些产品。在这个环境里，名牌铝箔纸的优势可能会起点作用。

在百货店里，有关维生素和保健品的书应该放在哪儿，放在书那里还是放在维生素那里？如果两者都放，说起来很容易，但是某种程度上这可能会使商店没有空间了。假如摆放无益于增加销售，那些多个地点的摆放都是没有意义的。而且若在杂货店的多个位置摆放商品，你把试用装的洗发水、护发剂等放在哪儿？将它们单独陈列吗？但是它们真的应该和标准尺寸的产品放在同一架子上销售。因为要尝试一种新产品，你只愿承担试用装的费用，假如不得不购买一大瓶（或罐）来确定你是否喜欢这种产品，你可能就不会尝试了。通常情况是这样的，假如我首先看到了洗发水货架，买了常用的品牌，那么到了试用装柜台，挑选某种新品牌产品的可能性就很小了。

连环套逻辑

毗邻也是讲究顺序的，也就是说要使产品以一种合理的逻辑顺序出现。我们曾经受雇研究怎样在员工自助餐厅中销售薯条。在一家餐厅里，薯条和脆饼干的架子放在一排食品的最前面，就在你拿起托盘之前。在另一家餐厅，薯条放在一排食品的末尾，收款台之前。这两者有什么区别吗？事实是，薯条摆放在末尾比摆放在排头销量要大很多。在你决定选择哪种三明治之前，你怎么能决定想要哪种薯条呢？甘椒面包和带瑞士干酪的白色玉米薯条或者烤肉风格的薯条哪个搭配更好？同样，在12月我们研究了一家百货商店，那里的圣诞包装纸柜台就放在入口处，但包装纸卖出的并不多，因为人们在买礼物之前是不会买包装纸的。把柜台挪动之后，包装纸成为购物者看到的最后的商品之一，它的销量马上就提高了。超市货架图在设计时是以尽最大可能制造毗邻效果为原则的，其想法是假如一种受欢迎的物品——像玉米薄片——放得正确，在靶心的位置，也会帮助放在周边的其他一些凯洛格谷物产品的销售，因为大多数购物者是习惯用右手的，最佳的位置应该就是在靶心的右边，使其尽可能方便地拿到。

有时候，一些非理性的组合吸引了我们的注意力。对比一下昂贵的衣橱在家具专营商店和在一家喜欢革新的家居用品及家具商店销售的情况。前者有许多箱子整洁地排列起来，没有别的，只有箱子，一个挨着一个，放眼望去都是错落有致的箱子，具有仓储销售的全部魅力。而在Restoration Hardware（美国一家家具和家居用品品牌连锁店），箱子被当成家具一样看待，放在一把椅子的旁边，或者在一个角落里，一条带花边的小餐巾或者相框或镜子放在顶上，架在箱子上的是一个大的、老式的玻璃坛子，里面装着镀铬的球形锤子等各种各样的东西。所以，坛子或者闪光的锤子可能会吸引你的眼球，你拿起一个陈列品，突然注意到了箱子，这次是真正注意到了，你意识到它放在那儿，不仅是支撑着装锤子的坛子，而且它实际上也是商品，一个精心设计的价签低低地垂在抽屉把手下面。在研究40件相似的家具时，你也没有应接不暇的感觉。你能真正感受到的箱子是放在家里，而不是放在陈列室里。而且你本来是先看到了锤子，最终却要考虑购买家具，这个事实满足了你对发现的热情，使人感到精神振奋。任何人都能卖家具给那些寻找家具的人，而把家具卖给不需要的人则需要一点聪明才智。我打赌，本来只打算买小餐巾却带着一个新的枫木梳妆台回家的购物者，不止一个。

你只需站在商品附近问自己，在这里我还想要点什么，就能推测出应该在毗邻的地方放些什么。在油漆区，也应该有些电动工具的交叉销售方案，即使只是一张招贴画、一些资料，或者一个躺在桌子上的链锯——谁能抵挡拿起它的诱惑呢？在书店，我们建议客户按照目标读者的性别来分区，计算机、体育和商业图书应该摆放在一起，而自助、饮食和营养、健康和家庭类的摆在一起。我们为如何销售计算机、打印机提供咨询，并建议零售商按照制造商分组——惠普的产品在这里，爱普森的产品在那里。但之后，我们观察到购物者不是按照那种方式购买。相对于只看制造商提供什么产品，他们对把所有300美元左右的打印机进行比较更感兴趣。所以我们立即改变了建议。金色童书公司——一家儿童书的出版商，开始是按价格高低来区分各个销售区，直到我们看到人们对这种不很昂贵的商品的价格都不是很在意。最终，他们把这类书按照人物来分组了，这是小马，那是泰迪熊。

将连裤袜装在蛋壳里

将连裤袜装在塑料蛋壳里销售，这能算一个聪明的商品促销创意吗？我认为这可真够奇怪的，但是这个标志性包装将L'eggs变成了全美这一类商品的第一品牌。曾经有一系列著名的盲测，结果显示女性偏爱的是通常放在L'eggs品牌旁边销售的No Nonsense牌。然而L'eggs还是更胜一筹，在商品促销上获得了真正的成功。

假如你不在零售业，就可能不知道提供所有店内的商品促销装置，包括广告牌和陈列架，以及为顾客即兴采购而准备的产品和所有其他产品的行业规模和范围。从超市到杂货店，再到家居中心和汽车展示厅，这些公众耳熟能详的购买点（英文缩写为PoP）业务已经在短时期内改变了很多。自从开始之时，PoP展示品就已经存在，当然，这可以追溯到第一个放在雪茄店前的木制印第安人雕像，或者红白条相间的理发店柱子。但是直到20世纪80年代早期，PoP才真正成为了市场的参与者，现在占据着销售业的一个席位，与营销比肩。

但是直到那时，商品促销还是营销的继子。营销天才来全权决定一件产品将怎样呈现于世界面前，而搞商品促销的人则负责解决零售层面运作的非常细节的问题，比如设计店内的指示牌和陈列架。此后，双方变换了位置。零售业突然意识到，在商店里临时决定买什么商品的购物者在逐步增长。正如其他的调查表明，所有超市购物者中，一半以上是没有什么计划的。这是因为营销的影响已经从顶峰开始下降，电视网让位于多种观看平台，消费者从偏爱某品牌转向对商品更加挑剔、购买时更有主见。所有这些加起来都使商店更加依赖于商品促销，几乎在一夜之间，这个行业就从价值50亿美元一年的手推车式的业务变成了350亿美元一年的过山车业务。从传统意义上来说，这是一个以小型的（现在，有些并不小）、家庭式公司为主的业务，意味着它缺少复杂性和长久依赖关系，靠的是运气、气魄和精力。这是一个属于牛仔的行当，我的意思是最好那样，由于这个行业年轻，还有许多经验教训供从业者学习，而且要边学边干。实际上，我们过去几十年的许多工作一直在测试和评估商店里的标志、设施和陈列系统的效果，试图发现什么有效，以及为什么有效。

这里有一个很好的例子，是有关聪明的商品促销所表演的可怕魔术的故事。一次我听到一家销售年轻女士服装的全国性连锁店负责商品促销的副总裁的一番谈话，她解释了T恤衫的一种特殊的陈列方法。“我们在斯里兰卡以3美元的价格买来，”她开始说道，“然后我们把那些T恤衫带到这儿，缝上法文和英文的洗涤说明。注意我们并没有说衬衫是在法国制造的，但是假如你愿意，你可以那样推论。之后我们利用这一点来进行促销：我们将衬衫叠好，放在一个有品位的桌面上陈列，陈列桌后面的墙上挂了一幅巨大的、华丽的照片，画中是一位在有异国风情的地方穿着这种T恤的美女。我们做对了这件事，就好像是100万美元到手了。我们把T恤叫作探险T恤，每件售价37美元，最终卖出了很多。”这是我曾经听过的最沉闷但却非常有价值的经验。

改进陈列装置

汽车特许经销权并不是为了商品促销而提出的想法，但这却为经销商促销商品提供了很好的反面教材。我们对一个外国的汽车特许经销商做了研究，这项研究本身实际上是一门大学课程。销售人员发给购物者过多的资料，但是没有给他们文件夹，所以当你结束了在展厅的参观后，手里拿满了各种纸。那儿有很多用来摆放小册子的架子，但却没有小册子摆在上面，这是个问题——并非因为购物者喜欢小册子，而是因为空的架子会给购物者留下在这项业务的细节之处没有得到关照的（正确）印象。单面印刷的招贴画贴到窗户上，意味着购物者经常发现自己凝视的是一个空白的白色矩形。在一个特许经销商那儿，我们看见了一个宣传新车的标志，那是上一年的新车。这些得到突出布置的标志是从汽车制造商那儿获得的“奖励”——这是种让购物者昏昏欲睡的东西。而呈现给购买者可选颜色的展示也着实差劲，因为那是一个由管道胶带粘起来的螺旋装订的文件夹。购物者不能完全看见每个颜色的汽车图片，而只是看到一种更适合用于选择窗帘颜色的微小的样品册。应该挂在车上的标志却放在桌子上；从报纸上剪下来的汽车受欢迎的评价只是简单地贴在墙上，而不是恰当地展示出来。一些文章已经开始变黄、卷边，这就是对顾客要花2万美元甚至更多的钱来购买的商品的最好支持吗？实在是差劲极了！

零售商并非是唯一搞砸商品促销展示品的设计和部署的人。许多时候，设计并制造这些促销展示品（并将其销售给倒霉的零售商）的公司，在把展示品送达零售商之前，就已经将展示品搞砸了——这也是很容易就发生的事，比如使用了没有涂层覆盖的纸板支撑的陈列架。当我们周五晚上抵达一家杂货店的时候，看到了这样一种固定货架，是用来摆放防晒产品的。它就架在地板上，商品卖得很好。之后，清洁工人进来了，正如一般的清洁工人要做的，在不移动所有的固定货架和陈列品的情况下，就拖起了地。防晒霜陈列架的底部有点湿了。到周六下午它有点倾斜，而到晚上拖了地之后，它就开始严重倾斜了。到周日晚上，这个用纸板支撑的陈列架被扔进了垃圾箱。

关于当商品已经卖出了一半，剩下的商品该如何摆放的问题，没有人贡献出任何想法。剩下的商品要陈列得像热销产品一样？还是像没人照顾或者被遗弃的产品？在某种程度上，这与一个番茄酱调味瓶或者其他任何东西被移走之后购物者看到什么有关——陈列架上的牛皮纸就这样露出来了吗，还是在那儿应该有某种信息或者瓶子的照片？这些都会产生很大影响。

还有其他一些问题：你能在五六米以外看到它吗？假如一种陈列设施只有你从它上方才看得到，那它的陈列效果就不佳。陈列设施的背后以及两边都要留有空间。因为那种陈列设施的设计者不知道陈列设施在一家店里是如何放置的，所以也不能确定购物者会首先看到它的哪一面（假如它不止一面的话）。

端头展示架和独立货架是美国零售业中经常采用的。采用这种陈列方法的一些商家成功了，另一些则失败了，这取决于货架在商店中处于某个具体位置时的表现。对于广告牌你不能说哪个好，哪个不好，直到看到它们起作用才能下结论。最近在陈列方面的趋势，**是一种称为活动货架的东西，这是种使用移动，特别是移动的光线来获得购物者注意的陈列装置。**我们对几种类型的固定货架进行测试，已经产生了一些令人印象深刻的结果：有48%的购物者注意到了装有活动装置的软饮料冰柜，而没有采用活动货架时，注意到冷柜的人只有6%。一个活动的端头展示架则得到了37%的人的注意，而老样式的展示架只有16%。但是到了某种程度，这种效果就开始互相抵消。如果众多设施争先恐后地想引起购物者的注意，它们就成为了一个视觉上相似的无聊符号，在这种喧闹中无法分辨出彼此了。促销王子约翰·沃纳梅克曾经说过他的广告中有一半是浪费的，但是他不能算出是哪一半。今天的商品促销方式和战略也是如此。

我们受雇策划一个方案，来解决所有治疗消化不良、心痛、恶心、胃肠胀气和其他更具侵害性的人类胃肠疾病的非处方药的销售问题。此类疾病产生的症状让人羞于启齿，这导致了人们对怎样治疗这些小毛病十分无知。成药公司的研究表明：患这些小病的购物者不太愿意接近收银员甚至是药剂师。从个人来讲，这是一项很有启发性的工作，因为我也不能十分确定哪种产品是治疗哪种类型的胃肠紊乱的，我也没有强烈的愿望去询问。可能跟你一样，我也会有病乱吃药，并对那种药产生的呕吐作用感到疑惑。解决所有这些问题的办法是使用指示系统，那是一个平放的圆筒，在一端有个拨号盘，你拨进代表你症状——如胃灼热的号码之后，治疗这种症状的药品名称就会在一个显示窗里出现。这不会错。然后，安装一些模型系统，再研究购物者如何与系统实现互动。

但事实却是，我们看到顾客没有与模型互动，那个设施一直没有被人使用过。可能是购物者没有研究表明的那么疑惑；或者是那些设施的摆放过于高雅，那个放在架子上的灰色管子没有预想中的那样出挑；而且人们可能不知道一端的拨号盘是需要转动的，如果在上面加一个红色的大箭头就会有很大帮助。无论如何，胃部的不适可能会伴随我们很长时间，因为我们的方案过于草率。

再举另外一个例子。一个美国领先的香料营销商是否需要建立一个奇特的、昂贵的、崭新的超市固定货架系统，来展示商品——器皿呢？这不是个问题，它已经确定下来了，根据一家主要的PoP公司的提议，他们决定建立一个符合价值100万美元以上的展品身价的货架系统。货架的模型堪称一件精美的艺术品，它将公司产品按香料、提取物、精华素或者香精分门别类，这些在以前从来没有做得这么成功过。超市里的每件东西都是激烈争夺顾客的战场，香料业的竞争已经到了白热化。这个货架系统看起来就像是一家公司在卖场里突显自己的方法，而这是最重要的。

这个设施的模型被带到公司总部来让大家看，在那里，它得到了来自所有相关人士的吹捧。但当它摆放在商店里之后，对于销售没有产生正面的影响。

当然也没有产生负面的影响，这是件好事，但是考虑到它的成本，它比被它替换下来的旧陈列架好不了多少。那么究竟是哪里出了问题？其一，货架把货物分成：香料、提取物、精华素、香精——这些概念对于购物者来说没有多大意义。谁关心它属于哪类？它能对食物起什么作用，味道怎么样，闻起来怎么样，这些才值得考虑。用姜黄根粉到底能做些什么？迷迭香应该放在鸡的哪个部位？你可以告诉人们许多关于香料的事情，这其中的一些知识可能会鼓励他们买更多的香料。藏红花闻起来怎么样？能够设法回答这个问题的设施就是真正先进的设施，但是，目前的陈列方式没有实现这个目标。尽管在公司的总部看到的这个单一的灰色（或米色）的陈列架时，对于人们的眼睛是个盛宴，但是处于超市的眩晕、窒息和昏乱的刺耳声音中时，则是另外一回事。在一个即使是嘎吱船长（超级黑客）本人也要喊出来才能被别人听到的环境里，被注意到是一件困难的事。

所以对那些好看的新设施说再见吧。有些新的香料陈列系统是合理的，但是导致上述结果的设计从一开始就是错误的。关于一个公司的产品如何在一家商店里陈列的主要决定是由公司本身做出的，之后，由三个外部实体——广告公司、包装设计者和PoP代理来落实，PoP代理通常不参与前两个实体的工作。这三者都有自己的日程表和办事的优先等级，但是谁都没有考虑到，一旦商品到达卖场，陈列会出现什么问题。直到许多日程都汇集到一个明智的、务实的人那里，才会发现许多陈列系统的错误。

无心插柳的饮料山

这是最后的传奇了。一家有名的软饮料生产商在一家新超市的陈列上花了很多钱，然后找我们去测试模型。当我和客户抵达那家超市时，我们透过窗户看到一堆苏打饮料就放在地板上，就像一座巨大的、透明的、单一颜色的“小山”。

“我想知道他们为什么把这些饮料那样摆放？”她说，“很显然这看起来很乱。”在她安排将那些苏打水正确地摆放起来以前，我问她是否可以将这些录影下来，以备将来之用。经过我们的评估，60% 路过这座“小山”的人注意到了它，这个比例要比这家公司曾经计算过的大多数的店内促销设施都高。显然，一大堆颜色的聚集是捕获购物者视线、让他们停下来的全部原因，这着实令人深思。

第五部分

购物未来学：全球商业的新模式

虽然购物是全世界的活动，但是我们的工作一直都没变，那就是摸清楚从巴黎到东京具有共性的东西，哪些是经久不变的，以及像视力、惯用右手和性别等生理要素在购物中所起的作用。要搞清楚是什么在改变，以及为什么改变。

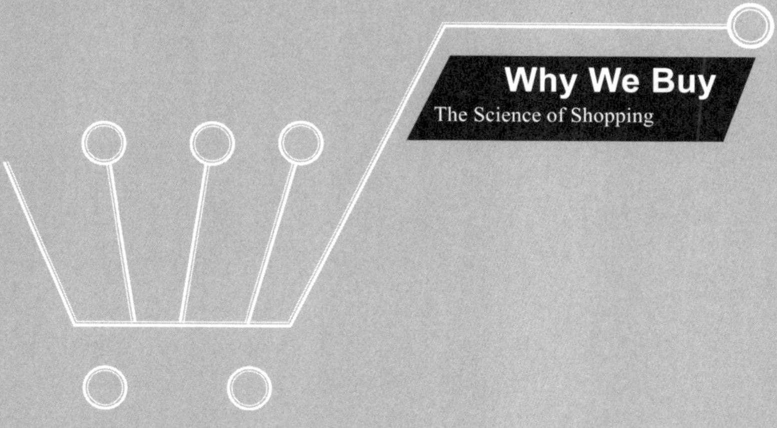

第十七章　互联网带来购物新挑战

数字美丽新世界真的美丽吗

1997年我写下了本书的这一章，既没有大力宣传电子商务，也没有大肆宣扬网络——这一自奶酪和饼干之后最伟大的发明，但是许多人的反应就好像是我侮辱了一个集莫扎特、爱因斯坦、牛顿、托尔斯泰、伽利略以及杰奎琳（肯尼迪夫人）等人的优点于一身的新生儿。事实上，我只是说电子商务永远也取代不了实体商店，这个烦人的东西不会起到一锤定音的作用。差点儿忘了，我还说它是一群硅谷极客[①]给另一群硅谷极客同伴设计的玩意儿。

---

① 极客，网络用语，形容对计算机和网络技术有狂热兴趣并投入大量时间钻研的人。——译者注

要问我有没有收到过攻击邮件，你可以看看亚马逊网站上对本书前一版的早期评论。很多评论指责我不能接受“数字美丽新世界”，不了解情况，逃避现实，等等。我甚至还在互联网会议上被轰下台过。技术人员、软件设计者和忠实追随者中没有人想听到这项顶呱呱的新发明有什么短处和不足。他们只想让我随大溜，认为互联网和电子商务是前无古人后无来者的最卓越发现。因为网络可以让我们打理生意、交易股票、购买时尚装备、邂逅灵魂伴侣，还能让我们坐在聊天室中交换关于古董家具、中世纪基督教或者吉他大师杜安·奥尔曼吉他弹奏技巧的想法——这一切都以统一的全球性社区为背景。

互联网，尤其是电子商务，可能并不是那个奥兹国的巫师，而只是一个躲在帘子后面糊里糊涂的人。它正处于发展阶段，事实上，它通人情，未长成，有缺点。好吧，没人愿意听这种话。

所以在2001年伊始出现网络泡沫时，我并不开心，不过说实话我有一点洗脱罪名的感觉。同时，在万维网2.0像凤凰一样浴火重生的时候我也并不惊讶。但是自互联网开始发展以来，有一个关键问题一直没有得以改变，那就是网络购物能够遍地开花，并不是因为它有多么好，而是因为它所取代或者努力改善的东西已经变得越来越糟糕、笨拙、昂贵和低效。网络世界能有如今的成功大半要归因于现实世界的街道、环境，以及加工和运送系统中存在的问题。2008年，距离完成上一版的

“互联网”这章已有10年之久，我仍旧认为互联网以及网上购物还有很长的一段路要走。

如果我们回头看看网络刚起步的时候，一定会想起它如宇宙大爆炸般的起源。从本质上说网络以前是，现在仍然是一个巨大的数据存储空间，是一个你我可以在以前无法接触到的庞大且未经过滤的信息、货品和人员中搜寻一番的地方。想要搜索一本朋友推荐的犯罪惊悚小说的国际标准图书编号吗？需要从你家到帕萨迪纳跑马场的路线吗？还是本周四下午美国铁路公司的火车时刻表？想虚拟游览伯克利大学，了解谁赢得了1976年的“超级碗”或者1981年“托尼奖”的最佳音乐剧，还是想知道百思买周末的营业时间？通过让消费者有机会知道一些以前他们从未了解过的有关产品、地点、日程表以及人员的基本有益信息（这不叫知识），互联网使信息得以大众化。**更妙的是，我们可以在餐桌上、城郊的校园里，甚至苹果手机上查找任何所需信息。**

这种可以随手取得信息的情况，既是互联网的无上荣耀，也是它的一大弊端。比如，除了出手阻止之外，没有任何过滤系统阻止学龄儿童登录那些家长们不愿他们访问的网站。无人监督审查的网络使人人在它所创造的世界中可以随意传播《犹太人贤士议定书》[①]，或者分享自制炸弹的详细说明而不会有

① 《犹太人贤士议定书》，一本反犹太书籍，内容描述犹太人意图征服世界的阴谋。——译者注

人走进来说一句："哎，等一下……"比如，输入英国歌手埃里克·克莱普顿，等一两秒钟，会跳出一大片闪着光、颤动着、让人疯狂的大约几十万个有关网页刺激你的神经。如果有48个小时，你能读到关于埃里克的一切，从他的官方网页到乐迷会的网页，再到他参加过的所有采访，吉他谱、和弦、贝司指法谱和歌词，从优酷网上关于他的视频，到销售夏季克莱普顿巡回演唱会门票的网站，再到埃里克的副业时间表，还有组建奶油合唱团那些年的信息，他与约翰·梅耶尔合作的岁月，及组建新兵乐队以及"德雷克和多米诺"乐队那段时间的新闻，他的爱情生活、吸毒戒毒史，最近发表的回忆录中好与不好的内容，以及在eBay上出售的有他签名的纪念品等各种内容。说实话，你几乎能摸到这位吉他之神的肌肤。从13岁第一次拿起吉他以来，他已创造出如此多纯净的音乐。

问题开始于你试图搞清楚以下两点的时候：（1）你追求的到底是什么？（2）哪些信息是真的，哪些不是？毕竟互联网是流言、谬误、猜疑、推断以及不雅的假象聚集的地方。这些和真相（至少来自看起来可靠的出处）共存在此处。你如何能分辨这两种信息，特别是当它们间或同时出现在同一个网站上的时候？就拿维基百科这部众人协力合作、不断完善的百科全书来说，常把这个网站当作学期论文信息来源的学生总也不能确定他们在一两小时内读到的词条经过第二天一大早的上传是否会被大段地移位、修改甚至删除。

互联网购物的苦恼

缺乏信息过滤会导致信息泛滥而无法选择，而这有时可能会成为一种苦恼。它使消费者们可以获取大量的数据（还有其他信息），但是并没有可靠的方法来帮助他们识别哪些有价值，哪些没有，哪些可信，而哪些缺失信誉。

在这些像是瑞典自助餐式的信息和数据中，**许多消费者渐渐相信如果他们在互联网上找不到什么东西，那么这东西就一定不存在。**他们会颇感意外地发现如果网站告知他们最喜欢的酒店已经没有空房了，今天下午没有航班飞往新加坡，或者除了驾驶地图上显示的那条路线之外没有其他能到达扬基体育场的途径，只需打电话给那家酒店、航空公司或是美国汽车协会，就会证明互联网错了。有95%的可能性在网络上可以找到你所搜索的信息，但是还有5%的可能性，在线显示无空房的酒店实际有房，有航班会在你想要的时间和地点出发，只是没有列在网站上而已。

互联网缺乏过滤程序，再加上其出错的可能性，这些都表明需要一些专家来将这种可能性降到最低。正如大多数消费者所意识到的那样，当今网络的部分问题就是这个世界的选择太多了。产品太多，墨盒的种类太多，剃须刀太多，太多太多的东西，到底从哪件下手呢？消费者常常在期待有人能给予他们最基本的引导，哪怕只是缩小可选范围。欧普拉·温弗瑞们和玛莎·斯图尔特们已意识到了这个问题，并给自己找到了代理人或看门人的位置。就像《圣诞颂歌》中的第三个精灵一样——它可以预见未来并且阻止守财奴制造麻烦，奥普拉们和玛莎们会推荐自认为正确的书籍或音乐剧录像，或者是一张舒适的床垫、长时间燃烧的蜡烛，抑或是平板电视。而糊里糊涂、不知所措的消费者就会一呼百应。

亚马逊的榜单可信吗?

事实上，许多人因为省去了做决定的负担而大松一口气。这在我看来就是亚马逊畅销图书排行榜，或者访问苹果iTunes音乐商店时出现在屏幕首页的分类产品排行等网上最佳名单大受追捧的成因。几十年中特别是在音乐商店和书店方面的经验使我们明白，最流行、最有效的推销工具就是各种排行榜，包括《公告牌》杂志单曲排行榜,《纽约时报》畅销书排行榜以及VH1音乐频道十大最热门歌曲排行榜等。

1. 这就是

2. 一个

3. 事实：

4. 人们（特别是美国人）

5. 喜爱

6. 排行榜

他们热爱榜单，即使这些受到质疑的排行榜不是由业内专家团深思熟虑后排列出来的，而只是总结了其他消费者最爱购买的商品。像任何一位艺术家或者消费者会告诉你的那样，“最受欢迎的”并不一定是“最好的”。但是很多消费者很乐意尝试其他人吃的东西，正如他们并不会担心给小孩取名时用今年最流行的女婴和男婴名——“艾米丽”和“雅各布”有什么不妥。在苹果公司的iTunes音乐商店最受欢迎的古典音乐下载排行榜的热卖曲目中，你总是能发现五六首由几位新锐小提琴家和英俊钢琴家录制的曲子在首页播放。这又一次说明，**消费者认为在他们购买之前有别人提前检验了商品是个不错的主意。**不管怎么样，这个方法促进了产品的销售。

在我看来，**那些由创业精神十足的亚马逊读者拼在一起的榜单更具价值。**从稀奇古怪到一针见血，这些榜单看起来是要真正帮助初次购物，或是对某个作家、某个问题或某个类型感兴趣的无助购书者。我也从亚马逊的公共论坛上得到很多乐趣，在那里读者们可以真诚地讨论埃克哈特·托利或者珍妮特·伊万诺维奇新书的优点。一些五星读者的推荐无疑是假的，是作者的朋友以及关系亲密的人发上去的，但也不都是这样，对吧？

当然，亚马逊的不足也是明摆着的。一方面，如果订单有问题，你可以试着与他们联系（所有的销售网站都陷入这个共同的困窘之中）。但如果是你有麻烦需要解决，就很难忽略自己脑海中出现的声音，它告诉你亚马逊的高层不会对你的来电产生一丝兴趣。利用电子邮件联系他们的话，只会收到一份简要而亲切的自动回复。你得花上好几天时间徒劳地找出客服电话。这种我们为之埋单的便利、一键式购物和程式化的零售体验，其事实就是，在与亚马逊的交易中，那头坐着的不是有鼻子有眼的人类，而只是个往我们邮箱里发邮件的滴水不漏的电邮数据库。

当Envirosell公司开始为微软——这个成为我们最大最热情主顾之一的公司——工作的时候，问题变得有些私人化了。我们为他们解构了世界上所有商店的软件和电脑游戏部门（作为一个通不过Xbox经典游戏Hola初代的人，我比任何有权知道的人都更清楚Xbox 360的全球销售情况）。在与微软的早期合作中，公司的一名经理曾惊慌地打电话给我，询问我，是否真的与人合作编写了其竞争对手的Unix/Linux系统的新用户手册（消息来自亚马逊）？当然没有，但是我却被放在了亚马逊网站上（天知道世界上到底能有几个帕科·昂德希尔）。同事松了口气，但是也说明了微软公司总部所在地雷德蒙德确实发生了一些波动，他们认为其中一个卖家可能是商业间谍。

那应该做些什么呢？发给亚马逊的电子邮件只能产生更多的自动回复。最后，被激怒后的我只能设法找到这家公司的总顾问，他告诉我说对于这个问题他无能为力，这是其中哪个经销商的责任。我明确告知他们必须采取一些措施，亚马逊犯的错威胁到了我的工作，可他最多能办的就只是立即删除惹是生非的合著字眼。不过亚马逊却不能确保之后的上传不会再出现此类错误，我的名字不会再出现在Unix/Linux系统新用户手册的合著者行列里。直到今天我还在警惕地检查着这个网站。

正如我之前提过的，今天一波又一波的网站、货品、选择、信息，以及明显的错误信息已经造成了一个窘境，表明在未来需要一种“专家咨询”的服务，能有人来把2 000个网站浓缩成12个左右，为购物者提供必不可少的帮助。首席管家（Head Butler）等网站就已经在这一类的网站中拔得头筹，店主只需动手挑选一些喜欢的东西，从舒尔E3c隔音耳机，到莱翁·赫尔姆的专辑，配上一段短小有趣的文章来描述这些物品为什么很棒，之后就可以引导感兴趣的顾客去亚马逊网站。如果能找到一个专家来帮我们在网上寻找各种东西，那么未来的网络该有多么了不起。通过开发这样的服务还能大大缩小网络购物的范围。我的同事在LivePerson.com上推出了一项新的在线服务，不仅提供购物建议，消费者还可以分钟计时雇用一个微生物学家或者一名杰出的软件工程师来解决问题。随着新一代网民使用网络能力的提高，谷歌、微软以及雅虎等网站所垄断的信息会被分散进与现在完全不同的多个程序中。但我不会为此祝福的。

理想的本地化在线程序

从我对消费者在网上和现实中购买习惯的研究来看，我总觉得网络和水差不多。水从缓慢流动，到开始流淌，接着汇集进沟槽、水渠、溪流、河道和水洼等人们已经进行过调查、建筑和开挖的地方。而网络对这一预先探究过的诸多机遇有着良好的第六感，所以凭直觉一路向前。它填补了很多漏洞，而且有时做得还挺好。**但是网络依然无法解决当今零售商面临的相同问题，也就是到底什么是国际的，什么是本土的。**

作为一个本地顾客，全球化进程和你有任何关联吗？

我会拿本地电台任何一天的消息与Excite网、谷歌或者雅虎上发布的新闻相比。当然，我也可以定制设计一个涵盖了体育、商业、国内国际新闻，还有天气预报等的首页，但是除了知道下周二会下雨，个性化定制对我而言并没有多大意义，这吸引不了我。我想知道在我居住的城市及周围发生着什么事情，扬基队昨晚是不是在最后一局中赢得了比赛，还有距我住处南边6个街区的安格利卡电影城有什么片子上映。所以包括我在内的很多人都被这样一个普遍的软件解决方案搞得非常沮丧，但这却是各类网络一直宣称的媒体之优势所在。这个初步想法早就存在了，但要是我们能开发一些比现有的更加本地化的处理引擎，比如本地定位的，那又会如何呢？

我认为这个问题的源头还是在风险投资家身上。他们中的大多数没有将资金投入到价值千万美元的生意中去，而是看中了未来3年会增长100倍的价值1亿美元的生意。每个人都希望自己能成为下一个网络巨鳄的幕后推手。这并不是说这些公司不应该成功或者挣到数十亿的钱，但现状是即使连Facebook（脸谱网）这样成功的社交网络，也还没有达到为不同地域、不同环境和不同用户个性化定制这一目标。尽管互联网属于公共领域，但谷歌等其他大型网络企业却只首先对股东负责。

我理想的本地在线程序是什么样子的？一方面，你可以根据自己的兴趣和信念挑选处理引擎，这样程序对于你，也就是用户来说，才能提供更好的响应。我就不会常常买那份叫作《原乡人》的小报了，这份小报是地方性报纸，它上面的广告和排行榜都与我这个曼哈顿下城的人有直接关系。网上的时装商城或许会考虑进行同样的变动，毕竟，纽约女性的穿衣打扮之道还是和得克萨斯州的圣安东尼奥，甚至是洛杉矶的不一样。梅西百货和艾琳·费雪网站上"最受欢迎"以及"强力推荐"的服装可能穿在得克萨斯女性身上看起来很棒，但是穿在一个40岁左右的好莱坞高管身上看起来就可能很荒唐。这些网站可以考虑像奈飞公司那样提供一个根据用户邮区编码来区分的最受欢迎名单。再说一遍，"最受欢迎的"通常并不是"最好的"，但是这样一个系统更能将本地化方案嫁接到全球方案中去。

针对二三十岁的时尚女性创办的每日糖果网是另一个鼓舞

人心的例子。从旧金山、芝加哥到伦敦，用户可以在十多个城市中进行选择。如果你住得离迈阿密近，每日糖果不仅会告诉你南海岸最酷的内衣商店在哪里，还会告诉你这周末当地有什么文化活动，可以和孩子们一起做点什么，以及最好最新的饭店。对于我来说，这至少是个开始。

关于网络的另一个问题是：它是如何得以维持的？网络的基本经济支柱是什么？是广告？政府？还是当地机构？结论还有待分晓。如果是公司广告的话，我们有三星这样的例子，它将市场营销预算的一大块儿都投入到了网络广告中去，包括飞钓网站以及其他拥有许多访问者的地方。三星通过广告得到了许多好处，但三星做出这个决定同样也是很艰难的，因为收看者通常会在传统的30秒电视广告期间忽略、避开或闲聊，甚至使用数字录像机的“跳过”功能来屏蔽广告。此外，电视广告的制作费用极高，而由于报纸和杂志不再是60%的美国人周周都看的那五六本期刊了，所以广告投放的费用也少不到哪儿去。

结果就是传统的销售以及配送机制的不得力为所谓的电子商务网站创造了契机。

仔细想想这其实并不是什么高度赞扬。

女性网上购物的新理由

问题还有：为什么网络的第二代强过第一代？正如我说过

的，并不是因为互联网变得更酷、更时髦、更快、更性感、更好或者更有效。一个重要原因是女性开始投入其中，花大量时间上网，电子商务二代表现得还不错。

2008年1月尼尔森全球在线调查报告表明，世界上有超过85%的网民通过网络购物，从2006年以来增长了40%。世界上最热情的网络顾客来自韩国，将近100%的网络用户都曾在网上买过东西。紧随其后的是德国、英国还有日本，而美国仅仅位列第八。网上最受欢迎的商品是书籍，接下来是衣服和配饰，然后是鞋、视频、DVD和游戏，而飞机票和电子产品垫底。**在线消费者也都很忠实，60%的人声称他们大多数都是在同一些网站上购物。**

除了完成交易以外，女性还会在网络上做些什么？我将这种行为称为“**类购物**”。下面是详细的解释。

预备购物：这相当于零售业中的“相亲”。除了眉来眼去，打听彼此的信息，不会发生什么实质性的事情。在网上冲浪时，你的妻子、女朋友、姐妹或者女儿会从塔吉特的官网了解一条连衣裙、学习用的活页夹或者最新款的里昂·比恩牌平底软皮绒鞋的信息。当女性在购车的时候，预备购物这种现象特别普遍，甚至比男性还要明显得多。但丁应该发明第十层地狱来看看大多数女性在购买汽车时的情景，女性会先上网，弄清楚新款普锐斯、赛纳或者思域的价格，有没有自动变速器、收音机、卫星定位系统、挡泥板、天窗和其他配置，然后才会自信地带着她们所了解到的信息、数据和价格去代理商那里。

因此，不经意地，**网络成为了实体商店的顾客来源。**如果顾客懒得出门，厌倦去商店，不想浪费时间或者不喜欢社交的话，那么他们可以提前在网上找书、查电影或电视节目，或者看看自己喜欢品牌的厨具型号，并且可以读几个消费者的评论，然后直接去商店买所需的东西。这样可以节省他们在商场里闲逛的时间，也省得向个一知半解的店员询问，或是花心思比较一种型号和另一种的差别。也有可能消费者并不想去书店或者当地的百事达影院，那么他们可以通过亚马逊或者奈飞买书或者租电影看，这样就不用开车出去，只需去门前的邮箱里拿东西即可。

二级购物疗法：想象一下，没有商店，没有拥挤的人群，没有排长队等候的人群，也没有年轻的妈妈用婴儿手推车堵在过道里。这就好像在翻阅无线版的《时尚》杂志，它绝对是终极造梦工具和消磨时间的帮手。**网上商店让女性消费者直接进入精品店和高端饰品店，而不会让她们有在实体店中购物的不适感**，如此一来，就没有爱马仕店员的敷衍了事，也不会有带着脸色的销售员。在网上购物，她们可以随意逛到哈利 · 温斯顿的网站，躲到路易威登官网里，或者查查图森的峡谷农场度假村、巴黎的丽兹酒店或新加坡文华东方酒店的信息。这就好像带着翅膀隐身购物。人们甚至可以裸着身体，在筋疲力尽、正要洗澡，又或者正在观看自己最喜欢的电视节目重播时进行网上购物。

现在的消费者第一次免费浏览货物而无须购买的感觉如同19世纪50年代第一家百货商店开业带给顾客的感觉。此外，百货商店还能刺激中产阶级向上拼搏。在那时，人们一般认为顾客走进商场就是为了购物或者至少是打算购物，所以许多人都接触到了以前从未见过的另一种生活方式，有很多人都因此燃起了追求成功的动力。无论那时候还是现在，百货商店都是一个非常民主的机构，它欢迎每位顾客尽情浏览解解眼馋。

节省时间：圣诞节是一个很好的例子。网上购物可以让消费者在一年最好的购物时节浏览所有的好东西，却同时避开了实地购物最可怕的一面——拥挤的人潮，堵塞的停车场，激动的家长推搡着抢购Wii游戏机、Flip摄像机或其他零零碎碎的小商品。在网上，消费者只需看准、点击、放入购物车、结账，一棵盆景树就会送到侄子那儿，侄女就会收到一件红色毛衣，而某著名餐馆的海鲜蛤蜊浓汤一晚上就能送到住在佛罗里达却想念新英格兰土特产的叔叔手中。

而且，购物网上并不总是那几类商品。网络有引以为豪的成功范例，否则怎么解释蓝飞公司（Bluefly）这个专门打折销售时尚设计师设计的男女时装销售商火爆的原因呢？这家网站就像是生机勃勃版的家庭购物网（Home Shopping Network）。蓝飞公司让人们不再需要闻、摸、尝和感觉，而仅仅根据漂亮的照片和经常更换的商品展示，就可以不断通过门户网站买走商品。这真是将在线商场的方便发挥到了极致，而且价格公道。

但是紧接着你就会发现自己是一个拥有43个名牌包却无处放置的女性。

网络的二级市场自由买卖

网络让人着迷的一大优点就是创建了二级市场，一个为本应被扔进车库或是阁楼发霉生锈的二手物品再次回收利用而设立的舒适且可靠的系统。无论是被你放在eBay上的梅赛德斯二手车，还是有一点刮痕的莱斯·保罗（美国吉他大师）的吉布森烟草色吉他，互联网都已将各类虚拟跳蚤市场制度化。我有很多同事通过专门经营某种货品而赚取外快，而他们所使用的这种方法在10年前是无法想象的。无论是旧的有关铁路的书籍、高脚杯，还是摩洛哥瓷砖，又或是古董明信片，总会有人想要购买，请给这些人更多的空间吧。

甚至连亚马逊都加入这场游戏之中了，因为销售二手货的毛利润通常比销售新品的高。亚马逊让你可以从新书和二手书中选择购买。对于那些绝版书籍，亚马逊可以为你链接到二手书商，他们从运费和手续费上的获利相当于甚至高于图书的销售获利。

在虚拟跳蚤市场之外，商人如何使顾客在网上购物呢？其实道理很简单：如果你喜欢上某个牌子的跑鞋或者卡其裤的剪裁，而且已经穿了很多年，清楚自己的尺码，那么网上购物就水到渠成。结账，然后一件新品就会向你飞奔而来。

在孩子们的在线交流这一方面互联网做得也很出色，比如企鹅俱乐部，Webkinz在线游戏社区或者其他网站，这些网站吸引孩子们购买虚拟宠物，照顾这些宠物并且给予它们爱心。如果你买了只企鹅，那么它就需要一个圆顶冰屋吧，而且要吃东西。尽管要收费，这儿花5美元，那儿花5美元，但是这些俱乐部提高了孩子们的电脑和键盘技能（虽然这让孩子们有了久坐不动的体验）。古斯塔沃的小儿子卢卡管理着我们的数据部门，他3岁的时候就可以打开电脑，连接网络并且登录他最喜欢的游戏网站。

说实话，一直困扰我的是视觉艺术家到底为什么能在网上成功销售画品，甚至有时候能卖出几万美元的高价。现在，艺术家既可以在艺术市场上或者街头展览中卖画，也能独自或者结伴举办展览，每幅画作通常起价都在大约2 000美元。通过直接和虚拟的方式，艺术家们创造了一种类似于农展会的形式，将街头市场和艺术世界结合在一起。这种形式的成功之处在于部分艺术家想摆脱在画廊卖画的传统，减少顾客对于艺术世界高高在上的不适，或是为了消除顾客与艺术活动中心在地理上的距离，同时也基于人们之间存在一种单纯的信任。不过，对有些人不实际看看货物就在网上购买艺术品我有些怀疑。但是，我很高兴许多艺术家还是办到了。

如果目标明确，人们不仅可以实现在网上卖东西，甚至能卖得很好。

我有一位朋友在纽约为一家家居用品精品店经营网店。他利用一台手提电脑每年能在网上卖出超过50万美元的货物。他经常能找到为数不多、外观漂亮的书籍、玩具、桌上小摆设之类的商品，并且在各种杂志上作些专题报道，人们会因而喜欢上这些东西，然后到他的网店购买。把这批东西卖完后他会再重复整个过程。我喜欢去他的网站，因为这是我所知道的挑选礼物的一个最好办法。为什么他能成功呢？一方面是因为他在杂志界有些名气，并且杂志媒体的设计编辑对他的精选能力、目录更新和不错的品位很是欣赏。

购物说得差不多了吧？让我们说说社交网站。

社交网站的利与弊

在社交网站上，你可以跟我打招呼，给我留言，扫一眼我的好友名单和上传的300多张照片和家庭录像，也可以赠送给我一盆虚拟的盆栽或者一块虚拟的纸托蛋糕，看看我的感情状态，如果我没有伴侣，那么可以了解一下我到底是在寻找友情还是爱情。

如果你认为社交网络仅限于鸡尾酒会、私人派对和商务会谈的话，先看看Facebook吧，这里就是当今电子部落的虚拟化身，由弗兰克·劳埃德·莱特和亨利·福特两位梦想家创造。

是的，他们一个是建筑大师一个是名气相当的汽车制造商。我将Facebook解读为居住区向郊区发展和汽车普及直接造成的衍生品，这两者造成了人与人之间的巨大间隔。当世界变得越来越去城市化，人们遍布全国乃至世界各地，而我们中很多人都在孤立的公司园区中辛勤工作时，我们仍不能摆脱与他人沟通和联系的基本需求（住房常常是理解社交网络新现象的关键）。虽然Facebook存在风险和不确定性，但它跨越了人与人之间的隔膜和疏远的距离，就像是一张虚拟通行证，使人们重拾亲密关系，或者应该说它本身就是一种亲密关系。

我想再提一次，**网络在我们的生活中找到了自己的定位，并且弥补了生活中的缺失。**通过这些普通功能，我们能够和网友见面、聊天，感觉好像我们生活在一个比高中教室、大学校园、卧室或者办公室的格子间更大一些的世界里。Facebook不仅是一个社交网站，它还满足了人们的偷窥欲。这种感觉就好像在读某人摊在沙发上的一本贴满了照片的活页日记。在真实生活中尽管你不想，也没有理由给朋友打电话、发邮件或者看他一眼，你都可以通过Facebook了解朋友们正在做什么。它是一张你整个社交圈的谷歌地图。对于一些用户，Facebook提供了让他们炫耀自己有多少个朋友和留言的平台，借此巩固自己在公共场合的社会地位。对于另一些用户来说，Facebook不过就是比较方便的通讯录，而且这个通讯录还能常常自动更新，这的确令人着迷。

Facebook创造了一个独立的小世界，比如在这里我16岁的侄子可以很正常地和一个女孩在线聊天，但是在正常情况下如果面对面说话，他却可能会舌头打结。这种亲切感是由于不需要真正看到对方而产生的。而这样的亲切感在零售环境中也有所体现。比如，我们现在已经从过去在布鲁明戴尔百货公司隔着柜台面对面与销售小姐打交道的模式，转换到了在丝芙兰你与她站在柜台同一侧，像是同一个阵营的敞开式销售。我们所看到的一部分是交流形式的初步转变，以及交流的双方也变得更加亲密。以我讽刺的眼光来看，因为缺乏勇气、机会和地理上的邻近关系，很多人无法与活生生的人面对面沟通，所以Facebook用户的社交网络变成了三角关系。

但是Facebook在世界上会存在多久呢？它会不会最后成为一种不会长久的虚拟村落？要是朋友圈中跟某人已经3年没有说过话，发过邮件、短信或是打过电话，Facebook用户该如何做出决定，这个人会被踢出去吗？有没有用户放弃继续使用Facebook呢？我认识的大部分Facebook使用者说他们无法预测自己不再投入到Facebook账户中的时间、日期、地点或年龄。而当离开郊区、面对真实的文化交流时，社交网络变成了一种在我们生活中寻找某种永久网络关系以及共同身份的方法，那么网络应该还有其一席之地。在这个瞬息万变的世界里缺乏实在根基的话，你的“生活”可能就会“咻”的一下消失了。那么最后一个问题是，如果到时候真的消失了，你会在乎吗？

众所周知，Facebook和其他社交网站都无法解释维持其运营的广告费用体系，你们在给好友留言时注意到旁边的软饮料广告了吗？

每年我都会收到很多加入不同社交网站的邀请，但我从没有接受过。在50多岁这个年纪，我已收集了满满一盒从世界各地接过的名片，如果把这些名片头尾相接地连在一起，估计可以建成一条通往天堂的阶梯了——可能这才是属于我自己的Facebook。

人们这种传播习惯也会导致另一个极端。经济繁荣可以提供先进的器具和与外界的连通，但在这样的文化氛围中，人们依旧还是得生活在狭窄拥挤的空间里，这就是为什么在一定程度上日本人和韩国人要用技术将自己包裹起来营造一种虚拟的独处环境的原因。在一个拥挤的日本家庭或者公寓房里，可以隐匿于网络或者移动电话中，就如同隐藏在小帐篷里或是插上一双翅膀。

在日本和韩国，网络的另一成就是在社会限制和礼仪上采取了漂亮的迂回战术。在这两个国家，直视他人的眼睛是不礼貌的行为，而Facebook和短信可以让你做到似看非看。日本孩子在用手机时，能用最少的按键次数写出一个复杂的陈述句。当他们开始利用语音键入词汇时，文字一个个弹出来，交流便越发迅速。美国的年轻人与此形成鲜明的对照，他们要想出自己的缩略语——LOL（“laughing out loud”或“lots of laughs”的缩写，表示笑得很开心的样子），以减少敲击键盘的次数。所有这些都使聊天在亚洲国家变得更快，这也是为什么带有上网功能的手机在这里很有市场的原因。

在日本、韩国以及其他新崛起的市场中还有另一个不同之处：乘坐公共交通工具是一种常态。一般人每天都会花上两个多小时的通勤时间。乘坐火车或者公共汽车时用电话聊天并不礼貌，但是有了可以上网的手机他们就能随意地在网上冲浪和发信息。这不仅仅节省了时间，同时还是一种网络放松形式。在欧洲和美国，我们开车时可以在车内属于私人的空间内打电话聊天，但不能一直盯着手机看，否则就会撞上护栏。所以网络服务的市场不同，成功的程度也就不同，这有什么好奇怪的？

现在我想知道如果大拇指（而不是食指）承担所有的工作会如何？无论是谁设计了我们的手，让它们长成这个样子，大拇指都是力量的来源，而其他的手指负责精巧的工作。如果不小心患上了手指关节炎，是不是意味着短信时代就此结束了？

Facebook并不是现在市面上存在的唯一的电子部落，理论上讲，它更像是一个支持友谊和归属的平台，形成了一个庞大的校友联盟，而并不只是偶遇朋友和沉淀自己的地方。网络从本质上已经化身成了一位现代红娘，创办配对网（Match.com）

这样的交友网站，在这里来自得梅因、身高不到一米六的红发小伙子可以告诉别人他是来自加利福尼亚的沙滩男孩，身高一米九，个性随和，褐色肌肤，得等到他在现实中遇到一位大呼再次上当的女士，这话才会被揭穿。

配对网和其他所有按“查询—介绍—搞定”三步走的交友网站的问题就出在它们都以人们相互的“兼容性”为基础。还记得在刚进入大学时填过的那份关于“你想要哪种室友”的调查问卷吗？不吸烟、素食主义者、喜欢重金属音乐等，这些相同的标准与在线交友服务提供的一模一样。你打网球吗？我也打。我们都不是很虔诚的佛教徒。我们俩都喜欢意大利、巨蟒、猫……然后就能拿到照片。最后这一切都有可能演变成肆无忌惮的自恋和彻底的顾影自怜。当我们爱上某人时，是不是真的在寻找一个和自己一模一样的人呢？如果得和自己约会，我很确信一天后我就会当众宣布：“我们根本不合适。”

这就是网络最大的局限之一。网络就像电脑一样运转、接受和处理信息。它不能周到地、创新地、直观地提供信息，甚至连亚马逊网站在这方面也不尽如人意。它为你推荐商品的模式是基于你之前的购买行为（你喜欢小说家约翰·格里沙）来推测以后的购买行为（你还会继续喜欢约翰·格里沙）。对于很多读者来说这可能有用，但同时我们中的许多人可能一直在寻找新颖、不同的事物。因为喜欢詹姆斯·李·伯克的小说并不意味着我会排斥一本关于在加拉帕戈斯群岛滑翔的新书，或者理查德·伯顿（不是那个演员，而是19世纪那位很古怪的探险家）的新自传。

想一想，我所知道的一些最坚实的婚姻都是由两个完全不同的人组成的。我认识一对夫妇，理查德和斯泰西。理查德是我的市场研究导师，钟情于纽约这座大都市，喜欢篮球、啤酒还有中式外卖，我所认识的人中他最了解芬兰电影。斯泰西是他的挚爱，五星级饭店和美食度假的忠实拥护者，并且每次行程前都会弄清楚当地的豪华酒店，而且酒店一定要提供大功率的吹风机。但是理查德和斯泰西彼此相爱，这已经是他们的第二或者第三次婚姻了，但这次却维持得最长久。我想正是每天的相互妥协、对对方怪癖的容忍才使得他们没有分开。

如果他俩在配对网登记资料，那就连见面的机会都没有，更别说接近彼此了。

很多人身上都发生过《当哈利遇上莎莉》那样的情节。在大学相遇、分手、复合、第二次分手、再重聚，并一直相守。这些男孩女孩本来打算在27岁的时候步入婚姻殿堂，最后故事也的确是这样的。我很高兴他们明白自己应该在什么时候做什么事情。对于我们其他没能做到的人而言，则又重新回到了开始的地方，像回到了搅拌机中。我们带着一点苦乐参半的心情开始明白，如果在30岁时不能安家，那么很有可能是因为我们自己出现了一些小问题。尽管网络有很多不足之处，但至少它能帮助那些年过40的人进行配对相亲。

通过自身体验而获得希望，不过是建立在几下鼠标的点击之上。

未来的网络集合

总的来说，如果仔细想想，就会预见要花钱的地方有那么多，所以我们才会质疑自己是不是谨慎。对于大多数40多岁的人而言，家中冰箱里80%的食物是日常采购的东西。没错，我们会根据季节购买奶酪、蔬菜和肉类，可是基本的东西不会变。现在我知道自己的喜好：有果肉的纯果乐橙汁、脱脂牛奶、低脂原味达能酸奶、青葱奶油芝士、法国芥末酱、马来西亚辣酱，还有啤酒。我只钟情于某个品牌和上等白葡萄酒，而我的另一半和我对此都很享受。

但是我们为什么不赋予网络或是厨房日常采购权呢？日本人正在致力于设计一款冰箱，它可以扫描放入其中食物的条码和无线电波频率辨识标签。冰箱知道它们什么时候消耗完了，或者重量减少了，然后会每天或每周发短信给你询问是否需要到在线商场下订单。洗衣房也有相同的程序，一个网络授权的货架或是储存系统可以准确记录香皂、漂白剂和柔顺剂用量。遗憾的是，大多数电器的寿命是10年或更长的时间，而普通软件的寿命却不到两年。问题在于如何使硬件和软件真正兼容。

我认为未来的网络会是一种集合，听起来好像有点科幻，

但我说的是现实世界、移动技术和网络之间的连接，这二者会形成一个商店与网络世界和手机结成的经过改进的整体。最近一种量化顾客对零售商潜在价值的有趣方法吸引了我的关注，如果我是店主，顾客只买放在地上的商品，那么他们的价值是1。如果他们在商店里购物并且还扫了一眼商品目录，那么他们的价值为1.5。如果他们不仅购物、浏览了商品目录，还访问商店网站，那么他们的价值就是2。就是说，按照顾客消费金额衡量出的我与他们的关系与顾客和我互动的方式成正比。

作为网络集合的一个例子，消费者可以拿着智能手机到当地药店指明要某种非处方药。放置药品的架子会指引消费者到某一网站，该网站可以告诉他们药品的用途、剂量、副作用等。消费者可以把这些信息扫描到自己的手机上，很简单吧？

网络集合还可以促进一种早已在网络购物中取得进展的现象——互联网可作为绿色工具。最近，我的一位朋友没有抵住诱惑购买了一部iPhone。他并没有通过阅读折页说明书来了解使用方法，而是根据手机包装盒上的信息登录到苹果网站上观看了一段演示视频。当我在一家日本百货公司购买豪华卡西欧表时发生了同样的事情，这块表附带有一个网址，可以在上面将使用说明下载到电脑里。这样我就不用花时间研究由法语、塞尔维亚–克罗地亚语等23种语言写成的说明书了。

所以无论是说明书、包装盒还是包装袋，与其他方法相比，网络集合都是一种消除杂乱，避免使用纸张和包装的好方法，正如我在前文提到的联网冰箱提高了购物和商家的配送效率，这样地球上的一些垃圾填埋场就能大松一口气了。

这个系统的第二个作用是**代替钱包**，成为电子钱包（和银行）。在日本和菲律宾的DoCoMo商店，你可以用现金或者通过电汇给自己的手机预存费用。特别是在菲律宾这样的第三世界国家，如此一来就可以避开银行，至少对于那些没有银行账户的人来说很实惠。想想看，你可以把它当成购买手机通话时间的支付手段。同时，对于在这个可怕世界中提心吊胆的父母们来说，它还是一张安全网。通过给孩子的手机充值，父母在月底就可以知道这些钱是如何花掉的，到底是像孩子所说的那样买了芝士汉堡、看了电影，还是用来购买了半盎司的高纯度大麻。另一个好处呢？那就是安全了，一旦开始将现金转换成电子形式，犯罪率就会降低。

智能手机的第三个长处就是**可以作为身份证来使用**。通过某种方式，将手机与你的身体联系在一起，只有在你附近手机才可以使用。这就意味着如果手机不小心掉进了下水道，或者被人偷走，它就变得毫无用处了。

智能手机还可以建立一个系统，绕过网络和面对面交流的传统媒介。2004年3月，发生在西班牙大选前夜的马德里火车爆炸事件所引发的即时通信潮，就在一定程度上影响了这场选举。没有人再讨论政治事件，但一个在线社区却凝聚了高涨的人气。因此现在我们传播信息的工具已经超越了电话、杂志和报纸，并且能将本地人全部联合起来。

如果在零售业引进网络集合，这可能意味着实体商店模式的配送系统和供货链管理的改革时机到了。至少在发达国家，大型连锁零售商的时代已达到顶峰。卖场规模可能会越来越大，但是这并不意味着消费者会相应地增多支出的时间或金钱，所以缩小商店对经济和生态都有意义。假如我们开始在线订购日常用品，或者只是顺道在商店里购买，那条洗衣用品通道还有存在的价值吗？

想一想，当我们实现了网络集合的时候，实体存在的意义就要被彻底重新考虑。美国正将大把的金钱投入到国外进行国家建设（想想伊拉克），但与此同时，我们的码头、港口还有桥梁却在衰败，客运铁路也在消失，而且我们已经无力大胆想或是大胆干了。我们在倒退着进入未来。当我们需要克服对石油的依赖，更好地保护地球家园时，却陷入了困境。150年前，因为我们的远见，铁路贯穿了整个美国；100年前，因为勇气，我们敢于设想并建成了巴拿马运河。而现在，美国不再是一个领导者，而只是一个追随者，所以我相信网络集合会在其他国家率先实现。

网络集合最初将会在非洲或者印度这样的地方落脚，在这里有些人没有，或者无法接触到固定电话。我喜欢游览印度的部分原因是那里空间狭小、人口密集、零售业落后，以及缺少美国人和欧洲人觉得理所应当的东西。这个国家正设法越过传统的固定电话阶段。最近去德里时，我看到很多人手里一直拿着手机，人数远远超过纽约，因为在这里手机并不只是用来通话，还可以彰显主人的重要身份，手机号码甚至比他们的姓名更加重要。

将印度发展技术的道路与美国人的相比，你就会发现它的合理之处。我们先有固定电话，接着有了电脑，然后是互联网，还有第一批手机。（请回想一下第一批手机商店在20世纪80年代末到90年代初才出现在美国，用户大多是商务人士。我还记得一次和一位从未使用过手机的朋友看歌剧，她盯着我的手机就好像是看一个异域芒果。当她给女儿打电话时，蹦出的第一句话竟然是："你猜怎么着，我现在正用手机给你打电话。"）自那以后，一些人开始使用掌上电脑，引领我们进入移动网络世界。哦，顺便说一下，我看歌剧时再次见到那位女士，她已经自豪地拿着一部普通手机和一部黑莓手机。

如果你询问大部分人，他们会告诉你手机并不是20世纪90年代初才开始出现的，它好像一直就存在。

比较一下科技与一个新兴国家的发展历程。在德里，我无意中听到人们的手机对话觉得有些好笑。"你在哪儿？我要晚到3分钟。"这让我很好奇，在手机出现之前人们是如何相处的。

这就是为什么我认为网络集合会首先出现在一个新兴国家的原因。到时候，有美国人就会惊呼："嘿，见鬼，我们这儿怎么就没有？"

未来的音乐商店和书店

万维网的一个非凡之处在于，即使是头发斑白的老手也缺乏对其运作过程的清楚理解。不管我们是用它来聊好莱坞八卦、股票交易，还是仅仅把它同时当作电子邮局和浩瀚而生动的大英百科全书，大部分人都已接纳、包容甚至诅咒它，网络已经无处不在。

那么要是发生了电脑大战，整个网络土崩瓦解会发生什么？如果一个组织或是另一个国家认为攻击美国的最好方式就是破坏网络会怎么样？想想恐怖主义和“9·11事件”所造成的后果，恐怖分子不再空想简单愚蠢的病毒，转而设想如何让网络消失，又会怎样？

在当今的拜金文化中，与其坐着思考下一个Facebook会是什么样，还不如花一些时间想想以上这些问题。

好了，别在想那些剧情邪恶的糟糕场景了，哼几段音乐吧。

我有一个朋友，虽然不常见面，但我很乐于碰到他。他有三大相互关联的特点，跑马拉松，每天抽半包万宝路，而且是个十足的音乐狂人。每次我们开会碰到时，他都会热诚地递给我一张小纸条，上面写着：“试试这几个人。”下面列着几个音乐家，他坚持认为现今iPod的拥有者都该收录他们的音乐。上次他推荐给我的乐队名叫巴尔坎打击乐队，音乐风格是电子乐和中东音乐的混合，背景中贝斯节奏十分低沉，是非常棒的舞曲，就算是戴着耳机在大街上跳爵士舞也一样不赖。

因此我登录到iTunes音乐商店，输入巴尔坎打击乐队，找到了两张专辑，总共大约25首歌曲，后面还附有10行文字，是对他们音乐风格的描述和一些顾客的评论，就这么多，远远不够让人细细品味的，真是令人沮丧。最后我以每首99美分的价格买了三四首歌，外加几首朋友推荐的其他几个乐队的歌曲，把它们混合在一起。这个复杂而美妙的合集让我一直乐在其中。

如果朋友没有推荐这支乐队，可能我永远都不知道巴尔坎打击乐。为什么？因为我们关于iTunes的所有讨论话题都围绕着这种革命式的新式媒体，能提供试听并且下载数码音乐。虽然我是苹果公司的忠实粉丝，但是现在让我们来面对现实吧，其实iTunes的功能十分有限。

比如，为什么iTunes提供的音乐试听不超过30秒呢？有时候甚至连歌手的声音和旋律还没开始就结束了。为什么这个网站不需要更多的个人信息呢？包括住址及喜欢的音乐类型，这样才可以根据我的喜好或者已下载的音乐向我推荐本地的音乐会。为什么iTunes不允许顾客用25美分购买一首歌曲的3种试听版本，这样才能决定要不要把它下载到我的永久音乐库中？iTunes也无法解释一个人买了巴尔坎打击乐队的歌曲为什么会排斥伊尔萨·基特的代表音乐？而且为什么找不到唱片的封套说明？因为我喜欢阅读这些内容。可现在得花9.99美元、11.99美元、18.99美元或网站收的不管多少钱，我才能读到这些东西。

这里的信息爆炸在哪儿？

还有一个问题：我现在拥有4部iPod，每一部都有专属的扬声系统。一套放在客厅，另一套放在厨房，第三套放在办公室，还有第四套……它可以放在任何地方。为什么苹果公司没有认识到它已经产生了变革，应该继而促进变革呢？它应该给我、我们所有人，推销更广泛的解决方案，绝不仅仅是做最新、最酷的新型分配系统。由于该网站正一心想着卖给我99美分的歌曲，以及有声书、电视剧、音乐录影带和新上映的电影DVD，所以它提供不了什么工具能让我管理自己大堆的iPod。我希望苹果公司不只是售卖各类东西，而且能加速简化其产品在我生活中所承担的角色。

最近，在全球音乐企业集团索尼贝图斯曼唱片公司（Sony BMG）我碰到了一个资深的管理团队。许多人都知道现在CD的销售一直在下滑，2007年再次下滑了30%左右。奇怪的是，只有利基市场的CD销量还不错。举例来说，波尔卡舞曲在乐坛还有一席之地，拉丁音乐也是这样。有着固定客源的小商店存活了下来，但是音乐产业中的其他部分却正在遭受打击。

这其中有很多问题。因为今天我们正处在一个对音乐前所未有的渴望阶段。2008年一个普通的15岁少年就掌握了有关各类音乐的词汇，他知道迷幻舞曲、布鲁斯、摇滚、重金属、乡村音乐、山区乡村摇滚乐、石人金属乐、英国入侵、现代音乐、嘻哈乐、世界音乐等。不管人们对音乐的了解有多少，渴望有多少，目前互联网还没有全身心地投入其中，它无法穿透自己的最外缘，也无法让我们在听到好的新音乐时精神振奋起来。

我知道，在线音乐销量在突飞猛进，但问题是这都没法赶上CD销量的急速下滑。并不是因为数码下载有多棒，也不是因为音质有多清晰，更不是因为整理MP3的音频文件比处理旧唱片容易。

指责文件共享或网络盗版也是一种逃避行为。1959年，普通美国家庭都有1.7个音响设备，父母有一台立体音响，楼上的子女用的可能是便携式电唱机。我们恭敬地把唱针放在黑胶碟之上，竖起耳朵倾听，不能移动（或者跳舞），因为电唱机的唱针可能会滑过碟片。现在听音乐的时候我们可以做任何事情，做饭、读书、计算，音乐变成了繁忙生活的背景音乐。我有4部风格迥异、大小不同的iPod，而在我家里总共有23套音响设备。我曾经买过4次大门乐队的同一张专辑：一张黑胶碟、一盒磁带、一张CD以及MP3。没错，孩子们在交易音乐，看在上帝的分上，要是我们让他们买了差不多20年的昂贵CD，而不是符合他们预算的45秒的音乐，他们为什么不能这样做呢？

问题是，有史以来，比起消费者，音乐产业更加接近音乐家。

音乐在网上的繁荣是因为音乐业没有认识到消费者并不想买整张专辑，他们只想买其中一两首歌曲。我们并不想支付13.99美元购买《穴居人精选集》或者花24.99美元购买《阿瑟·鲁宾斯坦：肖邦夜曲》。我们可能只想听《野东西》或者G小调夜曲15号作品第3首。音乐业了解我们的心思吗？不，他们还是沿用以前查克·贝里时代的方法发行音乐，而现在他们只能自食其果。

这么说，如果iTunes是现在市面上唯一的音乐门户，那么我们就都有麻烦了。如果我的太太雪莉，一位专业音乐人，正在寻找一首不出名的室内音乐，她是不打算在iTunes找的。不久之前，她去拜访林肯中心附近的淘儿唱片，一位腼腆、知识丰富的店员清楚地知道她所说的那首歌和它的多个版本，以及为什么1962年维也纳的录音室版比1978年阿姆斯特丹音乐厅的现场版更好。但是淘儿唱片已经不存在了，巴诺书店不太可能找到这样的歌曲，沃尔玛更不可能，这下可难住了雪莉。

我向索尼高层提出的一个问题是能否找出一种办法，将曲目目录放在顾客可以接触到的地方？这就表示消费者对一个公司门户中整个经典音乐的曲目目录的需求。就像我说过的，现在人们对音乐的渴望十分强烈，你只需帮助消费者找到他们所需要的音乐。如果我想要名为《与贝多芬一起颤抖》的专辑或《世界上最放松的古典乐专辑》的精选辑，从iTunes上下载没问题。可为什么不付费上索尼聊天室？在那儿我们能从完整的曲目目录中挑选一番，而且主持人，可能是某位留着山羊胡子来自伯克利大学或茱莉亚音乐学院的著名音乐教授，在指引我们找到所需曲目之前，会先询问所需音乐的类型、想要现场版还是录音室版本、我们的年龄、喜欢什么样的音乐等问题。无论我们购买了数码音乐还是CD，甚至是一条带耳机的手链，这都是一个等待有人可以创造进程的机会。技术人员哪儿去了？

未来的音乐商店或者书店会不同吗？它们可能类似于日本的漫画俱乐部，进去后可以租一把椅子阅读你所有喜欢的书。你需要交一点入场费，反过来，那些你欣赏或者喜欢的人可能会在里面充当司仪。男女会员可能和你喜欢相同的音乐。也许俱乐部还会提供饮料、乳酪橄榄和一些艾帕瓦斯乳酪。经营这个俱乐部的人知道你喜欢什么，甚至会帮忙代售你的东西，包括一些古老的收藏品。

想象一下，可以通过网络体验一场音乐会，包括从巴尔坎打击乐队到毛里奇奥·波利尼的所有音乐。你可以租借、购买、混合购买或者去俱乐部参加一场真正的音乐会，会有专家一步步指导你，而你与这里的联系会由一个在线社区保持下去。

这正合我意。

第十八章　感受全球购物文化

出示登机牌，登记，舱门开始关闭。服下一粒镇静药，系上安全带，从包装袋里取出蓝色的小毛毯搭在身上。

哦，太好了，我的座位正好靠过道，从生理学的角度来说，这个座位对我这个腿长的家伙来说是再合适不过了。

现在就跟着我从意大利出发一起环游世界吧！我们的目的地是印度，中间会做几次停留。这是一次商务旅行，但途中也不乏几分度假的乐趣。

20世纪80年代后期，Envirosell公司走到了一个发展的黄金十字路口，无论选择哪个方向走下去，展现在我们面前的都将是一片光明的前景。我们既可将时间、精力和资源用在拓展公司本土的业务上，也可以试着将眼光投向美国以外的广阔世界，到底该选择哪个方向呢？这的确是值得认真权衡的问题，不过我的选择很明确，那就是向全球进军。如果公司继续在美国发展，在本地的规模要比现在大许多。但是从战略角度来看，应该将Envirosell转变为一个从事国际零售和购买业务的公司，这对我们在美国的发展也是非常有利的。

如果满足于现状，我们在美国本土的发展规模也许会比现在大得多。但是从战略角度来看，将Envirosell转型，使其了解、掌握国际零售和购买需求，对我们在美国的发展也是大有好处的。

旅行对我而言就像家常便饭，再熟悉不过了——登上飞机，在广阔的天空飞翔，我和我认识的所有人一样习惯于这样的生活。我的伴侣独立性极强，我们又没有孩子，这也让我得以有大量的时间旅行。只要一过海关，我的适应能力就立刻显现出来。我这里指的不是在喜马拉雅山身负背包完成徒步旅行的能力，也不是在泰国的清迈找到最实惠旅店的能力，我指的是能在10天之内环游世界、在不同时区之间来回穿梭却依然保持头脑清醒、身体健康、心态良好的能力。此外，能够摘下你的美国眼镜，试着戴上全新的其他国家的眼镜，这也会令人兴奋不已。因为你会用一种全新的眼光去看待一切事物。例如，同一家商店或购物中心，为什么在开普敦或上海会大获成功，在科罗拉多州的斯普林斯或得克萨斯州的奥斯汀却又门可罗雀呢？又如，为什么美国就没有一位零售商思考过这个问题呢？毋庸置疑，在最理想的情况下，甚至在最糟糕的情况下，这都能为我们带来一种启示。

旅行中我唯一的愿望是什么呢？那就是希望在飞机上睡个

好觉。在公共场合入睡绝非易事，这也不是我所擅长的。在我看来，从小有兄弟姐妹陪着睡觉的人就能轻而易举地做到这一点，因为他们早已习惯了。可我小时候却是一个人睡。

安全带系好了吗？飞机起飞了。尽管旅行已经开始，不过还是先让我们做个小小的回顾吧。

巴西之旅

在90年代初期 —— 记得吗，当时电子邮件还没问世呢 —— 某天我的传真机嗡的一声吐出了一张纸。这是阿尔贝托·帕斯奎尼发来的一份传真，阿尔贝托·帕斯奎尼当时是一家名为“创造力意大利”（一家PoP代理商）的合伙人。他在一本商业杂志上看到了Envirosell的信息，便邀请我去米兰和他会面。那时我已经萌生了在欧洲设立一个事务所的念头，正在大西洋两岸来回奔波，想尽快展开业务。恰巧此时公司安排我下一周出差，我能够改签机票，这样我就可以先飞往日内瓦，再从米兰飞回美国。10天之后，我从瑞士的洛桑坐火车前往米兰去会见给我发传真的那个家伙。

阿尔贝托生来就是那种让人 —— 而且是为数不少的人——提到他的名字就会发出感叹的人。15年前当我第一见到他时，他年近50，头发花白，派头十足。在那次会见中，阿尔贝托自以为是地向我介绍了一位他认识的女士，这位女士名叫朱西·斯坎罗格里奥，经营着一家名为“QT”的小型市场调查公司。阿尔贝托用它迷人但却蹩脚的英语向我介绍她就是我未来的合作伙伴，我现在依然记得当时脑海中闪过一个念头“阿尔贝托，你到底在开什么玩笑”。朱西和我握手并简单地交谈了一番，仅此而已。在接下来的一两年里，我总有各种事由去意大利。每次去时，我都会突然发现阿尔贝托早已精心安排好了我的行程，在我的日程中每次都会莫名其妙地见到朱西。

意大利的每个城市都有自己的特色。朱西本来是热那亚人，但她却选择成为米兰人。在历史上，热那亚人主要在地中海一带活动，他们大部分都是商人，偶尔也当海盗——这是热那亚人身份的两面性，但是米兰是一个集刻苦、坚持不懈、专注自律精神为一身的工业城市。在米兰，几乎所有人们感兴趣的事都发生在高墙或紧闭的房门之后。对游客而言，米兰并不是一个理想的旅游胜地，因为在24小时内你就能逛完整座城市，但是在向导或导游的陪伴下，米兰便化身成了一座魅力之都。

多亏有阿尔贝托，在我意识到需要有人来管理意大利的事务所时，遇见了朱西·斯坎罗格里奥，在接管米兰事务所后，事实证明朱西就是这个位置的最佳人选，她秉承了米兰人的性格：专注、独立、睿智、坚韧、顽强，将这些优秀品质集于一身十分不易，尤其是对于一位在意大利这样以男性为主导的国家生活和工作的女性而言，就更加不易了。

经验法则：随着国际业务的拓展，焦虑不安、夜里辗转反侧、无法入睡也将随之而来，这时的你要调整眼光，入乡随俗，要按照当地规矩和方法行事。在意大利，支付系统极其复杂，任何一项初次接手的项目都必须有第三方的资金支持，第三方一般是银行。这就意味着你与别人签合同后，很可能在180天内不会得到付款。虽然我愿意尝试，无所谓失败，但是我不想让Envirosell有任何损失，所以第一家事务所还是由我当老板。像许多旅行一样，最难迈出的是第一步。

进入意大利市场后，事情接踵而来。李维斯意大利公司是最早的一批客户，虽然在美国这家公司已经是我们的客户了，但是其意大利公司却将我们带入了欧洲的牛仔服装市场。在那几年里，我们调查研究李维斯和度雅适公司（Dockers）在阿姆斯特丹、斯德哥尔摩、里斯本和其他地方的销售情况。不久之后，受益于Envirosell和约翰·瑞安公司①的结盟，我们由此与巴西银行业搭上了关系，当我们为巴西的伊塔乌银行提供服务的时候，初期的努力收到了回报。

伊塔乌是一家完全垂直管理的私人银行，该公司不仅生产银行的办公家具，组装自动取款机和电脑，还拥有自己的建筑公司，为银行建造分行，为员工建造住宅大楼。这家公司每年赢利超过10亿美元。尽管没有人真正知道这家银行完全不同

① 约翰·瑞安公司，总部在美国明尼阿波利斯的一家零售银行营销中介。——译者注

于美国大通银行和花旗银行，但是，这是在巴西。典型的伊塔乌分行，光出纳就有上百人。在我们到访的第一批伊塔乌分行里，大厅中央都有高高的塔楼，配有机关枪的保安在塔楼上密切注视着银行大厅的情况。

在伊塔乌银行，我们的任务是调查银行内的指示牌、各类服务点、银行柜台的设计等，所不同的是，我们的办公地点并非是在曼哈顿市中心面积3 000平方英尺的花旗银行，而是在一家面积达两万平方英尺的巴西银行。而且，在巴西，人们的时间观念不同于我们。就像我在本书早些时候提到过的一样，在美国，我们的生物钟每隔3分钟就会“当”地响一下，表示我们开始不耐烦了，但巴西人的生物钟要每隔5分钟才会发生反应，因为他们早已习惯了（或者说是不得不）等待。另一件让我惊讶的事是这里毫无隐私可言，或者说是那种对你最私密的事情即将被暴露于大庭广众之下却似乎无所谓的听天由命的态度。在美国，如果你正在申请一项贷款或抵押贷款，一般你会在银行的业务柜台前就座，而某个副主管会向你提问，比如你的年薪是多少、你每月的信用卡还款情况、你是否还有其他额外收入来源等。在巴西，你也会被问及同样的问题，但重点是，还有至少一打客户就站在离你一英尺远的地方等候着，他们注视着你，连眼睛都不眨一下。对于不愿将隐私公之于众的人来说，这种文化可不怎么样。

就像很多发展中国家一样，巴西的经济在很大程度上依赖现金进行运作。公司可以开具支票，但支票必须要拿到银行兑现才行。许多公司都规定有时间和日期，让他们的雇员拿着支票集体去兑现。记得有一天下午，我们开展业务的银行门前一下子涌入了500名公共汽车司机。此外，在巴西，很多人都拿着现金到银行付账单，包括房租、电费和电话服务费。银行根据不同的业务等级划分出了不同的业务区域，以现金业务为主的下层阶级客户——也被称之为“普通”级客户和中产阶级的“星级”客户各有自己的业务受理区。这里的环境嘈杂、喧闹、乱成一片。尽管如此，我们还是爱上了这里，而且伊塔乌最后也爱上了我们。不到一年时间，约翰·瑞安公司撤出了，但Envirosell却受邀留驻。不久，巴西酿酒业巨头博浪公司也成了我们的客户之一，我们开始将我们在纽约的员工一个接一个地派往巴西圣保罗。

天下从来没有免费的午餐，我们好不容易才在这里站稳了脚跟，全体工作人员深深松了一口气。我们发现，Envirosell 20%的业务都来自巴西，占整个公司利润的30%。

那么，在巴西设立一个事务所如何？不过这一次，我们大家一致同意采取特许经营的模式。

在国外成功开办一家公司，需要有一个值得信赖的合伙人，于是寻找合适的人选成为当务之急。我们的搜寻目标很明确：那就是在开设或经营市场研究业务方面富有经验的女性。这岂不是成了歧视男性？原因很简单，在米兰的成功经验让我们领悟到一些道理。朱西在男性主导的文化中取得了成功，因此我们迫切希望能找到巴西的朱西，就是找到一个和朱西一样出类拔萃的人来——一位面对同样的女性歧视而毫不畏惧，能让那些大男人们俯首听命的女士。此外，我们所销售的产品完全不是人们的日常生活用品。

就在这时，Envirosell迎来了一位名叫玛丽亚·克丽斯蒂娜·玛斯特皮托的女士，大家都叫她基塔。基塔头脑敏捷、心胸宽阔、能担重任，她的笑声令人过耳难忘。她有斯坦福大学的硕士学位，符合我们公司对能力的要求。在当时，直到今天依然如此，她正是我们公司苦心寻找的最佳人选，甚至可以说有过之而无不及。她的业务合伙人名叫若泽·奥古斯托·多明格斯，一个聪明机灵的年轻工业工程师。这两人的合作很默契。

朱西和基塔在纽约办公室第一次见面的情景至今让人记忆犹新，她们穿着相同的衣服，以同样的姿势拿着同款手包，开着同品牌的汽车，甚至连颜色都一样。她们以同样的口吻描述着自己的丈夫。简直就像是在说同一个男人，幸好我们大家都知道，他们不是同一个人。她们就像两个相见恨晚的朋友，无所不谈。

在外国开设事务所时，通常会邀请国外的合作伙伴飞到纽约，他们要用一个月的时间熟悉公司业务。接着就步入正轨，首先，启动第一个项目，我们会将纽约的工作人员派遣到海外以协助国外的事务所开展业务。我们会提供培训服务和各类营销体系，并对他们的网站进行监控管理。作为回报，我们的海外合作伙伴要将他们的收入按一定比例与我们分享。我们还有权评估海外公司的表现，如果事情进展得不顺利，我们可以采取任何必要手段去寻找问题的根源，并制定出解决问题的方案。

基本情况就是如此。

对于许多从纽约外派到巴西的员工而言，这是他们第一次去发展中国家，至少这让他们眼界大开。这绝对是一段不寻常的工作经历，尤其是对于那些来自于美国中西部的员工，他们从未离开过Envirosell本部。自公司成立以来，没有发生过什么不愉快的事，只出现过几次小插曲，有一次，一个金发女员工在街上被几个吹口哨的男子尾随。

10年后我们在圣保罗设立了办事处，在Envirosell的分类管理工作中，巴西一直处于领先位置。"猫人"——是我们对负责检查各类商品在购买点的销售情况之人的简称。这些商品可能是婴幼儿产品、罐装汤料或手机。因此，与其说我们是在为零售商服务，还不如说我们是在为日用消费品制造商们奔波效劳。

随着强生、联合利华、诺基亚和摩托罗拉这样的公司不断向外推广其产品，"猫人"的工作在南美洲大受欢迎。Envirosell巴西事务所现在还负责南美其他国家的业务，我们正在努力将这些国家的特许经营公司转变成合资公司，以此作为对它们出色表现的回馈。

尽管诸事顺利，我们的圣保罗事务所还是无法避免地与巴西货币、政治和足球纠缠在了一起。我们对此毫无办法，谁也无法躲过这个三头怪兽。这就是说，如果今年恰逢疯狂的竞选年，或者，如果巴西货币遭受美元重创，那么快系好安全带吧，接下来的几个月我们免不了要遭受重击。还有，在世界杯期间，整个巴西会一连三个月停工停产，这场足球赛事就像“旅行钓鱼”的广告。对于这种情况，除了来来回回摇动巴西国旗支持国家队，没有什么可做的。

理解各国文化的意义

Envirosell得以在世界面前首次亮相要归功于一位来自《纽约客》杂志名为马尔科姆·格拉德威尔的年轻科普作家（没错，就是那两本销量过百万的《引爆点》[①]和《决断2秒间》的作者）。格拉德威尔那篇题为“购物学”的文章简要介绍了我们公司的业务，这篇文章后来成了《纽约客》历史上转载次数最多的文章之一。而且，正是这篇文章促成了本书的诞生。

自1996年秋，格拉德威尔的文章刊载之后，来自世界各

① 《引爆点》一书中文版已由中信出版社于2009年出版。——编者注

地的想加盟我们的问询电话成倍增加。每周都有人打进电话想和我们合作，这是非常鼓舞人心的。在那段时间，与我们业务相关的最令人感到振奋的一件事是，我们公司门前的台阶上人头攒动，挤满了想要雇用我们的客户。这些客户先是被《纽约客》上的那篇文章，接着又被本书吸引而来。对于一个曾经为了节省住旅馆的钱而蜷缩在汽车里打盹、第二天一大早跑到最近的加油站洗脸刷牙的人而言，在过去那么多年里，心里不清楚自己所从事的这桩买卖究竟会蒸蒸日上还是会一败涂地，眼前的这一切实在让人欣慰不已，简直令人难以置信。

在《纽约客》的那篇文章发表之后，一封邮件引起了我的注意，是一位名叫丰田卡兹的日本授权代理商，他代理着许多美国顶级客户，负责为他们的事务所在日本取得经营执照。我称他为Envirosell的白衣骑士，丰田卡兹阅读了那篇文章后从网上了解了许多关于我们的信息。他不仅帮Envirosell在日本申请公司许可证，还让他未来的儿媳桃子为我们免费做向导。

在日本最初的4年中，丰田桃子成了我了解日本文化的良师益友。桃子的童年是在美国和澳大利亚度过的，因此懂得我所遭遇的文化差异。桃子陪着我参观了日本的各大商业区和购物中心，我们甚至还去参观了一两个日本神社。她总是有问必答，无论我的问题多么愚蠢或多么私人，她总会咯咯发笑——笑完之后会诚实、体贴、详细地回答我的问题。桃子结婚的时候，我给她和她的新婚丈夫送了机票当贺礼，邀请他们到纽约来做客。他们欣然接受了我的邀请，就住在我的公寓里。现在，桃子已经是两个孩子的母亲了，老大名叫艾玛，我通过桃子的私人网站和桃子一直保持着联系。

如果说我一直在寻找了解日本文化的钥匙，那么桃子给我的就是这样一大串珍贵的钥匙，对于这一点我永生难忘。她让我了解了日本的方方面面：从日本家庭组成到交换礼物时必懂的一些肢体礼仪、鞠躬时的细微差别，我学会了何时背对他人、何时面朝客人、当别人离开鞠躬道别时应该如何弯腰，并保持多长时间，甚至何时起身、谁先起身、何时停止鞠躬，其实就是如何表达对主人的尊重。事实上，我是在亚洲长大的，我父亲是一位外交官，我青少年时代最喜欢的运动项目是柔道。与大多数接触日本文化的外国人相比，我占有一定的优势。然而，让我快速掌握各项知人待物技巧和策略的则非桃子莫属。每天，我都会汲取大量新的知识，毫无疑问，这让我看上去就像个日本通，其实真相如何只有我自己心里清楚。

在我学习日本文化的过程中，只有一个小小的障碍——我的名字。

第一次去日本工作的时候，我发现日本人在说我的姓昂德希尔（Underhill）这个词时有点吃力，很难正确发音。于是有一天我就说：“就叫我帕科君吧。”

现在，对日本一般的商务人士而言，这可是一条打破常规的建议。对美国人而言，这就像称呼你亲爱的奶奶“嗨，格罗莉亚”一样自然，而在日本，人们从来不直呼其名。不过，只要有关我名字的那个小小障碍被克服之后，我们大家就都能放松了。

回首过去，能够如此从容地融入日本文化、应对人际交流，得益于我高大的身材和随和的性格，同时还要感谢桃子，因为是她帮助我懂得了日本文化中的一些细微差别。例如，在称呼年轻女性时，在其姓名后加“小姐”（chan）表示尊重，而且可以拉近彼此的关系。相应地，在男性的姓名后加“君”（kun）。我对一些顾客说：“如果你们想叫我帕科君的话，那就叫吧，没关系的。”通常他们听了我的话后都目瞪口呆，他们没想到我竟然知道这些日语词汇，没想到我会让他们这样称呼我。与此同时，我想他们肯定也会觉得新鲜有趣吧。对日本文化，我既有游戏其中的态度，又不断显示出我对其真心感兴趣的一面。在日本，如果一个外国人不仅会讲日语，而且明白日常生活中一些文化风俗，那会意味着很多。

在日本，一些生活中不拘小节的文化习惯甚至包括着装。第一次去日本旅行时，我整天穿着风衣或西装，打着领带。直到有一天，别人委婉地告诉我，在日本，男士即使穿着睡衣，头上挂满猕猴桃也不会有人注意。

漫步在东京街头，没有什么比穿着白T恤、卡其色短裤更让人舒服的了。

像日本这样一个完全由男性主导的社会，Envirosell日本事务所的常务董事内田女士像一朵奇葩，引人注目。不仅仅是因为她一天仅靠两三小时的睡眠就可以保持精力充沛，更因为她独特的收藏。一些人会收集豆豆娃、易拉罐瓶或是流木，内田女士恐怕是全世界收藏青蛙最齐全的人之一，这个爱好在她身上体现得淋漓尽致，青蛙形的耳环、吊坠、项链。甚至在公司的例会上，她会安排员工身着青蛙道具服站在门口迎接参会人员。

美国的摇滚明星汤姆·维茨有一首歌我很熟悉，歌中和声部分有一段是“我在日本是个大个子，我在日本是个大个子”。本书首次出版时，在美国十分畅销，在日本、加拿大和荷兰更是销售火爆。我认为这其中的原因就是，上述这些国家都十分重视礼仪，而这正是本书重点关注的焦点之一——如何去理解各种不同的礼仪和行为。

购物方式差异巨大的根本原因

一直有人问我们这样一个问题：是什么原因使不同国家的购物方式出现了如此大的差异？对于这个问题，我的第一反应是要指出它们的相同之处——我认为这才是本书所讨论的最基本的主题。无论我们生活在东京、芝加哥还是圣保罗，我们的双眼都会随着年龄的增长以同样的方式渐渐失去光泽。我们人类最基本的一些生理特点和生活方式都大致相同，比如胳膊的长度、运用双手的方式，以及大部分人都习惯使用右手这一事实。一般情况下，我们都深爱着自己的孩子和爱侣。我们喜欢参加自己熟悉的圈子内的活动，这些圈子由我们的朋友、各种小家庭和大家庭所组成。

也就是说，**有一些基本的因素造成了我们所处的购物环境及自然环境的不同。**首先是**人口密度**。东京和孟买都是人潮拥挤的城市，达拉斯和洛杉矶的居民分布相对零散，空间的稀缺改变了人口的构成状况。毕竟，每平方英尺的销量是衡量一家商店成功与否的重要标尺之一。日本银座的商店每平方英尺的销量比芝加哥的要高出10倍。自然环境的人口密度越大，商家就越不必想办法吸引顾客进店。在东京，有些百货公司高达10层，电梯一部接着一部不停运转。还是在这座城市，还有高层的餐厅大厦，每层楼都有不同的餐馆。在美国，绝不会有人想在一栋大厦的14楼开上一家苹果蜂餐厅。

第二个因素是**你所在地区经济的发达程度。**北美和欧洲的生活水平非常高，虽然穷人也随处可见，但在西方国家你完全见不到在亚洲和非洲一些地区的那种贫困程度。贫富之间的巨大差距通常会引发不安全因素，对外界环境产生重大影响。例如，巴西购物中心就向顾客提供了街头商铺所无法提供的一定程度上的安全保障。

第三个因素是**天气**。迪拜和赫尔辛基的不同之处在于：在迪拜，你不得不忍受酷热高温，而在赫尔辛基，则要遭遇天寒地冻。当然，我们还要适应当地的民族文化和风俗习惯。

将你面前的小桌板折叠收起——我们即将在班加罗尔降落，班加罗尔是Envirosell印度事务所的总部。

迷人而问题多多的印度

印度是一个迷人的国家，现在正处于经济高速发展的时期，印度人的民族自豪感和爱国热情无处不在，他们坚信现在是他们大展宏图的时候。不用说，只需看一下孟买和班加罗尔工艺先进的工厂、塑料加工厂、石油加工厂。但是，在经济高速发展的时候，印度的核心基础设施却没有跟上。在新崛起的国家中，印度的零售业依然十分落后，从服装店到杂货店，再到汽车销售店，占绝对主导地位的依然是夫妻店式的小规模销售模式。因此，商铺经营者个人的兴衰沉浮、任意制定的价格和各类标准（印度没有质量监控，而且截至2008年，还没有出现仓储式连锁店）都会让人陷入被动的境地。英国对印度长达190年的殖民统治阴影在这个国家依然难以散去。事实上，我在印度发现了一件特别有意思的事，我发现当地人的说话方式，和我以前在吉隆坡英国陆军学校念五六年级的时候听到的完全一样。比如，“真是个没有礼貌的家伙”这样的表达。恍惚之间，这些语言仿佛将我们带回了20世纪50年代。

印度也许正在向世界炫耀其发达的新兴工业，同时正准备向全世界显示其国民自豪感。但是，在印度的绝大部分城市，局部限电和停电每天都会发生，在所有的大型酒店，发电机在嗡嗡作响，而其余城市的电能供应就如同一个旧灯泡，断断续续。印度和巴西一样，十分繁华，但是，如果你心理承受能力不够强的话，那么路上的情景会让你大吃一惊，有麻风病人、变性人表演、骨瘦如柴的奶牛和生病的小狗，及那些完全忽视交通在高速公路上穿越的行人。

尽管印度存在各种各样的问题——比如国民缺乏卫生意识，过分注重身份地位和社会等级秩序（可以偶尔看看当地报纸，那些征婚广告令人吃惊的复杂程度和势利程度就可让你对此略知一二），但是这里依然是个令人着迷的地方，虽然有时也会让人反感，但始终魅力不减。印度最大的零售咨询公司尚未主动接触过我们，帮助我们为班加罗尔的事务所——该事务所现已开始为消费品制造商和技术类客户提供服务——办理经营许可证，即便如此，我还是时常问我自己，我还会再去印度吗？

当然会——而且是迫不及待。

此次的旅行即将回程，但是我们要在莫斯科暂停一下，此刻的莫斯科正在下雪，天空灰暗，但是作为一个零售市场，这个地方令人振奋。阿列克谢·普里亚尼什尼科夫主管着全新的Envirosell莫斯科事务所，他爱好跳水和骑自行车。阿列克谢的英语是我认识的人中讲得最好的一个，而他却告诉我这全要归功于美国电影。我们的俄罗斯合作伙伴朝气蓬勃，面貌全新，也许正如阿列克谢所说，这是一段美好友谊的开始。

富有个性的墨西哥

下一站是烟雾笼罩、迷人的墨西哥城，在墨西哥，70%的市场研究都在这里进行，如果想在这个国家开设公司，那么墨西哥城是最佳的选择。众所周知，在这个国家可以尽情喝啤酒，但是除了潜水和珊瑚观赏，其余的水上商业活动都是禁止的。

在2002年，马诺洛·巴韦雷纳代表皮尔森公司与我们接触，这是一家提供全方位市场调查服务的公司，马诺洛则是这家公司的创建者，他出身名门并接受了美国良好的教育，父亲是墨西哥中部的内陆州阿瓜斯卡连特斯的州长。皮尔森公司起源于政治选举，马诺洛本人是欧洲市场研究学会的顾问委员。他在商业研究方面的才能令人印象深刻，而我最钦佩的是他对摇滚乐的了解达到了百科全书般无所不知的地步。皮尔森公司已经开始与强生和宝洁公司合作，而在皮尔森公司为其客户提供的一整套服务当中，Envirosell作为其中的一个组成部分与皮尔森公司紧密地合作着。

现在，Envirosell墨西哥城事务所是我们独立性最强、最专业的市场研究事务所之一。就像巴西的同事，他们有着极强的自豪感和出色的工作能力。我们特别希望在未来看到巴西事务所和墨西哥事务所能有更进一步的合作。虽然这两家事务所有语言障碍，还存在各种虚与实的问题，但是这反而让两个有才能的人，一位卓越的男性领导者和杰出的女性领导者更加紧密地并肩合作。

班加罗尔、东京、圣保罗、莫斯科、米兰、墨西哥城，一路飞下来，尽管小腿抽筋、脊背僵硬，还要忍受有关青少年溜冰的电影烂片，但这一切并没有那么糟糕，难道不是吗？

我的观点是：让Envirosell与众不同的一个原因是，我们有能力在美国大众面前挺直腰杆，向他们讲述海外零售业的有关情况。我们可以底气十足地对美国中西部购物中心的老板们说，“两周之前，我去了东京市中心新开业的购物中心，他们是这样做的”，或者，“我已经去过迪拜5次了，他们对这个问题的看法是这样的”。不要把我们的这种做法和自吹自擂混淆，我敢肯定我们这样说绝不会给人以自吹自擂的印象。对于一个总是被外面世界的各种变化所吸引、来回奔波于各地的道路勇士而言，这就是生活。

我们还齐心协力、想方设法地雇用那些会讲外语的人。今天，在纽约的办公室，我们的员工可以讲流利的法语、德语、西班牙语、日语、印地语和一些亚洲语言及方言。我认为语言技能是商业职场中十分重要的一部分。如果你只会讲英语，那么这对你的职场生涯非常不利。

我无法提供帮助，但是希望更多人和我的想法一样。在学习外语这件事上，美国人是如此的消极，有时很让我苦恼。此外，还有那么多的人惧怕旅行，其中的部分原因是我们所生活的这个时代动荡不安，但另一个原因其实就是缺乏兴趣。这太令人遗憾了。因为我生活中的一大真正乐趣就是陪着朋友或Envirosell的同事踏入一个新的国度。每当看着身边的朋友和同事发现了一片可以大展身手的新天地，我都兴奋无比。

这其中十分突出的是一个叫托尼·特劳特的年轻人，当时他正与法国的北方信贷银行合作，所以我们一起去巴黎出差。在机场，托尼花了大概一个半小时才明白“太有趣了”这句话，我们从戴高乐机场坐火车出发，换乘地铁，然后买了车票乘车去目的地。然而在上班的第一天，托尼就能自如地运用法语在隔壁的咖啡店点咖啡了。

到达一个新的地方时，摘下你的旧眼镜，换上那些能让你耳目一新的新眼镜吧，我告诉你——世界的大门已经敞开。了解世界的窗口在你身边不时涌现，我已经看到这种情况一次又一次地发生。到一个新的地方旅行会锻炼你处理问题的能力和技巧，使你的头脑变得更加敏锐，还会提醒你无论你是怎样的人，你最终都有可能顺利解决一切困难。

我们的下一个航班明天下午4点起飞，咱们登机口见。

第十九章　体验异地消费模式

了解零售业最前沿的发展

正如我前面所说，如果想了解当今零售业最前沿的发展状况，你就要深入那些财富增速很快的地方。

在那里，大把的金钱刚刚印制发行出来，既平整又干净。

在诸如都柏林、莫斯科、圣保罗等这样的城市，零售业被牢牢地攥在那些不到40岁就已经积累了大把财富的人手里，他们对于自己喜欢的商品会一掷千金。2010年，新兴市场将迎来零售业的大发展，而那些训练有素的商人将会为顾客提供优质的服务。

迪拜

迪拜就是零售业快速发展的一个鲜活例证。也许你早已见识过这里海市蜃楼般的摩天大楼和洁白的沙滩，但你是否知道迪拜已成为一个21世纪的购物中心？带有浓厚异域风情的新商场在迪拜如雨后春笋般拔地而起，好多奇特的建筑只有在这里才可以见到。迪拜的“阿联酋购物中心”居然还建了一个滑雪场。游客只需花上10美元的入场费便可拿到一件风雪大衣，并且还有机会品尝在世界上最大的冷库里制作的热可可。花上70美元便可租赁一套雪橇或者一个滑雪板，当室外的温度达到40多摄氏度时，在炎炎夏日还能滑雪实在是一次梦幻般的经历。在迪拜，我最喜欢的新建购物中心，是以一位具有传奇色彩的伊斯兰旅行者伊本·白图泰的名字命名的。这座购物中心的每个部分都体现了14世纪伊斯兰世界从丝绸之路到安达卢西亚的不同建筑风格。游走在这座古典的购物中心，游客不免会惊叹于其自然流露出的壮观历史画卷。

南非

在南非的海滨之城德班，矗立着一座名叫通门的购物中心，除了提供大量零售商品外，还兴建了一所配备造波机的冲浪学校，还有托尼·霍克滑板公园（毕竟，这是一座海滨城市）。所以，你可以一边享用午餐，一边欣赏这里的人是如何重现《漫长夏日》的场景，在人造的浪花里疯狂地翻转。我的客户英国耆卫保险公司（Old Mutual）正在向整个非洲和中东地区的房地产业投资。该公司的首席执行官活力四射，建筑师、营销人员和管理团队朝气蓬勃，他们正在破土动工的大型购物中心和市政中心已达数百万平方英尺，还有一些项目正在规划当中。公司在南非兴建的一个购物中心将简约风格推行到极致，创新之处令人叹为观止，其里面的美食广场就毗邻一座高中体育馆。这座购物中心维护得很好，在这里让人备感安全。这样一个体育氛围狂热的文化是否会对购物中心的经营起到推动作用呢？这里也成了年轻人娱乐的目的地。对于家长来说，这里给他们提供了很大的方便，他们可以把自己的孩子放在这个安全的环境里放心地去购物，然后接上孩子回家。所以请把南非列入你的全球购物之旅吧，你还可以在那里品尝到美酒。

经历了种族隔离时期的暴政之后，新南非的经济增长迅速，这对社会形态的改变产生了积极影响。虽然人们对21世纪的南非进行客观描述时总不免会提及那里的犯罪、腐败和艾滋病等问题，但是没人能否认南非正一步步走向繁荣。我希望在喀布尔、加沙、达尔富尔和巴格达也能看到这番欣欣向荣的景象。

都柏林

都柏林的格拉夫顿街是爱尔兰最新的零售业中心。由于爱尔兰经济飞速发展，悲壮的《老丹尼男孩》民谣已经被欢腾的踢踏舞《大河之舞》所取代。走在都柏林的街头，我所见到的每个人脸上都洋溢着成功的喜悦。在很长的一段时间里，布朗·托马斯一直是格拉夫顿街上最有名的一家百货公司，贵族绅士和贵妇们视其为圣地，每个季节都会像朝圣一样赶往那里购物、用餐。在穿惯了本地生产的由花呢和粗革制作的服装后，他们会来这里体验一下时尚的滋味。正如都柏林已成为最时尚、最热闹的欧洲城市之一，布朗·托马斯也已经完成了它华丽的转身。几年前，它被搬迁到街对面的一个更大、更明亮、更时尚的地方，所以这家面目一新的高档百货公司已成功站在了同行业的前沿，而不只是一家装修一新的百货公司。作为爱尔兰新兴繁荣的完美象征，新的布朗·托马斯百货公司代表着品位、快乐、机遇和纯粹的时尚感。它的目标顾客直指30出头的年轻人，而不是45岁左右的中年人。年轻的客户群体使得这家百货公司的每个区域都显得活力四射，游走其间犹如身处夜店，这种感觉在布鲁明戴尔百货店这样的地方是永远无法体会到的。你可以随意地改装萨克斯第五大道精品百货店，比如推倒隔断墙，重新铺设照明系统，播放艾米·怀恩豪斯的音乐，但购物人数依然会顽固地保持在一定的数量。而布朗·托马斯百货公司才算得上一家真正意义上的现代百货公司。

圣保罗

但是如果要找一家真正可以让我喜欢的百货公司，我会选择圣保罗的达思路（Daslu）高级时装百货公司。作为一位周游世界的零售业专家，直到现在我才找到了这家让我备感惊叹的百货公司。虽然达思路的业主目前和巴西政府就税收方面存在很多分歧，但是在过去的20年里，达思路一直是世界上最卓越的奢侈品传播者。达思路新店是一个面积高达15万平方英尺的庞然大物，店里的每个区域都十分豪华，就像是将很多豪宅巧妙地连接在了一起。退后一步是路易·威登店，前进一步是内曼·马库斯店，如果觉得不满意，转身就可以看到哈维·尼克斯店。你不会只逛一家店，更不会挑选同样的商品。

一张达思路会员卡和对所有会员提供代客停车服务的措施可以使公司严格地控制顾客出入百货公司的状况。对于持卡人，公司提供免费停车的服务，而对于没有会员卡的顾客，公司会收取高昂的停车费。一般情况下，等待停车的时间不到3分钟。工作人员会亲切地叫着顾客的名字跟他们打招呼。迎宾员站在门口迎接他们的老顾客，给他们提供专门的导购服务。商场的主门直通向一些国际时尚品牌店，顾客也可以选择从第二个入口进入商场，在那里他们可以进入男装商店和一家餐厅。如果你是一位成功人士，也可以乘坐私人直升机抵达这里。你会在车流里来回穿梭吗？根本就没有车流。一位身穿制服的警卫会在车道末端的关卡处核对车牌。但是没有会员卡的顾客和对达思路非常好奇的顾客也不必沮丧。去年，在皮涅罗斯河旗舰店的控管范围之内，达思路已经在一家新建的购物中心设立了一家比主店规模较小的分店。虽然这家店并没有设立女士专用的购物区，而且男装区的规模也较小，但依然算得上是一家奢华的商店。

达思路里面有几家咖啡吧、香槟酒吧、两家餐厅和几家奢侈品店，整个达思路犹如一家浪漫温馨的私人俱乐部。商场的几个区域有严格的性别隔离。女性购物专区的入口处蹲着几尊眉头微蹙的陶瓷大丹麦狗，它们的脖子上还挂着“男性禁止入内”的牌子。如果你对女士购物专区的一件上衣感兴趣，你可以直接在挂衣架的旁边试穿，还在等什么呢，赶紧去试吧。

达思路还会丰富购物者的试穿体验。如果你看上了一双莫罗·伯拉尼克鞋和一套香奈儿套装，它们会立刻出现在你的更衣室，正好是你的尺码，要知道这里的员工对顾客非常了解。女性的更衣区配挂着一些大品牌的珠宝首饰，所以女性购物者会自然而然地在这里试戴各种配饰。结果是购物者对这些珠宝首饰爱不释手，自然会购买更多的首饰。而且达思路还提供一条龙服务，包括美容、沙龙、高档药店、度假策划，那里还有家在全世界代理售卖房产的房地产商。

对于男性购物者，商场则给他们提供了男装和各种男人的玩具，如模型汽车和火车、无线电遥控直升机和法拉利品牌的笔记本电脑。但这仅仅是小玩意儿。进入男性运动用品专区，可以看到里面摆放着好多超大型的玩具，如沃尔沃的越野车、实物大小的直升机。说到这里，你喜欢划船吗？如果是，你可以在世界上的任何度假商场里购买或租赁一艘船。

富丽堂皇的达思路也是巴西社会两极分化的一个最好的例证。巴西的富人人口几乎和比利时的人口一样多，但是巴西的贫穷程度却和印度不相上下。

北美与北美之外的零售业

在过去10年中，零售业的创新已经出现在北美洲之外的地方，而在北美洲本地却很少。诸如瑞士的米格罗（Migros）超市和由宜家在莫斯科郊外兴建的新美家购物中心（Mega Mall）等都是国际商家把从北美洲学到的经验运用在实践当中，并且取得了比北美洲的商场更大发展的例证。

从零售业规划的角度来看，美国和非美国的零售商之间存在着两个明显的差别。

其一是商家适应当地文化的方式不同。根据居住地的不同，零售商家的角色会有一些差别。在美国，零售业的从业人员主要是中下层的人，进入零售行业的门槛很低，不需要太多的启动资金，但是需要终生辛苦地工作。布鲁明戴尔以前是一位销售旧衣服的推销员，他不是美国新教上流社会的一员，最后却取得了巨大的成功，实现了自己的非凡理想。山姆·沃尔顿是在阿肯色州的本地人。卡尔文·克莱恩和拉尔夫·劳伦呢？他们是土生土长的布朗克斯人。今天，一位商人可以把一家商场经营得有声有色，但是这还不足以让他成为当地乡村俱乐部的支柱。那些工商管理硕士从商学院或者一所常春藤盟校毕业后，并不是所有的人都会满怀梦想，打算在零售行业闯出一片天地。我们的商业史本身在很大程度上就是一部由移民书写的历史。零售业作为可供人们选择的几个开放的行当之一，吸引了大批的移民。反过来看，这个事实本身就是美国零售业历来飞速发展、充满活力和创新迭出的关键原因。然而，随着移民的不断涌入，绝大多数零售业目前已经显得落后于时代潮流了。

大西洋和太平洋地区零售业的发展状况截然不同。那里的零售业商人享有一定的社会地位。就拿英国和荷兰来说，这两个国家在提供商业银行服务、促成买卖双方的生意方面有悠久的传统，因此，使得零售业成为了一个舒适轻松又能很快积累财富的一个行业。法国的商人阶层在长达500年的时间里一直向贵族售卖商品，这段历史在很多方面都可以找到例证。LVMH奢侈品集团公司拥有路易·威登、丝芙兰和50个其他品牌和商场，该公司开办了一家奢侈品管理学校，向世界输送最负盛名的零售专业的MBA毕业生。巴黎老佛爷百货公司的营销举措要比世界上任何其他公司领先好几个光年。从你登上飞往巴黎飞机的那一刻起，老佛爷百货公司就开始向你发动销售攻势。飞机一降落到巴黎，销售攻势就会更加猛烈。当你抵达酒店的时候，公司会送给你一张巴黎的景点地图，老佛爷百货公司的位置在地图上被醒目地标注了出来，它还会提醒你那里是免税购物的好去处。3小时后，你就会踏进老佛爷百货公司的大门。你是说德语、日语还是荷兰语呢？公司会指派一位会说你母语的私人购物向导给你提供导购服务。如有需要，公司的员工还会为你提供货币兑换服务。简言之，老佛爷百货公司会满足你的每一个具体的购物要求，使尽浑身解数迫使你在那里购物。

其二是商场所处的地理位置不同。历史悠久的市中心人口稠密，创造了属于它们自己的大小规模不等的零售方式。悠久的历史和过分的独立使各大商场的经营费用、利润、人员编制的模式，甚至固定设备的成本都难以得见真容。例如，意大利的人均销售额要比世界上任何国家都高。米兰的好几条街道就是专门供购物者心无旁骛地去逛街的好去处。每次购物时，我总会想起法语中表示购物的一句话，翻译过来大概就是“我要去舔舐窗扉了”。我不清楚自己从这种体验当中学到了什么，但是能够亲眼目睹这一切我还是觉得十分荣幸。商品可以原价出售，提供的服务既可以很专业很贴心，让顾客宾至如归，也可以显得咄咄逼人，这完全取决于商场的态度。但是总体来看，商场利用橱窗的举措之所以显得独特就在于橱窗里展示物品的女性能够和街道上的行人互动，或者至少会对他们产生诱惑。她们是活动的人体模型，笑意盈盈、噘嘴弄舌地向人们挥手致意。由于小巷非常狭窄，行人靠近窗口，在这里逛街自然成为了一种亲密的近乎偷窥似的体验。

北美的人口比较分散，各个社会阶层鱼龙混杂，相互融合、相互影响。纽约、波士顿、多伦多、费城和华盛顿特区之间的距离并不遥远，这五大城市也经历了一段发展变化的历史，城市的版图在扩大，人口激增，房地产也在升值。市内的零售业发展良好，随着越来越多的中产阶层聚居在市中心，这里的零售业发展将会更加迅猛。我们周围的商人也在转变。如果说我们已经向欧洲推广了麦当劳和星巴克这样的大企业，那么欧洲人也应该在美国的市场上有所作为了。

全球颇具创新的商业模式

在世界各地，开发商也在仔细而又冷静地思索怎样才能创造一个良好的购物环境。和娱乐业一样，购物中心是美国向外出口的最成功的本土产品之一。现在，你可以在世界各地看到各种购物中心，从吉隆坡到迪拜，从东京到里斯本，购物中心模式遍地开花。表面看起来，其中的一些商场和我们的商场并无二致，但是切勿被这些商场的外表轻易迷惑。每个国家都有自己的礼仪、文化和个体特征。在南非、巴西和墨西哥，商场面临的安全问题是我们在美国不会遇到的。所以在这些国家，一家商场并不只是一个向人们提供购物和服务的地方，正如大家在高端购物中心达思路所看到的一样，它也是一块戒备森严的领地，一家与外界完全隔绝的私人俱乐部。

圣保罗的伊瓜特米（Iguatemi）商场就是综合性商场的一个典型代表。这家商场很好地将我们美国人所熟悉的商场特征与当地的地方特色相结合。圣保罗是一个危险的地方，所以当你踏进伊瓜特米商场的大门时，你首先会看到一群保安，这毫不奇怪。这些保安并非新手，也不是由退休人员和残疾人组成来维持商场治安的。这些人的眼睛如老鹰般敏锐，而且身手不凡，他们可不是徒有其表。接着你会看到游行的马戏表演，心中自然会感到莫名的愉悦。这种社会背景是美国和欧洲的商场无法复制的。我很高兴在我这个年龄来到这里，因为我知道，如果我20出头就常来光顾伊瓜特米，不到10分钟我就会疯狂地爱上了它。我之所以喜欢这里并非因为这里的店铺多么有趣和独特，而是因为这里的自然环境得天独厚。在巴西的文化中，大部分成年子女在结婚之后才离开父母的家。如果想在市里逛一逛，人们的选择也不多，无非是下馆子，泡夜店，当然，现在还可以去购物中心了。由于伊瓜特米商场昼夜开放，还有安全保障，所以去那里转一圈会让这些20出头的巴西年轻人有机会接触处在同一社会阶层的其他年轻人。美国的购物中心是18岁以下的孩子常去的地方，但是很少会见到有25岁的年轻人在彭尼百货商店（J. C. Penney）或者霍利斯特时装店（Hollister）这样的地方闲逛，意图搭讪过往的女士。但是在巴西，如果你已经年满25周岁，在家里玩不开（老爸老妈会随时出现在你的周围，监控你的一举一动），那么去购物中心游玩则成了顺理成章的选择了。

伊瓜特米购物中心人声鼎沸，热闹非凡。一方面是因为这家购物中心的走廊和大堂很窄，另一方面是因为天气炎热的时候，石头和瓷砖铺成的地面可以帮助降低一些温度，让人更有兴致地闲逛，而吵闹声来自回音、东西撞击的声音，还有女士高跟鞋发出的咔嗒咔嗒声，显得有些喧闹纷乱。我想巴西人就是从这里走到阿拉斯加都不会感到厌烦的。他们的身体里面好像有一个点唱机，总是在播放着一些激情四溢的桑巴舞曲。

身处充满了高跟凉鞋、细高跟鞋、拖鞋、迷你裙和短裤的环境中，伊瓜特米会想尽办法满足你的一切实用需求，这也是一个美国房东应该牢记在心的。表带坏了吗？需要配一把房门钥匙吗？想预订到美国的航班或是取回你干洗的衣物吗？如果你有这些需求，那么你就来对了地方。

墨西哥百视达音像店的安全措施不亚于伊瓜特米购物中心，但却加入了一些社会和家庭风格。当你驱车来到这里时，你要通过三重防御线：停车场、入口处和登记处。百视达就像一家购物中心，只有在这里才能继续经营下去，因为它会保护人们避开街道上的危险。拉丁美洲的家庭往往喜欢抱团，家族观念根深蒂固，他们喜欢群体生活，所以百视达里随处可见由不同的大家庭组成的购物人群。事实上，早在周五下午，音像店里就到处是摩肩接踵的顾客，这种场面会一直持续到周五晚上。有一次我在百视达里看到一个飞利浦公司的代表在展示公司新生产的家庭影院，他之所以选择这个地方就是因为这里的顾客熙来攘往、人数众多。真是个好点子，在美国是否也有人有过这样的想法呢？

当百视达邀请我来店里做一些咨询工作时，我满口答应了，但是我提出了一个要求，那就是让执行董事会的成员和我一起在周末的时候去店里调研。他们却对我说："可是，帕科，我们在周末的时候从不逛商场，我们都是待在家里的。"

像这样的事件我不止一次地碰到，高层的管理人员忙于捣弄数据，但是没有时间去第一线亲自调查。我记得有一次带领一个美国汽车生产企业的高层去一个欧洲汽车经销商的女洗手间参观，当然了，他们以前肯定从未踏进过女洗手间。女洗手间内部光线昏暗，脏乱不堪，而且非常简陋。我问他们："你们真的会让自己的妻子在这样的环境里上厕所吗？"他们摇着脑袋说："不，绝对不会。"问题是他们以前对此一无所知。即便是在都柏林的布朗·托马斯，在由精力充沛的首席执行官保罗·凯利带着我参观一圈后，我还是发现他们公司的高级管理人员和第一线的工作人员缺少互动。这个令人眼花缭乱的购物中心和大多数优秀的零售企业一样，决定努力将关注点放在布朗·托马斯人的独特品质上，毕竟，是这些员工让商场变得与众不同。

在了解了布朗·托马斯的路线后，保罗·凯利就把店里的钥匙交给了我，让我去里面四处看看，他自己则去干别的事了。一天后，我陪着他走进了店里的女员工更衣室。那里看起来就像是一个女海豹突击队队员的军营，四周摆放着窄窄的绿色储物柜和三面很小的镜子，中间摆放的长条凳坐上去一点都不舒服，屋内的照明灯发着刺眼的光。

在距离商场开门营业还有20分钟的时候，这个简陋的更衣室里就挤满了几百个女性。这就是布朗·托马斯的员工们准备好一切，出去为顾客提供服务的地方。保罗嘴里嘟囔着说，即便是他30年前在这条街上的三一学院所用的更衣室都要比这里好多了。我非常了解他的做事风格，所以毫不怀疑他会立刻解决这个问题。

判断一家商场士气的最简单的做法之一就是看看它给自己的员工所提供的空间和设施。这并不是说你必须要给员工配备一个保姆或者按摩师，但是你必须在私下里关心爱护自己的员工，给他们更多的关注。

在我和墨西哥事务所建立合作关系之后，我就亲自体验了我所见到过的最有趣的商业模式之一，它的开创者是一家消费者电子连锁店，名字叫作艾丽卡（Elektra）。如今，他们经营了900家店，每年的销售额高达10亿美元左右，连锁店已经开到了危地马拉、秘鲁和洪都拉斯。依照我们常用的经济评价体系，内曼·马库斯面向A级客户，沃尔玛则徘徊于C、D、E级之间，而艾丽卡则主要针对C级和D级市场（这些字母指的是购物者的收入等级），这个市场主要是由那些辛苦劳作的人群和新兴的中产阶级构成，所以艾丽卡的存在也有助于满足这个社会阶层生活水准提高的需求。

你肯定没有听说过墨西哥的艾丽卡，墨西哥边境北边的大多数人的确也不了解艾丽卡，这是因为它的消费者群体并非达官贵人。但是对于艾丽卡开创性地提出的借贷和购买制度我却非常非常钦佩。为什么呢？这个举措太棒了，它正好和墨西哥快速发展的经济相适应。

在拉丁美洲市场，如果一个人来到购物中心，能够证明他有家、有工作，而且还有信件邮寄地址，艾丽卡就可以向他提供贷款业务，满足他的购物要求。而顾客则可以以每周支付小额还款的方式偿还贷款。也就是说，贷款顾客的全家人都有责任替他担保。实质上，它就是一家披着百货公司外衣的银行。

消费者首先会购买什么呢？一台冰箱。然后呢？一个火炉。接下来会购买电视机、洗衣机。在这里再买上一台手提式录音机、一张舒适的床垫、一张弹簧床垫，再加上一套精美的家具，艾丽卡就把你的家装备齐全了，让你家人的社会和经济地位提升一个档次。艾丽卡还给你提供支票和储蓄账户服务，并且让你在一系列的保险产品中自由选择。你有一个家人在美国工作吗？他可以在线向你的艾丽卡账户汇款，替你还款。这就意味着你可以更快地还清欠款，然后购买别的商品，比如弹簧床垫或者床头柜。当你的经济地位提升时，艾丽卡会随时陪伴在你的左右，为你指明方向。

那么公司是否会收取高额的利息呢？当然。但是艾丽卡也推动了社会的流动性。它不是把钱借给个人，而是借给整个家庭，包括一些几代人同堂的大家庭。公司有很多的坏账记录吗？令人惊讶的是艾丽卡的坏账率异常低，比普通银行的坏账率低太多了。所以，这对于艾丽卡，对于拉丁美洲的家庭，乃至对于整个拉丁美洲的生活标准的提高可谓大有好处，真正实现了多赢的局面。

真是个天才的想法。

不必刻意迎合所有人的需求

这并不意味着国外的零售市场形势一片大好，也不能说零售业的创新只是一种国际现象。

美国的几家零售业公司由于采取了得当的措施，已经扭转了不景气的局面。得克萨斯州沃思堡郊外的一个即将倒闭的购物中心现在已被改建成了拉丁美洲风格的购物中心，有自己的街头乐队，而且前迪拉德百货公司的老板也加入了该公司，现在这个购物中心覆盖了一个不断变化发展的大市场。购物中心里有一家播放西班牙语电影的影院、一家教人如何申请按揭贷款业务的学校和一家结合了牙科医院和珠宝店特色的新店，这样一来顾客就可根据自己的要求定做牙饰。这家购物中心非常清楚自己的市场定位，所以并没有刻意迎合所有人的要求，结果反而取得了巨大的成功。

在哈勒姆区第12大道的菲尔韦超市（Fairway）就设在一家旧的大货栈里。在纽约，从消防员到囤积干酪的家庭主妇，从哈勒姆区的母亲们到那些赶往韦斯切斯特郊区家中并顺便带点吃的回家的商人们，形形色色的纽约人都会光顾这里。前一个顾客刚刚用美国证券交易所的白金卡结完账，后面的顾客接着就会用粮票来付账。菲尔韦本身就是一场华丽缤纷的演出、一次惊险刺激的冒险。当你来到咖啡区，新磨的咖啡粉在咖啡机里翻滚腾跃，发出悦耳的声音。晚餐想要吃牛排或烤鸡吗？那就裹上银色的棉外套去冷冻食品区采购吧，在那儿非但没人帮你加热食物，整个房间就是一个大型的冷冻室。

这使我常常想，成功的零售店取决于选址人，而非零售业主。他们必须要想办法让自己所处的位置吸引人的眼球。许多业主和整个北美洲追求进步的开发商已经开始去敲响市场营销咨询公司的大门了，这绝非是一种巧合。由于顾客光顾购物中心的次数和时间都有所下降，业主们已经开始认识到光凭研究统计数据或者每平方英尺的销售额已经无法找到解决这种困境的答案。购物中心门前的公共场所、座椅、洗手间、停车场、商品的价格以及视觉商品陈列都会影响到你的销售额，它们所起的作用同等重要。

一个场所并不需要满足所有人的需要，这与种族划分没有关系。你的购物中心可以面向年轻夫妇，也可以面向青少年，甚至只是专门服务于老年顾客。我可以向你保证，无论是年轻还是年长的消费者，无论他们是爱好流浪还是爱好运动，只要是你能满足他们的要求，他们就会对你心存感激之情。

自从这本书的第一版出版之后，我有比以往更多的机会四处旅行。我现在每年都会花大约150天的时间四处奔波。Envirosell的国际许可证协议给我带来的一个好处是，我可以在一段特定的时间内去与那些获得Envirosell特许权的海外伙伴共同交流，这最让我开心了。

现在，我的飞行里程离400万英里只差几千英里而已。如果我有空休假，我会选择与家人待在一起。但是在家里待上几天后，我就会向往外面的世界。在这样一个马路勇士（指经常旅行的人，特别是出公差的人）的时代，有很多人在外奔波的时间比我还多，但是我知道很少有人能够轻易地适应这种如同坐云霄飞车一样的突然的时区变化。我的眼袋是我“应得”的，而那个靠近飞机过道的座位呢？当然也是我的，谁也别想抢走它。

第二十章　购物学研究的新展望

想想这个问题，自从人类离开东非的山洞、采石场和营地，迁徙到世界各地之后，我们就从未停止过买卖和贸易活动。几年前，我听一个土耳其推车卖菜的老板讲他如何组织和摆放他的货物，当时我自叹不如。他谈到日照角度，谈到消费者是如何准备蔬菜做饭的，还谈到当人们考虑先买茄子还是先买番茄时心里在想些什么。在他应该站在蔬菜车旁的什么位置，以及与各种各样的潜在顾客打交道的最佳方式这些问题上，他很有见解。我希望一直听他诉说，因为当我听到他的话语时，我能够听到他祖祖辈辈的回音。他娓娓道来，深深启发了我——甚至可以说，在所有我遇到过的很多商店老板中，没有人能够望其项背。

这件事再次提醒我购物已经不是什么新学科了。我们有选择战或逃的本能，而大脑天生就能调节我们吸入的空气，同理，购物也可以说是人类基因中固有的一部分。事实上，这种行为可能是人类不通过体形、力量或速度来竞争就能提高自我社会等级的最佳途径。

我们不妨谈谈伊斯坦布尔，这座城市位于历史上最古老的文化十字路口。土耳其人的肤色、身材和体形各不相同，当你行走在车水马龙的街道上，你会发现土耳其人的相貌融合了各种各样的基因，你能够闻到各种不同的气味、体味、护发素的味道，也能闻到各种食品发出的作料味和香料味，弥漫在一片富有东方特色的喧闹声中，这里面有轻柔的音乐，有孩子们吵闹的声音，有年轻人在商店前迎来送往的声音。伊斯坦布尔的大集市已经有500多年的历史了，而其要想在现代社会中立足十分困难。大多数商店的橱窗里陈列着各种各样的金银珠宝、一桶一桶的香料，还有一盒盒彩色的染剂。但是你可以随处看到一个网址，这就是大集市自己的官网。你可以在网站里订货，也可以直接与商户联系。在这个3 000多年里商贾和顾客云集的城市里，我们见到了实体店和网店的珠联璧合。

要寻找来自远方的游客吗？发现他们并不难。这座城市自远古时代起就接纳四方宾客。土耳其接待过很多前苏联游客，遍布在前奥斯曼帝国各个角落的许多游客也慕名而来。土耳其对于德国中产阶级来说是一个消费低廉的度假胜地。

大集市的商人们预见了旅游业所需求和关心的问题。食品店的伊朗鱼子酱在广告中宣传，他们的鱼子酱使用干冰包装，保证质量，请放心购买，这样顾客可以将鱼子酱放入托运行李中带回家。当地的藏红花小贩平均每小时需要为顾客讲解几次产品，他将不同等级的藏红花浸泡在几碗水中，后退几步让顾客自己来观察藏红花不同的色泽及饱和度。他向顾客展示商品的销售技巧不亚于我所见过的任何一个销售员，甚至要强过他们。

无论是伊斯坦布尔的大集市还是迪拜的金街，交易规则和交易工具都像大山一样古老。有一次，我和朋友去安卡拉（土耳其首都）的一家电子修理店维修电脑，进入修理店后，和店主喝了杯午茶，向他的家人问好，并和他谈论了一会儿天气和当地的足球比赛。在我们进门时，店主要价大概50美元，而等我们离开时，维修价格降到了7美元。

致力于探索购物学真理

本书重点讨论了商业中的基本原则和常识。如果20年前有人说有朝一日我会成为一名专业研究女性在化妆品方面消费趋势的专家，而且会花费大量的时间观察女性的购买行为，那么我会说你是个疯子，同样，如果你预言我会成为一名研究快餐业免下车购物发展动力方面的学者，我也会有同样的看法。事实上，当在公司的会议室里听到别人称我为高级研究员的时候，我依然觉得不舒服。因为很多人投身于零售领域是因为他们具有这方面的商业天赋，而我只是很幸运地找到了一条通往零售领域的途径，为此我心存感激。一直困扰我和同事们的是，虽然我们不是商人，但却要花大量的时间来解决困扰商人、商业空间、产品和服务的问题，当我们行走在购物街上，或者是在饭店点菜时，会去分析这种体验，并思考如何改善。附近的商家厌倦了我不厌其烦地向他们提供的所有免费建议。当和太太去度假时，她不得不总是提醒我不要动不动就去分析购物行为。即使这样，我也忍不住会走进一家商店四处观察一番。跟人类学家玛格丽特·米德不同，我倒不必长途跋涉去进行野外实地考察。

购物学是一门综合性学科，包含物理学、社会学的内容，而且它不完全是科学，还有一部分属于艺术，它属于实践领域，主要是在提供信息帮助零售商在增强自己优势的同时减少犯决策失误的概率。**我们的价值在于，除了搜集数据之外还对数据的含义进行合理解读，并提出应对措施。**事实证明很多时候我们的解读是对的，但也有错的时候。因此，我们不断探索。即使是公司的高层管理人员每年也要出差90多天，将他们周末的时间用来研究世界各地的商店、银行、饭店和商场。请相信我，这对我们的个人生活来说，实属不易。

即便如此，**购物学中的真理也让人难以捉摸。**人体生理的基本特征变化不大，但是商场本身和购物者的品位及行为总是在不断发展的。1900年的农民和1000年前从事传统农业的祖先有很多共同点，然而他们与1950年从事技术农业的后代却有天壤之别，同理，1900年的商人已经些落伍了。如果我们回顾一下20世纪70年代，就会发现当时很多领先的零售商现在已经消失或没落了。科维特（Korvettes）、伍尔沃斯、蒙哥马利·沃德，现在都只有在历史书中才能见到了，其他很多商店即将步其后尘。沃尔玛会垮掉吗？星巴克会倒闭吗？玛莎百货会遍布全球吗？这个世界的变数太多。过去，商界格言就是：在合适的地点以合适的价格销售合适的产品，就一定能成功，但是现在要想生存就必须做到这点。每个人都在竞争，因此威胁来自四面八方。如果店主认为竞争仅来自同行，那么这种看法是狭隘的、危险的。事实上，所有占用消费者时间和金钱的事情都是零售商的竞争对手。最近，我们受雇对一家电影院进行研究，再一次让我们认识到，对零售业来说，顾客在电影院花费两小时和20美元对他们是一种损失。同样，相比书店，如果人们喜欢在午餐休息时间花20分钟去电脑商店，那么很可能卖出去的就是软件，而不会是图书。零售商控制一切、制造商为王的时代已经一去不复返了，在21世纪顾客才是上帝。就像如今的潮流都来自大街一样，现在的零售世界也必须不断跟上顾客的步伐。

购物随着社会的改变而变化，如果商人不能理解这一点就很可能会遭受失败。毫无疑问，在这个时代，主要的社会变化都与女性生活息息相关。著名的社会批评学家，未来主义者沃茨·瓦克尔指出，从目前的迹象看来，男人正演变成一种奇怪的家庭宠物。零售业者必须关注女人对生活的期望和需求，否则就会被市场抛弃。就连男人和孩子在生活中的多数变化都是由女人引领的，零售商应虚心关注并顺应这个特点。现在购物者的喜好很容易变化，无论是对产品还是对商店，他们对品牌的忠诚度，都像夕阳一样转瞬即逝。

假如市场经济在某个会计季度因为不景气而给全国的零售连锁业带来了冲击，那么后面两个或三个会计季度的低迷期则是市场的恢复时期。防止决策者骄傲自满的最好办法就是缩减他与商场之间的距离。如今最明智的管理办法就是将更多的职责和权力下放到商场经理这个级别。高级管理层必须想办法让商场经理学会如何让商场为顾客服务。1998年，我对沃尔玛的执行层领导（大多是男性）讲，仅仅根据最近女试衣间的粉刷风格，我就能够判断各个商场管理者的性别。不知道是否因为这句话的原因，几个月后我发现大多数沃尔玛的女试衣间都重新粉刷成了漂亮的颜色。男性经理不喜欢日用品部门，因为像化妆品部门，员工的劳动成本高，并且商品容易被偷盗，而诸如电视及小冰箱等耐用品则更容易上架，而且更容易追踪购买信息。女性天生就对日用品的作用以及商业用途了如指掌。在我对于试衣间的改造提出建议10年之后，沃尔玛的服装销售仍然落后。一种简单的改进方法就是增加女性商场经理人。

对于所有的人来说，购物学都有可资借鉴的地方，但我也意识到一个有创意的商人完全可以扔掉书本，打破所有的规则。**在零售业最基本的信条就是让顾客叫出商店的名字。**我有个朋友，他从一个小店开始发展，现在成功地运营着一家网店。虽然这家店的名字非常拗口——“Mxyplyzyk”（取自超人漫画中一个小角色），但是这家商店的生意却很好，销售包括洗浴设备、图书在内的多种商品，价格区间跨度很大，收款的方式也很原始，发票是手工开的。但是我却没有什么建议可以向店主人凯尔文提供的，他按照自己的设想创造了新的销售机器，看上去非常成功。虽然我们宣扬那些理论，但是这家店的成功让我们意识到，只要有勇气，就会大有作为。

对我来说，你只是某某顾客

作为专业观察员，我们在商业领域中扮演着一个奇特的角色。我曾开玩笑说，我是零售领域唯一目睹商场偷盗现象而感到乐不可支的人。这就是说我们的行为不遵循海森堡[①]原则，我们要在不改变顾客行为的情况下准确地观察他们。毕竟，当一个人在一组追踪者面前偷东西的时候，说明这个人根本没有发现我们的存在（而且我们很少会被揭穿，通常都是被一些眼尖的孩子发现了）。但是对于和偷盗有关的事情都已深深地刻在了我的脑海中。我记得曾在波士顿华盛顿大街上的飞琳

① 海森堡（Werher Heisenberg，1901~1976年），德国物理学家，量子力学的奠基人，因其测不准原理而荣获1932年诺贝尔物理学奖。——译者注

（Filene）百货商店的一段录像片中，发现了一位衣着考究的家庭主妇在香水柜台那儿不停地指使店员到较远的货架帮她拿取想要购买的商品，而她自己则把柜台上的一瓶瓶香水偷偷装入自己的手提袋里。实际上，我们通常可以看见衣着得体的小偷一边购买商品，一边却在偷盗商品。在南卡罗来纳州的一家杂货店里，跟踪人员不断发现有人把一次性尿不湿藏在商店的角落里。后来他们发现一个顾客将价格昂贵的头疼药品偷偷藏入半盒尿布里，直到这时谜底才被揭开。我们见过的最令人啼笑皆非的情景就是一位父亲偷偷把一套螺丝刀装进正在睡觉的婴儿的尿布里。

但是就像《星际迷航》中的船员一样，我们的工作只是观察报告，而不是干涉。

我们需要保证录像带中人们的隐私，这是对我们的最终客户，也就是消费者应该信守的承诺。考虑到公众的参与支持是我们研究工作的基础，我对工作中涉及隐私的地方都非常敏感。当一家杂志报道Envirosell时称我们为“超市间谍”，对此我感到大为惊愕。几年前，我很愉快地接受了一档一小时的英国广播公司的热线脱口秀节目对我的邀请。但是当我走进演播室后，我惊讶地发现他们已经提前准备好对我进行围攻。另外一位来宾呢？他是一位消费者舆论方面的专家。我们今天要谈论的话题是什么呢？那就是消费者的隐私权。

现在，无论如何，千万别将乔治·奥威尔的小说《1984》

中这样的事扣到我头上。如果你认为Envirosell的摄像头侵犯了人们的隐私，那么让我们先到伦敦的大街上溜达一圈，这时你会发现在伦敦大约50万个监视屏里，总能在其中几个里找到自己的身影。很多监视屏都与脸部识别软件相连，只要轻轻点击700万个摄像头中的一小部分，就会向整个英国传播。

如果你不住在伦敦，那么可以上网。10分钟内，我能查清楚你赚多少钱、政治面貌、从公共图书馆借阅的图书。如果你曾犯过罪，那么我可以查到你的被捕记录，以及你周围邻居的姓名和电话号码。甚至，我还能用谷歌地图功能通过卫星来搜索你家，并且看看那里的烟囱有没有冒烟。

我们的摄像头与超市、百货商场还有银行相连。我并不关心你是谁，你姓甚名谁，你的电话是多少，你住哪儿，也不关心你养的是一只黄金猎犬还是孔雀鱼，抑或是一箱蜜蜂。我所感兴趣的仅仅是购物模式。对我来说，你只是某某顾客。你穿的是一条旧牛仔裤、一件摇滚名人堂的T恤和一双很随脚的船鞋。

仅此而已。

写作本书的初衷

有些同事说，写这本书可能会泄漏我们的秘密，有的公司知道了这些经验之后可能会解雇我们，但是本书仅仅是一个开始。关注消费者的商家可能已经实践过这本书中所讲的很多做法了。很多客户说我们的工作验证了他们原有的一些想法。对我们而言，和那些从事过这方面业务的商家合作效果会更好。客户不可避免地会对我们提出的论点有两种看法。第一，我们的研究似乎证实了常识中关于人们如何购物的知识。一旦将我们的报告公之于众你就会意识到，天啊，你当然知道（也许在你知识结构的角落处）手里拿着外套和手提包的顾客肯定不能像空着手的顾客那样选购同样多的商品。一旦我们花费了几天的时间来实际地观察顾客，统计他们购买的货物，并将手中拿东西和没有拿东西的顾客进行比较，这个道理就简单到让我们感到吃惊。换句话说，当我们科学地证明了这个道理的时候，好像你会觉得自己一直都知道这回事。我认为这是一个好兆头，科学就应该合情合理。然而直到那时，人类的常识并没有引导许多零售商来改进他们向顾客提供购物筐的方法。到现在为止，还有很多商店错误操作，这让我们十分惊讶，即便是那些高度复杂的零售业大亨经营的商店也不例外。

另一个常见的看法是我们给出的很多建议好像更接近于微观方面的调整，而不是宏观的革新，但是，当你在店内实施了一些小的改变以后，就会时不时发现其实已经改进了非常多。正如我常说的那样，如果市场注意力全部放在战略上的话，战术问题就常常会被忽略。

比如，我在第一章里提到，杂货店化妆品销售区对老年女性的服务考虑得不周到，像遮盖霜这样不太吸引年轻顾客的产品被放在了货架的最底层，让老年购物者不得不蹲下身来才能够到。事实上，我们在录像片中看到有的老年顾客趴在地上来选购这些产品，这个场面真是令人难堪，最终这方面的改进对增加销售十分有效。现在，多数化妆品的陈列都已经调整过了，已能够满足这类购物者的需要。有一段2005年拍下来的视频，与12年前的一段录像一样，还是老年女性趴在地上寻找她们所要购买的商品。没错，把产品的陈列位置抬高半米就可以显著地增加消费者购物的舒适度和商品的销量，可是现在很多商家却还在重蹈覆辙。

大约10年以前，澳大利亚一家超市雇用我们去调查人们是如何购买鲜花的。这家商店鲜花的销量比预期的要少得多，我们发现了其中的原因：现有的摆设方法是把鲜花插在硕大的塑料花瓶里，这对购物者来说不够清楚。消费者不知道鲜花的价格，也不知道它们是按束卖还是按枝卖。只是看到鲜花被放在大花瓶里，消费者很难知道将鲜花买回后摆在家里的效果如何。换句话说，这件最简单的事情没有经过充分的考虑。鲜花的摆设方法无法让路过的顾客想要靠近。他们做了一些小改动，在大花瓶前摆上单束的花，同时标明价格，鲜花很快就被卖出去了。

细微的调整就会带来很明显的改善，这一点应该不足为奇。别忘了，科学基本上就是对细小区别的研究，重大的真理也是这样被发现的。有时候批判性的真理就是通过这种方法被人发现的。达尔文测量了鸟嘴的长度，就算用我们的标准来看这件工作也是非常细小的了，但是他的研究对生物存亡理论产生了重大的影响。达尔文的重要发现听起来就跟常识一样：生存下来的生物是那些适应环境的种类。在商店也有类似的事情，只不过这儿是零售环境必须适应顾客。

对于一个像零售业这样的普通领域，这些理论有点高不可攀。但是商店和购物从来都不是一个维度的。让我们回到购物行为刚出现的时候，回到早期以物易物或者露天市场的时候，购物与买卖还没有任何关系。购物是一种将人们聚到一起的活动。当女性还是从事家务劳动的奴隶时，是购物将她们从家里解救了出来。在更早期，购物就是人们聚在一起聚会及共同做事，人们在一起谈天，交流新闻、小道消息以及观点等。时至今日购物还是为这个目的而存在的。现在，当人们需要离开家进入职场时，也许购物在社会中就没有那么重要了。但是当我们在商店或者购物中心闲逛、挑选货物的时候，我们或多或少会检视别人，无论是中世纪还是现代，观察他人都是一种特别令人满足的消遣活动。

购物就像看电影或者逛动物园一样，是一种娱乐活动。现在的趋势仅强调购物的功能。像威廉斯–索诺马家居用品公司、全食超市或者伦敦塞尔福里奇百货商店，这些零售店每天都在发展。曾经只有伍尔沃斯公司和当地杂货店把购物和餐饮结合起来。现在，在距离我办公室几分钟的范围里，我可以从设有咖啡吧的书店走到家具店，再从家具店去带有午餐吧台的成衣店，然后再到为顾客提供热咖啡的银行。当你去硬石摇滚咖啡馆、哈雷–戴维森咖啡馆或者在州际公路边上的普通小咖啡馆的时候，你很难判断自己到底是在一家礼品店的餐厅还是一家卖食物的商店。差异已经不再重要——售卖东西（因此购物）就产生了。

博物馆和歌剧院还有动物园是大型的公共文化中心，它们以前是由德高望重、热心于公益事业的商业巨头们捐资修建而成。现在，大多数博物馆已经有一部分独立收入。随着巨头们的相继去世，这些机构一直靠热心公益的公司的捐赠来维系。今天，大多数博物馆发现通过依赖零售能够取得一些独立收入。这也就为严肃的购物创造了机会。博物馆商店销售的商品从两毛五的铅笔到价值上万美元的珠宝、艺术品还有手工艺品。现在这些顾客开始有了公德心，他们知道自己的消费支持着如此具有价值的事业。于是零售业也就能以这种创新的本质继续发展（博物馆巧妙地将商店安排在前门处，这样当顾客进门的时候可以不买门票或看展览就能购物）。那些受过良好教育的顾客非常乐意在博物馆商店购物。我们现在看到的像博物馆商店这样的零售店，实际上就是没有博物馆的博物馆商店。

在某种程度上，我们把商店视为博物馆，在这里可以学习我们感兴趣的事物。无论是向公众展现最新的潮流、电脑软件的革新，还是汽车化油器的工艺水平，或者是犯罪小说的新作品。对于很多人来说，萨克斯的春装新品上市就相当于现代美术博物馆新的大型展览开幕。1999年，当本书的第一版出版之际，我遇见了林肯中心（我们从前来自时代公司的老客户）的首席财务官，他在一堆落满了灰尘的文件中找出了我在25多年前写给林肯中心的一份报告，正是之前在这本书中提到的，如何在他的文化情结中管理物流和零售业。他说，现在他们已经准备好了。因为商店设计的趋势，他们摒弃了之前在将商品陈列在玻璃橱窗里与顾客隔开的方式，选择了“开放式”的陈列。顾客们可以在桌子和架子上近距离地浏览检查货品，那么试问你觉得商店和博物馆还有不一样的地方吗？就连包装的流行趋势也是为满足顾客渴望了解更多的需求做出的回应。以前从没有如此多的信息印刷在所购商品的盒子及瓶瓶罐罐上。

即使说商场已经变成了人们膜拜的地方，也不太为过，商场是人们表达自己对制造业由衷自豪的地方，是表达、重申并分享我们在自我提升、美容、知识或者娱乐方面信仰的庙宇。在基督教历上两个主要的节日是圣诞节及复活节，前者具有最大的潜在商机。这个节日的宗教气氛正变得越来越淡，而且越来越世俗化，更不用说商业了。这种情况的发生肯定不是偶然。只要顾客愿意，圣诞节对大多数的零售商至关重要，圣诞节就是年终销售的救星。

虽然购物是全世界的活动，但是我们的工作一直都没变，那就是摸清楚从巴黎到东京具有共性的东西，哪些是经久不变的，以及像视力、惯用右手和性别等生理要素在购物中所起的作用。要搞清楚是什么在改变，以及为什么改变。现在的商人社区不再起领导作用了，而只能随波逐流。就像我在本章前面提到的，购物可以作为评测社会变化甚至是社会革命的标准。因此当H&M和史蒂夫–巴里都开发出适合每个人的廉价服装时，这意味着什么？女性现在占据了家庭主导地位，这如何影响了购物呢？由于在线世界和智能手机的交汇，这些实体商店的店面设计的意义是什么？

我希望本书能够理清你的思路，并且将你带回自己的世界，让你从不同的角度看待事物。谢谢你阅读本书。